天津市职业教育国家级和市级
教学成果应用研究(2022年)

梁群　王颂　等　编著

清华大学出版社
北京

内容简介

天津是教育部确立的首个"国家职教改革试验区"、全国唯一的"国家职教改革创新示范区"和"国家现代职教改革创新示范区",是以"标杆"命名的部市共建国家职业教育创新发展高地和国家现代职教体系建设改革新模式试点城市,探索出了职教发展的"天津模式"。本书集中呈现了天津市职业教育教学改革与实践探索的重大成果,主要内容包括2022年国家级和市级教学成果奖的部分获奖成果,其中"模式创立、标准研制、资源开发、师资培养——鲁班工坊的创新实践"荣获2022年国家级教学成果特等奖,这是继2014年首次获得国家级教学成果特等奖后再次获得特等奖。

本书封面贴有清华大学出版社防伪标签,无标签者不得销售。

版权所有,侵权必究。举报:010-62782989,beiqinquan@tup.tsinghua.edu.cn。

图书在版编目(CIP)数据

天津市职业教育国家级和市级教学成果应用研究. 2022年 / 梁群等编著. -- 北京:清华大学出版社,2025.5. -- ISBN 978-7-302-69167-9

Ⅰ. G712.0

中国国家版本馆CIP数据核字第2025H64K39号

责任编辑:陈 莉
封面设计:刘 晶
版式设计:方加青
责任校对:马遥遥
责任印制:曹婉颖

出版发行:清华大学出版社
    网 址:https://www.tup.com.cn,https://www.wqxuetang.com
    地 址:北京清华大学学研大厦A座 邮 编:100084
    社 总 机:010-83470000 邮 购:010-62786544
    投稿与读者服务:010-62776969,c-service@tup.tsinghua.edu.cn
    质 量 反 馈:010-62772015,zhiliang@tup.tsinghua.edu.cn
印 装 者:涿州市殷润文化传播有限公司
经 销:全国新华书店
开 本:185mm×260mm 印 张:15 字 数:320千字
版 次:2025年5月第1版 印 次:2025年5月第1次印刷
定 价:98.00元

产品编号:110523-01

天津市职业教育国家级和市级教学成果应用研究(2022年)编写组

编　　委： 李　力　耿　洁　李友得　梁　群　王丽楠　耿昊伟　居　峰
编写人员： 梁　群　王　颂　田　苗　王　田

支持院校

天津职业技术师范大学
天津大学
天津市职业大学
天津中德应用技术大学
天津医学高等专科学校
天津海运职业学院
天津电子信息职业技术学院
天津轻工职业技术学院
天津现代职业技术学院
天津铁道职业技术学院
天津交通职业学院
天津渤海职业技术学院
天津市第一商业学校
天津市东丽区职业教育中心学校
天津市第一轻工业学校
天津市劳动经济学校
天津市民族中等职业技术学校
天津市仪表无线电工业学校
天津市红星职业中等专业学校

前言 PREFACE

天津职业教育历史悠久、特色鲜明、积淀深厚。近代发轫，百年赓续，伴随工业发展启蒙实业教育；迈入新时代，十年磨一剑，部市连续携手共建示范标杆；踏上新征程，打造新高地，全力探索现代职教体系改革新模式。

天津职业教育在近代工业文明的摇篮中创立了"工学并举"模式，在新中国成立初期的工业建设中创立了"半工半读"模式，在改革开放后至21世纪第一个十年的工业东移战略中确立了"工学结合"模式，在21世纪第二个十年的现代工业体系建设中创立了"五业联动"模式。"工学并举""半工半读""工学结合""五业联动"生动地勾勒出天津职业教育紧随产业一体发展、共生共长的历史画卷。

21世纪初以来，在教育部的支持和指导下，天津市积极构建职业教育发展"天津模式"，先后被教育部确立为首个"国家职教改革试验区"、全国唯一的"国家职教改革创新示范区"和"国家现代职教改革创新示范区"，以及以"标杆"命名的部市共建国家职业教育创新发展高地和国家现代职教体系建设改革新模式试点城市，行业办学、工学结合、五业联动、鲁班工坊、工匠之师等经验与做法在全国推广。

天津始终立足服务人的全面发展、服务经济社会发展和服务国家重大发展战略来谋划和发展职业教育，坚持产教融合、校企合作、工学结合、知行合一，扎实推进现代职业教育体系建设改革，形成了一系列行之有效的经验做法，取得标志性成果。一是坚持不懈用习近平新时代中国特色社会主义思想铸魂育人，以"大思政课"综合改革试验区建设为牵引，开展职教"思政+"赋能行动。二是坚持政行企校研"五方携手"，形成了政府主导、教育部门主管、行业企业主办的职业教育发展特色，颁布了全国首个地方职业教育产教融合促进条例，即《天津市职业教育产教融合促进条例》。三是坚持五业联动，有效服务产业转型升级和人才需求。绘制职业教育专业建设与产业发展图谱，发布高等职业教育专业对接产业报告。成立生物医药、海洋工程装备、信息技术应用创新、数字经济等市域产教联合体，组建新能源、智能供应链、高端装备制造、绿色石化等行业产教融合共同体。四是率先形成完整的高层次职业教育人才培养体系。打通"中高本硕博"纵向贯通的技术技能人才培养体系。推进"中高职系统化人才培养"和"五年一贯制人才培养"，开展高职、本科联合培养高端技术技能型人才试点，构建贯通式专业课程体系和质量评价体系。探索本科高校、职业学校、企业项目制联合培养模式，为优秀高职毕业生、企业一线优秀员工就读专业硕士研究生提供通道。五是创新职业教育师资培育模式，培养了一批上得了讲台、下得了车间、做得了科研的高素质"工匠之师"。

天津职业教育坚持开放合作。2022年发起世界职业技术教育发展大会并成功举办两届，国家主席习近平向首届世界职业技术教育发展大会致贺信。党的十八大以来，创建中国国际知名品牌——鲁班工坊。从2016年3月第一个泰国鲁班工坊开始，天津市累计在亚非欧23国建成24个鲁班工坊，"小而美、惠民生"品牌闻名世界。截至2024年12月，习近平总书记发表关于鲁班工坊的重要论述38次；鲁班工坊4次被写入白皮书，即2021年11月国务院新闻办公室发布的《新时代的中非合作》白皮书，2022年8月教育部发布的《中国职业教育发展报告(2012—2022)》，2023年9月中华人民共和国国务院新闻办公室发布的《构建人类命运共同体：中国的倡议与行动》，2023年10月中华人民共和国国务院新闻办公室发布的《共建"一带一路"：构建人类命运共同体的重大实践》；鲁班工坊被写入5项国家行动或计划，即2018年9月中非合作"八大行动"，2022年12月中阿务实合作"八大共同行动"，2023年5月中国－中亚技术技能提升计划，2023年10月"一带一路"八项行动，2024年9月中非十大伙伴行动。

"着力打造发展标杆 引领职教改革创新 服务国家重大战略——天津推动现代职业教育体系建设的探索与实践"案例入选习近平总书记亲自作序的第六批全国干部学习培训教材；天津市2次入选国务院确定的"职业教育改革成效明显省市"，国务院设立这一荣誉旨在对在落实职业教育重大政策措施过程中真抓实干成效明显的地方给予督查激励。

天津职业教育教学改革与实践探索的成果摘得2014—2022年三届国家级教学成果奖5个特等奖中的2个，获得一等奖8个、二等奖50个，获奖数量位居全国首位。

本书集中呈现了2022年天津职业教育获得国家级和市级教学成果奖的部分成果，其中"模式创立、标准研制、资源开发、师资培养——鲁班工坊的创新实践"荣获2022年国家级教学成果特等奖，这是继2014年首次获得国家级特等奖后天津市再次获得特等奖。

本书的出版得到了天津市教育委员会、天津市教育科学研究院和各成果单位的大力支持和帮助，得到了清华大学出版社的大力支持，在此表示衷心的感谢！

漫漫发展征途，惟有奋斗不辍。天津职业教育发展的历程和取得的丰硕成就，诠释了天津职业教育一直以来所奉行的"坚守初心、守正创新"使命宗旨，也集中呈现了"胸怀大局、担当奋进、协作创新、敢为人先"的天津职教情怀。未来，天津职业教育将全面深入贯彻落实党的二十大精神和党的二十届三中全会精神，落实全国教育大会精神，聚焦制度创新、产教融合、职普融通、国际合作等重大领域，着力建设中国现代职业教育体系建设改革示范标杆，打造中国职业教育创新发展范式。

《天津市职业教育国家级和市级教学成果应用研究(2022年)》编写组

2024年12月18日

目录 CONTENTS

模式创立、标准研制、资源开发、师资培养——鲁班工坊的创新实践 …………… 1

双链融通·标准引领·项目支撑：新一代信息技术领域高职人才培养实践创新 …… 8

"铸魂育匠 五策精进"：高职课堂新形态的构建与实践 …………………………… 16

"利益耦合、校企融合、育训结合"培养汽车维修技术技能人才的探索与实践 …… 25

精执于形、精质于教、精治于道：中职内部质量保证体系构建的实践探索 ……… 34

从资源建设到应用创新：职业院校互联网学习生态建设的实践与研究 …………… 47

培训先行 标准对接 装备优质——中职教育国际合作与交流范式探索与实践 …… 57

发挥职业教育类型特色，服务普教劳动教育的研究与实践 ………………………… 64

能力进阶 模块重构：财经商贸专业群数字化人才培养模式探索与实践 ………… 71

"中高本硕"衔接技术技能人才培养模式研究与实践 ……………………………… 83

校院协同 岗课融合：卫生职教课程建设模式的"天津实践" …………………… 90

柔性订制 标准引领 船校交替：高素质海员培养校企合作创新实践 …………… 99

推进数字化转型，重塑职业院校教育生态的创新与实践 …………………………… 108

基于"四个合作"的天津卫生职业教育集团发展模式创新与实践 ………………… 116

文化引领 平台支撑 机制保障：新能源教学团队协作共同体建设的探索与实践 …… 124

理论赋能、协同支撑、行动研究、评价引领的职教教师教科研能力提升天津模式 …… 133

"强基创新、多元育人"——汽车运用与维修专业转型升级的探索与实践 …………… 140

多平台构建 教产同行 双向赋能——职业教育国际交流合作模式创新的探索与实践 …… 149

铸魂育人协同聚力办好思政课的国家示范区实践 ………………………………………… 156

助力脱贫攻坚,东西部职业教育"全链条"帮扶模式的探索与实践 ………………… 166

智能轨道交通背景下的"一核三横八纵"育人机制的研究与实践 …………………… 174

老字号振兴背景下电子商务项目化实战教学体系研究与实践 ………………………… 183

工程实践创新项目(EPIP)教学模式的探索与实践 …………………………………… 193

振兴"三农"背景下新疆中职班"数字商贸"人才培养模式探索与实践 ……………… 201

课·赛·训融合:新时代中职学校协同育人模式创新与实践 ………………………… 211

"多源协同、理实一体、精准润泽、导航发展" 综合思政课程建设研究 ……………… 221

模式创立、标准研制、资源开发、师资培养
——鲁班工坊的创新实践

天津职业技术师范大学　等

该成果创立中国本土化教学模式，创建国际化标准研制路径，创成"鲁班工坊"国际品牌，经过在亚欧非19个国家和地区20个鲁班工坊的实践，有效解决了职业教育教学改革中长期存在的模式盲从、标准依赖、装备模仿、教材照搬、效果不彰等问题；系统解决了面对世界产教融合、国际产能合作，开展跨国界职教合作的内涵依托问题；成功解决了中国职业教育"走出去"，与世界分享的路径、载体、保障问题。该成果取得了重大教学理论创新与重大改革实践突破，深度助力"一带一路"建设，是新时代中国职业教育内涵式发展、高质量建设的代表性成果。

一、成果简介

2013年，习近平总书记提出"一带一路"倡议。建设国际公共产品，成为推动构建人类命运共同体的重要举措。天津市职业院校响应倡议精神，在教育部、天津市委、市政府领导下，基于国家职教示范区成果，原创、首创并率先实施"鲁班工坊"项目建设。2016年3月，首个鲁班工坊在泰国建成。截至2022年9月，天津院校相继在英国、印度、葡萄牙、南非、埃及等19个国家和地区建设了20个鲁班工坊，项目落户亚欧非。

鲁班工坊采用中国的工程实践创新项目(EPIP)教学模式，以天津职业院校主导开发的国际化专业教学标准为基本依据，以全国职业院校技能大赛的优质赛项装备为主要载体，以中外合作院校师资培养、培训先行及教材、教学资源开发为必要保障，是我国在境外创建的实施学历教育和技术培训的实体化合作机构。鲁班工坊将中国职业教育的教学模式、专业标准、技术装备、教学资源与世界分享，为合作国培养熟悉中国技术、了解中国工艺、认知中国产品的当地技术技能人才，搭建了促进世界产教融合、服务国际产能合作的公共平台，形成职业教育"走向世界"的中国方案。

该成果基于EPIP教学模式的探索与创立，构建了产业、行业、企业、职业、专业"五业联动"办学机制；基于国际化专业教学标准的研制与实施，形成了"核心技术一体化"

专业标准开发机制；基于教育部、天津市主办的10余届全国职业院校技能大赛的赛项设计、组织实施、成果转化，开发了"工程化、实践性、创新型、项目式"系列化综合实训课程，研制了一批双语教学资源；基于中外合作办学项目的能力保障需要，实施了以工程实践为导向，以实践创新能力培养为目标的职教师资培养计划；基于职业教育与技术培训的国际公共产品建设，创立了职业教育的国际品牌，取得了重大教学理论创新与重大改革实践突破。该成果整体提升了天津职业教育服务国家重大战略和经济社会发展的适应性与贡献力，提升了中国职业教育的国际话语权与影响力，有力推动了中国企业在境外的可持续发展，提高了合作国青年就业能力，构建起面向世界的产教融合标准体系、资源体系与话语体系。

从2018年中非合作论坛北京峰会到2021年上海合作组织成员国元首理事会，从2018年在葡萄牙见证鲁班工坊协议签署到2019年与埃及总统塞西会谈，习近平主席先后13次在重大外交场合就"鲁班工坊"作出重要论述。"鲁班工坊"已经成为中国职业教育的国际品牌，服务"一带一路"，助力构建人类命运共同体等重大国家行动，是中国职业教育在世界教育合作领域、国际产教合作领域开辟先河的大事件，是近代以来中国职业教育发展史上具有里程碑意义的大事件。

二、成果实践

(一) EPIP 模式探索与创立

2005年，成果团队创立"核心技术一体化"专业建设模式；2012年，成果单位在长期开展中德、中西(西班牙)、中日、中加(加拿大)、中新(新西兰)等合作办学项目的基础上，开展"创造性转化、创新性发展"实践探索与理论研究，将古今中外的教育理念、模式、经验在中国大地"耦"合，创立了EPIP教学模式；同年11月，出版《工程实践创新项目教程》；2013年，出版《工程实践创新项目教程》一书的英文版并推广应用；2014年，系统提出"五业联动"产教融合机理，完善了EPIP的应用层级。"推广EPIP教学模式应用"，2020年，写入《天津市教育现代化"十四五"规划》；2021年，纳入部市共建《深化产教城融合，打造新时代职业教育创新发展标杆的意见》；2022年，载入《中国职业教育发展报告2012—2022年》。

EPIP是以实际工程为背景和基础，以工程实践为导向和线索，以工程实践创新能力培养为目标和归依，以真实工程项目为统领的适合技术技能人才培养的教学模式，其核心要义是"54321"。其中，"5"指扎根本土、院校办学、专业建设、课程改革、"知技素点"五个应用层级；"4"指工程化、实践性、创新型、项目式四个核心要素；"3"指"名"境界、"实"境界、"合"境界三种认知境界；"2"指真实、完整两个核心点；"1"指知行合一的宗旨。《墨经》说："名实耦，合也。"EPIP的本质是让"产教融合、工学结合、校企合作、知行合一"(即习近平总书记提出的职业教育要坚持四个"合")真实"落地"。

　　EPIP是中国的教学模式。中央宣传部"中华文化走出去重点任务清单项目"《EPIP教学模式——中国职业教育的话语体系》等8部中外文系列专著出版，60余篇EPIP研究论文(中外文)发表，以葡萄牙卢卡斯、泰国哲仁为代表的一批EPIP专家、教师在世界各地开展了卓有成效的推广应用。2017年，EPIP国际教育联盟成立。"发挥已建立的泰国、葡萄牙、埃塞俄比亚等国EPIP教学研究中心作用，给更多境外合作伙伴带去先进的教学模式……"载入《中国职业教育发展报告2012—2022年》。在首届鲁班工坊与产教融合国际论坛、世界职业技术教育发展大会上，来自10余个国家的22位学者发表主旨演讲，向全球传播了EPIP应用成效，推动了海外中国职教研究，提升了中国职教的国际影响力，EPIP是新时代中国职业教育的重大教学理论创新。

(二) 专业标准研制与实施

　　2006年，天津职业技术师范大学鲁班工坊国际发展研究中心(LB_IDRC)首席专家吕景泉教授，作为教育部教育指导委员会主任委员，基于"核心技术一体化"，主持并开发了自动化技术类专业教学标准。2009年，教育部组织制定了《高等职业学校专业教学标准》，成果团队主持或参与开发了机械、自动化、信息、交通、铁道等类的32个专业教学标准。2012年11月，《高等职业学校专业教学标准》由教育部组织出版。国家职业教育专业教学标准、国家职业大典的修订过程中，成果团队发挥了重要作用。

　　2012年，教育部印发《关于借鉴国外先进经验开展职业教育部分专业教学标准开发试点工作的通知》，天津市职业院校借鉴国外经验，结合中国实际，开展了50个国际化专业教学标准试点工作。成果团队开发了首批27个专业标准，组织了243个专业标准试验班。2015年，成果团队对50个专业标准进行完善，并集册出版。自此，全国职业院校技能大赛每年均列定必选项目"国际化专业教学竞赛""国际化专业说课观摩"。2016年以来，天津市职业院校会同中外企业，结合合作国当地实际，融汇产业、行业、企业、职业要素，将13类49个专业"落地"到20个鲁班工坊中，纳入合作国的国民教育体系，为项目实施奠定了标准基础。2022年，成果团队完成新一批55个国际化专业教学标准的研制，并集册出版。

(三) 赛项资源开发与运用

　　2008年，首届全国职业院校技能大赛在天津开幕，此后每年在天津举办一届，共举办12届次。天津作为主赛场，伴随着赛项设置升级和先进技术融入，天津市的职业院校主动开展了竞赛资源转化工作，成立了大赛成果转化中心，将大赛的理念、标准、装备、资源"具化"到专业建设，"渗入"课程教学，"拓展"到中外合作，为中国职业教育与世界深度分享、互学互鉴奠定了内涵基础。

成果团队联动中外企业，开发了40个职业院校、行业企业和国际化优质赛项；基于赛项标准，研发了工程化、项目式教学资源 133部(套)。2010年，成果单位开发的"自动化生产线安装与调试"项目，首次实现中国赛项"走进"东盟技能大赛，目前被列选并持续举办的赛项达3个；2011年起，邀请国外选手"走进"中国大赛，设置国际赛道，同场竞技赛项多达8个；2013年，第42届世界技能大赛举办以来，助力世界技能大赛中国(天津)研究中心建设，为中国选手做指导，涉及中国金牌选手总数的27%以上；2022年，成果团队主持了首届世界职业院校技能大赛(简称世校赛)赛项设计、赛场组织，兼容性开发了 13个竞赛类赛项，为"鲁班工坊赛道"的开发奠定了竞赛标准、竞赛载体基础，推动了世界职业院校师生的深度交流。

(四) 中外师资培养与培训

探索进阶式EPIP师资培养，全面提升了专业目标、课程设置、教学内容、实施过程与合作国实际需求的匹配度和贡献力。从选择技术装备、安装调试设备、采用教学模式到参加中国大赛，从研制专业教学标准到制订人才培养方案，从开发教学资源、编制双语教材到优化学生培养、员工培训评价方式，从鲁班工坊项目管理到自主运营、自主发展，鲁班工坊的师资培养与培训实现了合作国本土教师实施本土化教学、开展本土化培训的建设目标，为鲁班工坊的健康发展提供了可靠保障。

成果单位LB_IDRC首席专家2007年被评为国家级高等学校教学名师；2008年被评选为国家级机电专业群教学团队负责人。天津市职业院校成功探索了新教师"入岗、适岗、胜岗"三年三阶段培养机制，完善了"双师型"素质教师职业能力标准，实施了"双师型"结构教学团队分工协作计划，并将其运用到鲁班工坊建设中，帮助合作国开展进阶式EPIP师资培养培训。

2016年11月，金奈理工学院推荐的首批印度教师来津接受进阶式培训；2017—2019年，开展了5期培训，累计培训32人次。2019年12月，阿布贾大学推荐的首批教师接受培训，采用线上线下结合的形式，累计培训44人次。2021年，埃塞俄比亚技术大学在华留学的3名博士教师、4名硕士教师接受了4期(每期90课时)专业培养，成为埃塞俄比亚鲁班工坊承担东非 EASTRP 世行项目(肯尼亚、赞比亚、乌干达、埃塞俄比亚等四国职教师资培养项目) 急需的高水平教学骨干。成果团队创设了国培项目"鲁班工坊建设双语能力提升"，持续打造"双语、双师、双能"中外教学团队。截至2022年9月，一共实施了78期国外教师研修项目，培训外方教师840余人次(包括新冠肺炎疫情期间线上培训280余人次)，培训中方教师920余人次，总时长达1.3万课时。

三、成果创新点

(一) 创立中国本土化教学模式

以中国实际为起点，基于长期教学实践和理论研究，成果团队转化了墨子的"名实耦""行为本"思想，发展了陶行知的"生活即教育，社会即学校"教育思想，创新了黄炎培的"建教合作"职教思想，参与了"十国两地"职教比较与研究，开展了欧洲、北美洲、大洋洲、东盟、非洲等实地项目合作与培训研修，并进行了借鉴、试验、总结、创新，形成了适合技术技能人才培养的EPIP教学模式。

成立EPIP国际教育联盟，在泰国、印度、葡萄牙、埃塞俄比亚等国设立EPIP教学研究中心，推动海外中国职业教育研究。专著《EPIP教学模式——中国职业教育的话语体系》入选中央宣传部"中华文化走出去重点任务清单项目"，英语版、葡语版在境外出版发行。"推广EPIP教学模式应用"纳入部市共建"新时代职业教育创新发展标杆"协议，载入《中国职业教育发展报告 2012—2022年》。

(二) 创建国际化标准研制路径

开发适宜国际互认、突出国别特色的专业教学标准，借助鲁班工坊平台，实施国际化标准研制"四递进"，布局从中职教育、高职教育、工程本科到工程硕士的境外国际化学历教育办学，服务涵盖社会培训。泰国鲁班工坊开办的专业通过VEC认证，纳入国民教育体系；英国鲁班工坊开办的专业通过Qualifi认证，纳入国家职业资格框架；印度鲁班工坊员工培训得到全印度技术教育委员会认可并获专项补贴。建设的49个国际化专业全部"落地"实施。

(三) 创成鲁班工坊国际品牌

以泰国、英国、印度、柬埔寨、葡萄牙鲁班工坊为质量标度，创成鲁班工坊品牌；以吉布提、肯尼亚、南非、埃及、埃塞俄比亚鲁班工坊为项目标杆，完成非洲鲁班工坊国家任务。从鲁班工坊天津研推中心到全国建设联盟、国际发展研究中心，再到首届世界职业技术教育发展大会在天津成功举办，勾画出鲁班工坊源自天津，成在中国，功利世界的发展历程。

成果团队完成鲁班工坊金字塔(静态)和双螺旋(动态)构型，开展鲁班工坊溯源、要义、标准、策略、理论研究，开展国别鲁班工坊研究，完成教育部重点课题鲁班工坊、EPIP主题研究2项，立项、结项市级课题29项。成果单位发表主题论文100余篇，出版《鲁班工坊》《鲁班工坊核心要义》《鲁班工坊解析》《鲁班工坊研究》《鲁班工坊建设标准》《鲁班工坊发展报告》等著作20余部，协助举办"首届鲁班工坊与产教融合国际论坛""'一带一路'合作与鲁班工坊建设发展论坛"等高端论坛10余个，实现了重大实践基础上的品牌创成。

四、成果推广与应用效果

(一) EPIP是鲁班工坊建设主线

成果单位编制了服务中外教师的"工程实践创新项目(中英葡泰俄)"系列教程,建设了"EPIP教学体验中心""鲁班工坊建设·体验馆",接待中外访客达6万人次;举办了五届EPIP国际教育联盟年会,参会的中外专家、教师达2200人次;分布在亚欧非的"EPIP教学研究中心"已成为推广中国模式的"中转站",涌现出以卢卡斯、哲仁为代表的一批推广与应用专家。2022年8月,首届世界职业技术教育发展大会举办,全球123个国家(或地区)的代表,57个国家(或地区)的教育部部长、驻华大使、国际组织负责人参会,22位中外嘉宾发表演讲,向全球123个国家(或地区)呈现了鲁班工坊、EPIP在不同国度和领域的运用成效。应用EPIP开发的13个"鲁班工坊赛道"成为首届世界职业院校技能大赛的主力赛项。鲁班工坊中外师生联队在世界职业院校技能大赛中斩获全部金牌的60%。

(二) 服务大局,优化布局

亚洲项目落户泰国、印度、印尼、巴基斯坦、柬埔寨,直接服务中国第一大贸易伙伴(东盟),服务中巴经济走廊和中印"金砖"项目。在英国、葡萄牙、保加利亚、俄罗斯形成了"东西南北"布局;在葡萄牙、俄罗斯建设的智能制造、信息通信专业群彰显中国产业技术优势,服务中国企业"深耕"欧洲。作为重大国家行动,已在非洲建成12个鲁班工坊,布局东部埃塞俄比亚、西部尼日利亚、南部南非、北部埃及等国,对接中非产能合作,服务非洲2063年愿景。

(三) 优质优先,强能重技

成果单位遴选了大城技术学院、奇切斯特学院、塞图巴尔理工学院、艾因夏姆斯大学、阿布贾大学等一批优秀合作院校,联动了中土、中材、中联重科、华为、海尔等一批优质合作企业,鲁班工坊"落地"专业聚焦铁道交通(高铁)、机械电气、智能制造、新能源汽车、信息通信、冶金建筑、中医、中餐等领域,构建了国际化"中高本硕"现代职教体系。中外院校合作开发了《工业机械手与智能视觉系统》等百余部(套)双语教学资源;输出设备5800余台(套),配置实训工位1600余个,培养当地学生9800余人,技术培训13 400余人,惠及中外企业、院校1300余家。

(四) 中外高度赞誉

成果团队获得多项大奖,如"诗琳通公主奖""国王奖""撒哈拉大骑士勋章"等。英国鲁班工坊受邀为首相府新年招待会献艺,印尼总统佐科盛赞项目成效,吉布提总统盖莱出席项目启动仪式，葡萄牙总理科斯塔出席项目签约仪式。国内外800多家媒体对此深度报道。

从2018年9月到2022年9月，4年时间里，习近平主席多次就"鲁班工坊"作出重要论述。鲁班工坊，已经成为助力构建人类命运共同体的重大国家行动，它是中国职业教育在世界教育合作、国际产教融合领域开辟先河的大事，是近代以来中国职业教育发展史上具有里程碑意义的大事！

【成果完成单位】

成果第一完成单位天津职业技术师范大学携手天津轻工职业技术学院、天津机电职业技术学院、天津铁道职业技术学院、天津市教育科学研究院、天津中德应用技术大学、天津渤海职业技术学院、天津市职业大学、天津市经济贸易学校、天津城市职业学院、天津现代职业技术学院、天津市第一商业学校、天津医学高等专科学校、天津交通职业学院、天津电子信息职业技术学院联合申报的"模式创立、标准研制、资源开发、师资培养——鲁班工坊的创新实践"荣获2022年职业教育国家级教学成果奖特等奖、2022年天津市职业教育教学成果奖特等奖。

双链融通·标准引领·项目支撑：
新一代信息技术领域高职人才培养实践创新

天津大学　等

该成果深刻把握新时代信息技术领域技术技能人才培养的难点、堵点和痛点，依托国家级课题，研制由行业企业深度参与，以标准为引领，以真实项目为载体的实践方案，形成了"双链融通、标准引领、项目支撑"的人才培养模式。该成果实现产业链与教育链深度融合机制，辐射并带动22个省区市、70余所高职院校，成效显著。

一、成果简介

产教融合、校企合作是职业教育的本质特征。长期以来，行业企业特别是龙头企业参与不足而导致的职业院校教学标准更新不及时、缺乏真实生产环境等，阻碍着职业教育高质量发展。天津大学作为中国职教学会校企合作工作委员会副主任单位、秘书处所在单位，通过2014年国家课题"企业参与职业教育的行为差异化内在机理研究"，研制了行业企业深度参与的方案；2016年，《发挥企业办学主体作用全面提升现代职业教育办学质量》被国家教育咨询委员会采纳；2017年开始，联合龙头企业和院校，聚焦新一代信息技术中大数据和人工智能领域，开展"双链融通、标准引领、项目支撑"的人才培养实践创新。

搭平台、建联盟，强机制，实现双链融合：天津大学发挥中国职教学会校企合作委员会平台优势和学术影响力，组织"全国职业院校产教融合研讨会"等品牌性学术论坛和专题研讨会，加强校企互信互通；牵桥搭线，推进行业龙头企业间的战略合作，打造以中科曙光、百度、迅腾科技为核心的产业链；联合国内具有不同办学实情的8个典型院校组成试点院校，搭建"理论引领—试点实践—批量推广"的"136N"模式教育链；通过举办职业技能大赛，引导校企共建产业学院30所，打造产业链与教育链深度融合机制。

校企联合，打造"行业标准—专业标准—教学标准"标准化体系：一是通过建立行业、职业、教育对接工作机制，联合行业协会、龙头企业基于人力资源管理实践开发行业标准、职业标准和企业标准共计20项；二是依托行业、企业用人标准改造专业建设标准；三是依托真实项目完成课程、教材、实训的标准建设。

"双链融通、标准引领、项目支撑"体系如图1所示。

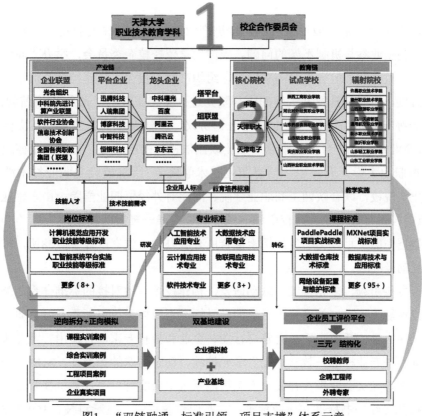

图1 "双链融通、标准引领、项目支撑"体系示意

逆向开发,搭建"企业模拟舱"实践教学基地。引入企业真实案例、真实业务及真实考核,形成了以产业需求为核心的专业建设方案20余个、基于"工厂生产模式"的课程实例100余个、基于工作过程(含系统化)的企业级项目的系列教材79部、基于公司化环境的"企业模拟舱"实践教学基地30个,最终形成"校企合作、共育共管"的实践与推广体系。

通过多年"双链融通"实践,构建了校企协同育人的"十个共"运营标准、"十一个基于"实施标准、"七个融合"创新标准、"共育共管"教师岗位标准,以及依托产业的专业建设标准、课程资源开发标准、实训实践基地建设标准。基于"136N"教育链模式,辐射国内近100所高职院校,其中深度融合院校30余所,培养22 838名学生(40名研究生和本科生、22 798名高职生)。教师团队获评市级以上荣誉27项,包含教学成果奖5项。

5年来,辐射22个省区市、70余所院校,带动中科曙光、百度等上百家企业深度参与,构建了包含10个岗位标准、8个专业标准和100余个课程标准的标准体系,支撑2所国家"双高"校建设,覆盖3.6万余名学生,年就业率超97%,涌现出千余名就业明星;服务企业千余家,产生约2.53亿元经济服务收入;成果转化为国家、省部级政策,在《教育研究》等期刊发表论文60余篇,出版著作8部,获得国家教学成果奖4项,被中国教育电视台、《光明日报》等媒体广泛报道。

二、成果实践做法

首先，搭平台，组联盟，强机制，推进产业链与教育链深度融通，有效应对行业企业特别是龙头企业参与机制不畅的问题。天津大学依托校企委员会，举办"新经济新技术背景下的职业教育产教融合"等高端论坛，组织产教对接会，搭建校企交流平台；联合中科曙光、百度、迅腾科技及其主导的中科院先进计算产业联盟、光合组织(信创)、天津软件行业协会等行业组织，签署企业战略合作协议，组建天津信息技术创新协会等，打造1条"龙头企业牵头—平台企业牵线—产业联盟依托"的产业链；在天津中德应用技术大学、天津市职业大学、天津电子信息职业技术学院等3所院校设立职业技术教育研究基地，打造龙头院校，联合陕西工商职业学院、河北对外经贸职业学院、山东铝业职业学院等6所试点院校，搭建"龙头院校引领—试点院校实践—辐射院校推广"的"136N"教育链；实施数据中国"百校工程"，探索混合所有制办学，建立产业学院38所，推进产业链与教育链互动及共融。

其次，龙头引领，多元接续，联动研发，构建校企有效对接的标准体系，解决了职业院校标准建设能力不足、差异较大导致的教学标准不成体系、更新不及时、质量参差不齐等问题。天津大学依托校企委员会整合行业、企业和教育专家，打造由行业龙头企业牵引的"职业标准—专业标准—教学标准"多元接续、动态更迭的标准开发机制。一是联合中科曙光、百度等龙头企业牵头开发"人工智能系统平台实施""计算机视觉应用开发"等10个职业技能等级证书标准和职业标准；二是组织腾讯云、迅腾科技、360等龙头企业和天津中德应用技术大学、天津市职业大学、天津电子信息职业技术学院等龙头院校联合研发物联网应用技术、云计算应用技术、大数据应用技术等8个专业标准；三是指导联盟内校企结对开发课程、教材、资源、考评与就业等系列教学标准；四是按学期修订并完善标准，实施三年一轮的标准体系更新。

最后，真项目，双基地，全周期，打造真实工作环境浸润的育人体系，解决了职业院校缺少真实生产项目支撑的育人环境的问题。天津大学联合中科曙光、百度、迅腾科技等龙头企业对接产业链上下游企业，建立技术资源池，采用逆向拆分与正向模拟的手段，构建"课程实训案例+综合实训案例+工程项目案例+企业真实项目"项目体系；依托"企业模拟舱"和产业基地，构建"社会认知—岗位认知—岗前实践—优质就业"的全学习周期双链人才培养模式；采用企业员工评价平台实施真实岗位评价，打造校聘教师、企聘工程师与外聘专家相结合的"三元"结构化师资队伍，打造以项目为支撑，以工程为导向，以前沿技术为引领，进行真实岗位评价的真实工作环境浸润的实践育人体系。

具体而言，展开了以下几方面的工作。

在双链融通方面，发挥校企委员会平台的优势，联合中科曙光、百度、迅腾科技及其主导的中科院先进计算产业联盟、光合组织(信创)等行业组织，组织校企对接会，打造"136N"教育链；实施数据中国"百校工程"，推进股份制产业学院实体的运行，推动产业链与教育链联动发展，将"岗课赛证"融合，探索校企深度融合的办学模式；通过在津、冀承办物联网、人工智能、工业互联网等职业技能大赛，进一步将产业与教育进行融合，最终打破传统校企合作模式，创造了多家行业和企业共同参与的组合式校企合作模式，促进了产业赋能职教、职教支撑产业，实现了产业链与教育链的深度融合。

在标准引领方面，天津大学牵头联盟行业协会和龙头企业，联合开发岗位标准和职业标准；组织龙头企业和龙头院校牵头研发专业标准；指导校企结对开发课程、教材、资源、考评与就业教学标准，打造"职业标准—专业标准—教学标准"多元接续、周期更迭的标准开发体系，实现技术标准向教育标准的高质量转化。校企合作委员会联合中科院先进计算产业联盟、光合组织(信创)、天津软件行业协会、天津市大数据协会、天津市科技服务业协会、天津互联网商会、中科曙光、百度、迅腾科技等30余家协会和龙头企业，围绕新一代信息技术领域的国家和区域重大战略需求，指导开发"人工智能系统平台实施""计算机视觉应用开发""5G移动网络运维""网络直播从业人员"等多个岗位标准和职业标准；发挥骨干院校、龙头企业的重要作用，由百度和天津中德应用技术大学、中科曙光和天津市职业大学、迅腾科技和山东铝业职业学院等校企共同研发软件技术、大数据技术、人工智能、物联网等8个专业的标准。

参与指导和建设物联网、软件技术、大数据等国家级和省级重点专业，通过校企结对的形式开发以新一代信息技术专业群为主导的课程、教材、资源、考评与就业等一系列教学标准。"大数据分析与应用"等12门专业核心课被评为省部级精品课程，完成了天津市物联网资源库建设，开发了100余套数字化课程资源(含教学标准)和仿真项目用于教学；针对新一代信息技术行业技术迭代快的特点，定期对标准体系和资源进行调整与升级。

在项目支撑方面，天津大学联合龙头企业建立技术资源池，采用逆向拆分与正向模拟，构建"课程实训案例+综合实训案例+工程项目案例+企业真实项目"项目体系；依托"企业模拟舱"和产业基地，构建"社会认知—岗位认知—岗前实践—优质就业"的全学习周期双链人才培养模式，打造以项目为支撑，以工程为导向，以前沿技术为引领，进行真实岗位评价的实践育人体系；承接并交付人工智能数据清洗和挖掘等94种真实项目，依托领军企业员工评价平台对真实项目实施真实岗位评价；承接并交付100余种真实项目(业务)，形成特色鲜明的"产业+专业"校企"双链、双基地、双驱动"协同育人新模式。

三、成果创新点

(一) 提出了"行业牵头、标准引领、项目支撑"的产教融合理念

该成果充分发挥天津大学和中国职教学会校企合作委员会的研究优势与平台优势，以推进行业企业深度参与职业教育为核心，通过"搭平台、建联盟、强机制"完善行业企业参与通道，通过"龙头牵引、三业联动、周期更迭"实现行业企业标准的有效转化，通过

"真实项目、企业模拟舱、产业基地"实现行业企业主体地位落地，丰富了职业教育校企合作的内涵与实践理论，转化为"企业参与职业教育的行为差异化内在机理研究"等9项国家级、省部级课题。

相关成果获得2项省部级优秀成果奖，获中国职业技术教育学会科研成果一等奖1项，在美国、加拿大、澳大利亚、意大利、德国等国举办的本领域国际权威会议上做交流，相关咨询报告得到时任国务院副总理回良玉批示，并被国家教育咨询委员会采纳，部分成果业已转化为国家政策文件，为本教学成果的形成奠定了良好的前期研究基础。成果第一完成人负责举办"产教融合高端论坛""推动现代职业教育高质量发展论坛"等系列交流会议，搭建了校企沟通平台；结合校企合作过程中的热点、难点和堵点，基于广泛的调研形成了系列调研报告；积极推动理论成果的转化，参加了《社会力量举办职业教育的问题》《职业院校评价体系》《中国特色高水平高职学校和专业建设计划绩效评价工作暂行办法》《教育部 山东省人民政府关于整省推进提质培优建设职业教育创新发展高地的意见》及《教育部 天津市人民政府关于深化产城教融合打造职业教育创新发展标杆的意见》等政策文件的起草工作，充分提升了理论成果向实践应用的转化效率和效果，助力新时期我国职业教育的改革和发展。

成果第一完成人出版《企业参与职业教育的内在机理研究》等专著7部，在《教育研究》等期刊发表论文60余篇，在国际国内高水平会议上做主题发言几十次，部分成果转化为国家级和省部级政策文件，影响显著；基于在产教融合领域的广泛实践和研究，提出了"行业牵头、标准引领、项目支撑"的产教融合理念。

(二) 形成了"三业联动"的职业教育标准开发机制

该成果以行业龙头企业为牵引，发挥双链融合优势，紧跟大数据和人工智能产业的新技术、新工艺、新规范、新要求，组建行业专家、企业专家、教育专家协同攻关机制，推动企业和专业的有效联动，实现规范化、常规化和程序化的企业标准，基于企业用人标准的就业岗位标准，以产业需求为核心的专业建设标准，基于"工厂生产模式"的课程标准，基于工作过程的教材标准，基于项目化管理的实训标准，以及基于公司化环境实践教学基地实训平台体系标准的系统化建设，为双链内的企业和院校专业建设与人才培养提供了有力支撑；开发职业教育产教融合生成式大模型，构建了行业、产业、职业、专业相结合的产教谱系对接模型，牵头建设天津市职业教育产教融合信息平台，并以此平台为载体发挥学科交叉优势；构建职业教育产教融合VLF(vocation link future)生成式大模型，开展区域、行业、共同体(联合体)、院校、专业、企业的人职匹配度动态监测，加强关键产业链人才需求变动趋势研判，为准确把握产教对接现状及动态发展趋势提供依据，摆脱产教对接信息不及时、不充分的现实困境；借助大数据和人工智能技术，构建职业教育产教融合VLF生成式大模型，绘制"产业全景、教育专业、产教对接"数字化动态谱系图，实现职业教育专业与产业对接水平动态、精准测度，实现对区域、行业、共同体(联合体)、院校、专业、企业的人职匹配度的动态监测，形成了"三业联动"的职业教育标准开发机制。

(三) 构建了以企业真实项目为依托的技术技能人才培养路径

该成果以行业企业的大数据和人工智能领域100余种真实项目(业务)为依托，遵循技术技能人才成长规律，按照培养方案设计要求，将项目分解为层次递进、具有教学功能的单元项目或任务；按照项目式"逆向拆分+正向开发"的"工厂生产模式"组织课程开发，基于工作过程(含系统化) 编写"企业级项目"系列实战教材；建立基于公司化环境的"企业模拟舱"实践教学基地，构建了基于企业真实项目的"社会认知—岗位认知—岗前实践—优质就业"技术技能人才培养路径；对接京津冀重点产业链，依托VLF生成式大模型，以产业链、关键企业、核心产品为线索，梳理共同体(联合体) 技术需求和人才需求清单，聚焦龙头企业核心产品的核心技术和核心需求，完善专业交叉融合和跨界整合机制，探索工程化项目制的课程体系、项目体系和实习实训体系，实现与产业需求高度匹配的职业教育人才培养模式变革；在天津市职业教育改革高地的建设背景下，紧扣京津冀区域发展战略，借助行业产教融合共同体(联合体) 的平台优势，引入职业教育产教融合VLF生成式大模型，以龙头企业的核心技术和核心需求为指引，选取天津市若干职业院校开展试点工作，探索工程化项目制的职业教育课程体系、项目体系和实习实训体系，形成可推广、可复制的课程资源、教学资源和教学模式。根据大数据平台的动态监测数据全景图，聚焦人才培养过程中的核心要素，将产业界的各类要求项目化、工程化，从专业、课程、教材、师资、实训基地建设等维度提出职业教育人才培养模式优化的主要策略，从人才培养的"五金"要素出发进行职业教育人才培养模式的系统性调整与优化，构建了以企业真实项目为依托的技术技能人才培养路径。

四、成果推广与应用效果

(一) 成果人才培养覆盖面广、效果显著

标准引领，形成育人参照。研制新兴产业人才标准，为技术需求与人才供给的有效对接提供依据。天津大学教育学院牵头行业协会开展新兴产业相关岗位标准的研制，经工业和信息化部授权，积极组织行业龙头企业技术专家研制了与太阳能装配、汽车行业相关的职业岗位标准和鉴定标准，为技术需求与人才培养标准对接创造条件；建立企业实习实训岗位标准，完善实习内容规范，打通职业院校人才培养"最后一公里"；依据岗位标准和教学标准，通过行业联盟，协助企业全面参与职业院校人才培养过程，完善顶岗实习的内容和标准，实现学校学习环境与真实生产环境的有机结合。

多元主体协同育人，人才培养质量显著提升。通过调动科研机构、行业组织、职业院校和企业的积极性，学校育人使命与区域产业发展双向契合，人才培养成为产业发展的助推器。互联网学院毕业生就业率在99%以上，专业对口率超95%，就业满意度达到98%。

学生在全国和省级职业院校技能大赛中获奖188项，在创新创业大赛中获奖116项；13名同学获全国职业院校技能大赛一等奖。时任山东省教育厅厅长邓云锋、山东省委教育工委副书记冯继康先后到互联网学院视察，给予成果高度评价。

该成果以天津中德应用技术大学和天津市职业大学为核心，以陕西工商职业学院、河北对外经贸职业学院、山东铝业职业学院等6所院校为试点，辐射并带动全国100余所高职院校，8年来，累计培养3.6万名学生，就业率持续保持在97%以上。90%以上的学生进入百度、中科曙光、人瑞、博彦等领军企业及其业务生态企业的人工智能、数据挖掘、信创等岗位跟岗实践、实习及就业，1000余名毕业生成为项目经理及技术骨干。学生在教育部"互联网+"大赛中获得银奖1项，在省级"互联网+"大赛中获得多个奖项；在全国职业院校技能大赛中获奖53项(其中一等奖19项、37人次)，校企共育优秀实习生获2019 AI开发者大会(AI ProCon 2019)TOP 30+优秀物联网案例30强。

(二) 标准体系辐射能力强，有力带动院校专业建设

加强标准转化，探索职业院校新兴专业建设模式。天津大学教育学院牵头行业协会，依据职业岗位标准，组织企业技术专家和职业院校专家开展标准转化，通过专业教学标准制定、教材开发、课程开发、教学资源建设、实训设备研发和师资队伍培养等，探索标准引领下的职业院校新兴专业建设模式；以新一代信息技术领域为重点，基于"逆向拆分+正向开发"构建"宽平台，活模块，准岗位"课程体系，实施项目化课程改革；引入企业真实项目，根据真实岗位工作任务要求，确定课程能力目标、知识目标和素质目标，遵循由易到难的思路，共同设计项目内容，进行课程整体设计和单元设计，开发基于企业真实项目的全套项目化教材；按照项目任务描述、项目分析、解决方案、方案实施、项目总结、项目拓展的顺序实施教学，同时将课堂项目延伸至课外，补充和强化项目知识、能力、素质目标的培养。该成果形成4个岗位标准、8个专业标准和100余个课程标准。

该成果开发课程开发标准、数字化教学资源库开发标准、教学实训产品标准等各1套，职业技能省级竞赛标准4项，校企"共育共管"制度5本；形成天津市科技成果1项，达到国内领先水平；服务中央财政支持物联网专业1个，软件、数字媒体、人工智能、大数据、网络5个专业群被列入省级"双高"专业群和省级品牌专业群；开发新形态课程79种。

该成果开发仿真实训项目及数字化教学资源100余种；打造2个国家级教师团队；获得教育部思政示范课程国家级1项及省级2项，建设省级精品课程6项，省级资源库2项。

该成果获得国家级教学成果奖3项，省级教学成果奖2项；形成了校企协同"十个共"合作模式，"十一个基于"实施标准，"七个融合"创新模式，辐射国内近100所高职院校，其中深度融合产业学院30余所。

(三) 社会服务能力显著提升

该成果依托中科曙光及其主导的中国高性能计算机产业联盟和光合组织(信创) 联盟、

百度在全国建立的人工智能与大数据产业基地、迅腾科技,以及天津市大数据协会、软件协会等4家协会行业,辐射1000余家企业。行业标准引领的职业院校新兴专业建设模式在服务新兴产业的过程中表现出强大的活力。以行业标准为引领、以项目为支撑的职业院校新兴专业建设机制,有效地将新兴产业技术需求标准转化为职业院校人才标准,通过职业岗位标准、教学标准和实习岗位标准的有效对接,实现了人才培养各环节的无缝对接,先后为太阳能光伏产业提供3万余名技能人才,为一汽集团等企业和3D打印产业的发展提供了大量技能人才,有效地支撑了相关产业的升级与发展。伴随着产业升级,中国半导体行业协会IC分会根据新能源汽车行业发展的需要,继续坚持以行业标准为引领的职业院校新兴创业模式,积极推进新能源企业相关专业的建设工作,并产生了较好的效果。该模式也在现代服务产业中得到应用和推广。

通过联盟骨干企业,承接百度、博彦、人瑞等联盟及生态企业的大数据与人工智能等方向的真实项目(业务)100余项,并将其转化为教学项目,累计实现2.53亿元技术服务收入;为百度在济南、太原建设的2座人工智能产业基地内的100余家企业发展提供人力支撑;与天津大数据协会、软件协会等组织合作建立了人才工作委员会,满足天津新一代信息技术领域300余家企业的人才需求。

(四) 改革成果社会认可度高

该成果相关咨询报告得到时任国务院副总理回良玉批示,并得到国家教育咨询委员会关注,部分成果为国家级、省部级职业教育政策文件提供参考。成果负责人先后在教育部、中国教育政策研究院,以及美国、加拿大、澳大利亚、德国等举办的国内和国际主流会议上做成果汇报32次。《光明日报》、《中国教育报》、中国教育电视台、职教中国等多家媒体对该成果进行深度报道,产生广泛影响。

【成果完成单位】

成果第一完成单位天津大学携手天津中德应用技术大学、天津市职业大学、天津电子信息职业技术学院、天津滨海迅腾科技集团有限公司、曙光信息产业股份有限公司、百度在线网络技术(北京)有限公司、山东药品食品职业学院、河北对外经贸职业学院、陕西工商职业学院、山东铝业职业学院、安庆职业技术学院、山西林业职业技术学院联合申报的"双链融通·标准引领·项目支撑:新一代信息技术领域高职人才培养实践创新"荣获2022年职业教育国家级教学成果奖一等奖、2022年天津市职业教育教学成果奖特等奖。

"铸魂育匠 五策精进"：
高职课堂新形态的构建与实践

天津市职业大学　等

该成果围绕铸魂育匠总目标，基于"思政导航、岗课共轭、数字赋能、三元嵌合、评价重构"五大策略，将全校专业课程改革的重心下移至课堂，使课堂呈现独具高职特色的6I新形态，实现了课堂教学由重教书、轻育人向铸魂育匠的根本性转变，由传统课堂向校企跨界课堂的开放性转变，以及学生由被动学习向自主探究学习的高阶性转变。该成果在理论上取得了重大创新，极大丰富了现代职业教育理论，对推进"三教"改革发挥了较大的示范与带动作用。

一、成果简介

习近平总书记强调，应"加快构建现代职业教育体系，培养更多高素质技术技能人才、能工巧匠、大国工匠"。立德树人是教育的根本任务，铸魂育匠是职业教育的使命与要求，建构新时代课堂形态是推进现代职业教育改革、践行铸魂育匠使命的责任与担当，课堂教学是培养人才的主渠道。成果团队在"课程建设标准化、教学做一体化、教学能力信息化"三轮课程改革的基础上，继续将课程改革推向深入，按照教育部发布的《关于深化职业教育教学改革全面提高人才培养质量的若干意见》要求，2016年在天津职业大学[①]启动了课堂教学改革试点工作，制定了《天津职业大学关于实施课堂教学改革试点方案》，在学校的8个重点建设专业中先行先试，将课改重心下移至课堂，积极推进课程育人、产教融合、校企合作、数字赋能、评价改革，强力推进新技术、新工艺、新规范(以下简称"三新")进课堂，构建凸显职业教育类型特征的课堂教学新形态。2018年，完成了研究与试点，对存在的问题进行了系统分析与梳理，确定了工作着力点，聚焦课堂教学价值引领不突出、与铸魂育匠的目标要求不匹配、课堂教学内容更新与岗位变化不同频、"三新"纳入课堂不及时、课堂教学组织形式不开放、学生主体地位落实不到位等突出问题，确定"思政导航、岗课共轭、数字赋能、三元嵌合、评价重构"五大策略，全面实施

---

① 天津职业大学和天津市职业大学是同一所学校，天津市职业大学是教育部备案名称。

专业课程课堂教学新形态的构建与实践。

该成果以"思政导航"提升课堂育人价值为根本,以"岗课共轭"建构跨界课堂为重点,以"数字赋能"打造智慧化课堂为载体,以"三元嵌合"构建师生学习共同体为路径,以"评价重构"完善长效机制建设为保障,实施课程思政建设"345-N"工程;升级854门专业课程标准,校企合作开发100门模块化课程和一批活页教材,建成"云上学城"和"1平台、2综合、10中心"学校虚拟仿真公共实训中心;"学训践"将课前、课中、课后一体化嵌合,重构了课堂评价体系,对课堂教学效果开展可量化、可监测、可控制的全流程评价;创新了双师队伍发展机制,课堂"教"与"学"双重动力得到充分激发,课堂教学呈现"思想价值引领、校企深度互动、信息技术支撑、任务有效实施、行动思维创新、持续改进提升"等具有显著高职特质的6I新形态;实现了课堂教学由重教书、轻育人向铸魂育匠的根本性转变,由传统课堂向校企跨界课堂的开放性转变,以及学生由被动学习向自主探究学习的高阶性转变(见图1)。

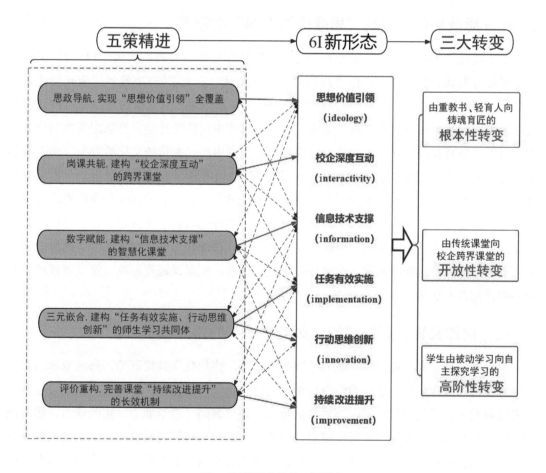

图1　高职课堂教学6I新形态

该成果惠及全体学生,铸魂育匠成效卓著,学生竞赛获奖数激增,6年超千项,获全国"互联网+"大赛金奖2项、全国职业院校技能大赛一等奖12项;以技能服务社会的志愿者达到98%。成果完成人中，获课程思政教学名师、2022年全国最美教师、国家"万人计划"名师、全国高校黄大年式教师团队和教学创新团队等称号共计11人次；4本教材获国家优秀教材二等奖，12本教材入选国家"十三五"规划教材，9门课程获评省级在线精品课程；获评国家课程思政示范项目3项，被评为国家示范性虚拟仿真实训基地、教学管理和教学资源50强、2021年全国高职资源建设和教师发展指数优秀院校；在核心期刊发表《高等职业教育"双高计划"落地研究："三教"改革的视角》等教改论文33篇；"我与大赛的故事"成为全国职教活动周的品牌项目。该成果被多所高职院校应用、推广，中央电视台通过《新闻联播》节目对此进行报道，另有50余家主流媒体发表报道300余篇，在全国产生重大影响。

二、成果实践做法

(一) 思政导航，实现"思政价值引领"全覆盖

以工匠精神为核心价值，筑牢理想之基，赋能学生终身发展。实施"345-N"工程，基于专业开发课程思政体系，由思政教师、专业团队、企业工匠3类教师组成开发团队，从立德、匠技、塑行、创新4个维度深挖思政元素，按照教育部发布的《高等学校课程思政建设指导纲要》中的要求，将"推进习近平新时代中国特色社会主义思想进教材进课堂进头脑""培育和践行社会主义核心价值观""加强中华优秀传统文化教育""深入开展宪法法治教育""深化职业理想和职业道德教育"5项内容深度融入课堂教学，为学生配置思政"营养套餐"，有效推进思政课程与课程思政同向同行；开展N个课程思政建设专项行动，建设国家级课程思政教学研究示范中心、课程思政数字化共享平台、15门省级以上课程思政示范课，开发十大专业群课程思政图谱，在课程标准制定过程中明确思政元素融入要求，全面升级课程标准，实施课程思政全覆盖，实现课课有思政，堂堂铸匠魂，充分发挥课程育人功能。

(二) 岗课共轭，建构"校企深度互动"的跨界课堂

对接高端产业和产业高端，融入技能等级标准，借用化学共轭理论，通过双师同堂授课，将岗位与课程配位。企业教师携最新"岗位变化"、学校教师引课堂"教学目标"，二者双向发力，活化教学内容，产生共轭效应。建立教师"教学能力、实践能力、服务能力"的"三基本一专长"能力发展模型，构建双师队伍可持续发展机制，制定《天津职业大学流动岗位人员聘用管理办法(试行)》，畅通校企双向互兼互聘，聘用89名头部企业产业导师和343名企业兼职教师，打造高素质结构化"双师型"教师队伍，实施专兼职教师"同要求、同考核、同激励、同发展"四同管理。企业教师将最新的技术、标准和鲜活的案例带入学校，通过参与教研活动等方式，与教师共同进行教学载体再造。校企合作开发

了100门模块化课程、300余个开放性实训项目及系列活页教材，形成了以课配岗、依岗而变、持续迭代、动态调整的跨界课堂(见图2)。

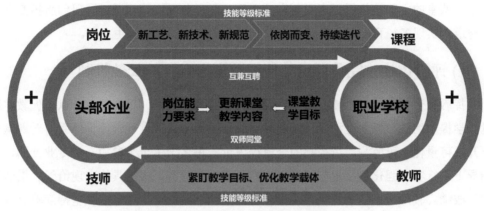

图2　校企深度互动路径示意图

(三) 数字赋能，建构"信息技术支撑"的智慧化课堂

以现代信息技术为课堂"教、学、训、管、评"全域赋能，构建了以云计算技术、物联网技术、大数据技术、人工智能技术、5G 技术、区块链技术为核心的资源虚拟化、管理集中化、数据融合化的信息化应用基础平台，实现全方位的数据采集与共享，创造了实时、安全的泛在智慧教育环境。以3个国家级专业教学资源库和13门国家级精品资源共享课为基础，建设"云上学城"，以学生为中心，以知识点为主线，实现结构化课程资源的在线学习及互动教学，实现教学过程、学习交互过程的全程记录，对教学过程的各个环节进行全程监督、控制和评估。融入智慧教学、智慧实训、资源共享和产教融合的核心理念，建设学校虚拟仿真公共实训中心，建成能实现智能管理、智能控制、智能感知、跨域拓展、互动反馈、虚拟现实等部分功能的智慧教室150余间，校企合作开发了虚拟仿真资源204个(套)、仿真软件242种，全部实现在学校虚拟仿真实训教学共享平台上共享，以实助虚，虚实结合，为各专业开展虚拟仿真教学实训提供资源保障。建设上千门SPOC，打造了个性化定制、智能化推送、精准化供给的智慧化课堂。

(四) 三元嵌合，建构"任务有效实施、行动思维创新"的师生学习共同体

"学训践"一体化嵌合课前、课中、课后，将教学延伸至第二课堂。基于信息技术重构教学流程，打造了"智慧教育+"线上线下混合式教学平台，构建了"理论学习+虚拟训练+真技实操"教学做一体化场景，实现了100%课程开展混合式教学。课前，教师按照技术型、发展型、创新型分型，在学习平台发布任务，由学生自主选学。课中，基于企业的典型产品、任务等创设教学载体，以工作任务为引领，将素质、知识、技能集于工作过程之中，强化学生理论、技能和个性品质的培养；基于开放性工作任务，组建N个师生学习

共同体，在双师的引领下，基于创造思维制定解决方案，师生一体共同践行劳模精神、劳动精神、工匠精神，学生在任务完成过程中提升思维创新的行动力，取得独特、多维的学习成果，课堂的主体地位得以真正落实。课后，复盘分径实践，通过赛研创服拓宽学生的成长通道，实现多径育匠，激发了学生的学习动力，让课堂充满生命力。

(五) 评价重构，完善课堂"持续改进提升"的长效机制

发挥教育评价的"指挥棒"作用，确立科学的育人目标，以评促学，以评促教，助力课堂教学提质增效。以"过程性、表现性、成长性"重构课堂教学评价体系，对课堂教学效果开展可量化、可监测、可控制的全流程评价。每名学生至少参加一个专业社团，在教师指导下进行实训强化、技术创新或以技能开展志愿服务，根据具体表现给予"增值"计入课程成绩。教师根据学情变化，及时改进课堂教学策略，推进形成课堂持续改进提升的新形态，推动教育模式从单一主体育人向多元主体联合育人转变，教育时空从线性三维时空向复合多维时空转变，有效激发了学生内生动力，激励了学生人人出彩。

三、成果创新点

(一) 理论创新，创设并提出新时代高职课堂新形态的6I特质

该成果在形成和实践过程中，通过理论创新，极大地丰富了职业教育教学理论。成果以新时代中国职业教育理论为指导，将建构理论和共轭理论交叉使用，从建构主义知识观、学习观、学生观出发，针对当前高等职业院校课堂教学中存在的主要问题，在价值、岗课、师生、资源、评价等5个方面对课堂教学进行精进、再造，系统实施"思政导航、岗课共轭、数字赋能、三元嵌合、评价重构"五大策略，经过理论研究、试点实施、持续完善、总结固化，形成了全新的课堂教学形态和师生关系，凝练出"思想价值引领(ideology)、校企深度互动(interactivity)、信息技术支撑(information)、任务有效实施(implementation)、行动思维创新(innovation)、持续改进提升(improvement)"六大特质。六大特质相互贯通、相互依存，不可分割，简称6I。

其中，"思想价值引领"是指以工匠精神为核心价值，以"345-N"工程为主要抓手，帮助学生坚定理想与信念，厚植家国情怀，实现课课有思政，堂堂铸匠魂，体现课堂育人功能。"校企深度互动"是指对接高端产业和产业高端，借用化学共轭理论，通过企业教师与学校教师双师双向发力，同堂授课，共同开发模块化课程、开放性实训项目及系列活页教材，形成了以课配岗、依岗而变、持续迭代、动态调整的跨界课堂。"信息技术支撑"是指以现代信息技术为课堂"教、学、训、管、评"全域赋能，实现全方位的数据采集与共享，创造实时、安全的泛在智慧教育环境。"任务有效实施"是指"学训践"一体化嵌合课前、课中、课后，将教学延伸至第二课堂。"行动思维创新"是指基于开放性

工作任务,组建N个师生学习共同体,学生在任务完成过程中提升思维创新的行动力,取得独特、多维的学习成果。"持续改进提升"是指以"过程性、表现性、成长性"重构课堂评价体系,对课堂教学效果开展可量化、可监测、可控制的全流程评价,激发学生的内生动力,实现课堂教学效果的提升。

(二) 实践创新,以"岗课共轭"及时将"三新"纳入课堂教学

该成果立足铸魂育匠目标与要求,借用共轭理论构建新形态课堂,充分重视企业教师的作用,将企业教师放在与学校教师同等重要的位置,以学生发展为中心,以人人出彩为目标,校企双师共同发力,激活课堂。

将岗位能力需求与课程内容相匹配,有效突破了传统"岗课对接"的单向性、封闭性,通过与行业头部企业深度合作,开展双师同堂授课,企业教师从"岗位能力需求"出发,将最新的产品、任务、技术带入学校,学校教师从"课堂教学目标、课堂教学需要"出发,校企联合提取典型任务,双师共同进行项目载体转化,极大地提升了课堂教学的针对性和时效性。学校教师主目标、企业教师主载体,校企双向发力,岗课产生共轭效应,聚合为一体,实现新技术、新工艺、新规范及时进课堂,岗课共轭无时差,课堂紧跟岗位,授课内容紧跟技术发展。将劳模精神、劳动精神、工匠精神的培养深度融入具体任务,建立师生学习共同体,师生共同完成基于真实岗位提炼的具体工作任务,促进师生共同成长,不断激发学生内生动力。

(三) 机制创新,校企一体化构建了双师队伍可持续发展新机制

以"三基本一专长"架构打造教师职业发展能力模型,以"四度、四级、四同"构建双师队伍可持续发展机制。

以立德树人为根本任务,紧紧围绕教师师德师风、教育教学能力、业绩贡献等要素,从家国情怀彰显度、教育教学满意度、学校发展贡献度、校企互动活跃度(以下简称"四度") 4个维度构建教师评价体系,从爱党爱国、敬业修德、为人师表、奉献社会等方面综合评价教师的家国情怀彰显度;从专业建设、教学改革、应用研发、技能竞赛、国际合作、重大专项等方面全面考量教师对学校发展的贡献度;从教书育人、教学态度、教学方法、教学效果等方面对教师的教育教学满意度开展学校、学生、同行、督导四方评价;从企业实践、技术服务、社会培训、资源整合等方面评价教师的校企互动活跃度。使"四度"评价结果在学校职称评定、全员聘任、绩效工资机制设计等方面彰显功能,极大地激发了教师干事创业的热情和活力,打造了一支师德高尚、技艺精湛、数量充足、结构合理、专兼结合的高水平双师队伍,为学校高水平发展提供了坚实有力的人才保障,形成了可示范、可引领的"四度"教师评价体系。

聚焦高端产业和产业高端,畅通高层次技术技能人才到校兼职渠道,规范兼职教师聘用管理制度,构建"固定岗+流动岗"师资队伍建设新机制,分专业带头人、专家型教

师、骨干教师、中青年教师"四级"设定固定岗，设立符合兼职教师特点的标准要求、聘任条件、岗位职责，开展分级聘任，分企业领军、专业领衔、企业导师、企业兼职"四级"配置流动岗，打造高素质结构化"双师型"教师队伍。

根据服务对象、专业发展和课程设置建设流动岗兼职教师库，实施兼职教师与专任教师"四同"管理，即双师同要求、同考核、同激励、同发展，整体提升校企双师队伍的师德和理论、技能水平，厚植家国情怀和职业教育情愫，引导教师塑造大品格、练就大技艺，成为"大先生"，以教师发展引领、催化学生成长成才。

四、成果推广与应用效果

(一) 人才培养成效倍增，成就学生出彩人生

受益于该成果的学生超过4万人，获得各类荣誉的学生达4000余人次，2名学生获评团中央劲牌奖学金个人特别奖。2019—2021年，在中国"互联网+"大赛中获奖7项(其中金奖2项)，在团中央举办的"挑战杯"创新创业大赛中获奖14项，在市级创新创业比赛中获奖105项。164人在全国职业院校及行业技能大赛中获奖，其中一等奖31人；515人在市级技能竞赛中获奖，其中一等奖56人；36人在全国大学生数学建模、电子设计竞赛中获奖。学校连续5年举办技能节、创新节，学生通过"光明行""三下乡"等活动，以技能服务社会超过6万人次。

依据学生的个性化成长、多样化成才需要，学校打造了适应人人的"虚拟+现实"多元化学习和实训空间，再造了教与学的流程，实现学习的自主选择和教育资源的智能推送。基于信息技术重构教学流程，打造了"智慧教育+"线上线下混合式教学平台，建成了"1平台、2综合、10中心"的学校虚拟仿真公共实训中心，打造了"理论学习+虚拟训练+真技实操"教学做一体化场景，为学生学习奠定了良好的基础，成功助力学生人人出彩。2021年麦可思发布的评价报告显示，学校立德树人工作成效明显，学生德育、能力增值情况整体较好，能够有效支撑实际岗位需要，多数学生有较强的学习意愿，课前、课中、课后学习主动性较高，教师教学中注重案例、讨论、互动、项目等多种教学方法相结合的方式，整体实践育人效果较好；93%以上学生的德育增值明显，95%以上学生的创新能力显著提升，毕业生雇主满意率每年递增2个百分点。每年5000余名毕业生肩负时代责任，锤炼过硬本领，矢志追求卓越，奔赴一线，成为中国质量强国建设的生力军，为实现中华民族伟大复兴的中国梦奉献青春力量。

(二) 职教同行普遍认可，品牌效应充分彰显

成果完成人应邀讲学、交流累计300余次，在全国形成强烈反响，2020年前到校专题访学年均20所以上。成果完成单位于2021年挂牌成立国家级课程思政教学研究示范中心、

天津市职业教育课程思政教学研究中心，开发并建设了"课程思政教学研究示范中心"信息化平台，依托平台分19个专业大类充实了课程思政资源库，拥有资源3655个、视频时长17 409分钟，打造了课程思政示范共享平台；2021年、2022年连续两次举办全国职业院校轻工纺织大类课程思政集体备课；2022年，广邀、特邀全国职业院校领导及专家、国家级课程思政示范课程教学名师(团队)，举办全国职业院校课程思政建设研讨会，分享职业院校课程思政建设的新思考、新探索、新成果，有效推动了广大教师进一步强化育人意识，提升育人能力，受益院校900余所，受益人数超过5000人。

该成果应用于河北工业职业技术大学，以及黄河水利职业技术学院、天津轻工职业技术学院、唐山工业职业技术学院等3所"双高"校。院校纷纷表示成果以"思政导航"提升课堂育人价值为根本，以"岗课共轭"建构跨界课堂为路径，以"数字赋能"打造智慧化学习课堂为载体，以"三元嵌合"构建师生学习共同体为支撑，以"评价重构"优化课堂激励机制为保障，实现了课堂教学由重教书、轻育人向铸魂育匠的根本性转变，实现了由传统课堂向校企跨界课堂的开放性转变，以及学生由被动学习向自主探究学习的高阶性转变，具有很强的借鉴意义和较高的应用价值。各院校在人才培养和课堂教学中参考、吸收了教学改革成果和成功经验与做法，并进行了推广与应用，提高了教学质量，取得了显著的教学效果。

该成果被成功复制到和田职业技术学院、武威职业学院等西部院校，起到了极大的带动作用。该成果有效带动了天津工业职业技术学院等区域内院校的"三教"改革走向，实现了高质量、内涵式发展，对高职教学改革实践起到了重大示范作用。

(三)"三教"改革成功落地，在国内外产生重大影响

该成果的有效实施、普及、推广极大地提升了"天津职业大学"品牌的核心竞争力。成果主持人被认定为课程思政教学名师，其课程获批国家级课程思政示范项目。成果主要完成人获国家级奖项累计20余项，培养全国技术能手7人、黄大年式教师团队2个、教师教学创新团队2个；获国家优秀教材二等奖4项，出版国家"十三五"规划教材12本，打造了一批活页教材，获评"教学资源50强"；获得国家级、省部级课程思政示范项目、精品课程等共计24项。成果单位的180名教师在省级以上教学能力比赛中获奖，其中国家级44名；立项、完成"教师教学创新团队与模块化课程教学耦合路径研究与实践""'互联网+'视阈下的高职院校人才培养质量提升途径与策略研究"等省部级以上"三教"改革相关课题77项；在核心期刊发表《高等职业教育"双高计划"落地研究："三教"改革的视角》《"双高计划"背景下高职教育产教融合的实施策略》等教改论文33篇；《锻造和培养堪当民族复兴重任的时代新人》《职业教育为产业强国夯实技术技能基础》《天津职业大学改革发展模式推动学校内涵式发展》等标志性文章被中央电视台(《新闻联播》)、《中国教育报》等50余家主流媒体发表或报道300余篇次，在全国得到广泛赞誉，展示了职教风采，弘扬了工匠精神。

该成果在理论研究上取得重大突破，经查重，为全国首创，极大地丰富了现代职业教育理论，成功破解了课堂教学改革的难点问题，极具推广价值。

【成果完成单位】

成果第一完成单位天津市职业大学携手天津海顺印业包装有限公司、天津市软件行业协会、施耐德梅兰日兰低压(天津)有限公司联合申报的"'铸魂育匠 五策精进'：高职课堂新形态的构建与实践"，荣获2022年职业教育国家级教学成果奖一等奖、2022年天津市职业教育教学成果奖特等奖。

"利益耦合、校企融合、育训结合"培养汽车维修技术技能人才的探索与实践

天津市职业大学 等

该成果围绕校企合作不深、新技术进课堂不及时、实践能力培养不足等人才培养难点、堵点，提出了"双轨并进、双向赋能"协同育人理论，通过实施"利益耦合、校企融合、育训结合"的教育教学方案，充分发挥了校企双方所长，保障了新技术、新标准、新规范第一时间进课堂，激发了企业参与校企合作育人的内生动力，为培养高素质复合型、创新型、应用型汽车检测与维修技术人才提供了坚实保障。该成果有效提升了人才培养的方向性、适应性和针对性，应用与推广成效显著，为高职院校校企协同育人提供了可借鉴、可复制的现实样本。

一、成果简介

伴随着新一代信息技术、新能源、新材料与汽车产业的加速融合，汽车技术及产品不断创新与迭代，给汽车维修行业带来巨大挑战，企业对员工的岗位职业能力需求发生了转变，越来越需要具有燃油汽车技术、电动汽车技术、智能驾驶技术诊断和维修操作技巧的高素质复合型、创新型、应用型技术技能人才，从而对汽车维修技术技能人才培养提出新要求。该成果针对人才培养过程中遇到的校企合作不深、新技术进课堂不及时、实践能力培养不足等难点、堵点，于2012年6月立项天津市"十二五"教育教学改革课题"校企深度合作机制的研究与实践"，依据协同理论、系统观念、产教融合理念开展研究，并于2015年5月结题，提出"双轨并进、双向赋能"协同育人理论，形成了"利益耦合、校企融合、育训结合"培养汽车维修技术技能人才教育教学方案。该成果于2015年6月开始实践、应用。

"利益耦合、校企融合、育训结合"培养汽车维修技术技能人才教育教学方案从校企利益实施路径、产教融合实施路径、人才培养实施路径三个层面构建了人才培养的协同体系。"利益耦合"校企合作机制即聚焦校企共同利益，耦合相互需求，搭建校企资源共享平台，建立人才共育、员工共训机制，建立新车型、新技术、新标准"三新"共享机制，

建立校企人员互兼互聘机制，互补互惠促进校企深度合作，解决企业参与校企协同育人动力不足、校企合作不深的问题。"校企融合"资源共建模式即融合共建校内企业培训中心与实践教学基地，共同组建由专任教师与企业培训师构成的教学团队，对接岗位职业能力，共同开发专业课程与培训课程，盘活实训资源、教师资源、课程资源，实现新技术、新标准、新规范"三新"第一时间进课堂，解决新技术进课堂不及时的问题。"育训结合"实践教学体系即锚定企业岗位需求，构建学徒式培养体系，共同组建订单班，共同制定培养方案，共同研究教学内容，共同实施教学过程，共同评价培养效果，共同培养应用迁移能力、创新应用能力，解决实践能力培养不足的问题。学校紧跟企业，提升员工技术技能，构建员工培训体系，共同制定培训方案，共同研制培训内容，共同实施培训过程，共同评价培训效果，共同促进员工技术技能升级。

经过7年成果实践，人才培养成效突出，学生100%获合作企业认证，毕业三年后，82%的学生成为4S店维修技师，占合作企业华北区域维修技师数量的76%，占全国维修技师数量的42%；学生获全国职业院校技能大赛一等奖2项、二等奖2项、三等奖1项；团队被评为全国黄大年式教师团队、国家级职业教育教师教学创新团队，1名教师入选国家高层次人才特殊支持计划教学名师，2名教师获全国技术能手；汽车检测与维修技术专业获国家级骨干专业称号，被评为国家级职业教育双师型教师培养基地、教育部新时代职业教育名师名匠培养基地；汽车维修实训中心被评为国家生产性实训基地。该成果被中国新闻网、中国高职高专教育网、新华网等媒体报道40余次。著名教育家黄达人、全国高职高专校长联席会主席董刚等专家先后以本成果为例做报告47次。南京工业职业技术大学、无锡职业技术学院等210多所职业院校来校考察，该成果被淄博职业技术学院等48所高职学校借鉴与应用，林肯汽车、江铃汽车、北汽新能源等企业慕名合作并在学校建立企业技术培训中心。

二、成果实践做法

(一) 基于校、企、生、员工四方利益需求，建立"利益耦合"合作机制，解决人才培养中校企合作合而不深的问题

协同构建校企命运共同体。聚焦校企基于人才供需的共同利益，耦合企业转型、升级过程中岗位技术技能结构变化，社会招聘技术技能人才匹配度低、流失率高，员工培训场地建设成本高昂，培训师资理论功底不足等难题与诉求，以及学校开展人才培养教学设备不新、教学环境不真、教师实践能力不足、高水平企业兼职教师不稳固等难题与诉求，搭建互融共生的校企命运共同体，育训并举提升专业服务企业发展能力。共同构建人才培养体系、员工培训体系，共同实施"思技融合"人才培养路径；共同建设实体化的校内长安福特企业技术培训中心，进行装备、技术、标准、师资、文化、资源共享的"六共"合

作，打造集产、教、研、孵于一体的创新平台，满足学生发展、员工增值、企业利益、学校服务社会经济发展等多元需求，互补互惠促进校企深度合作，实现多方共赢(见图1)。

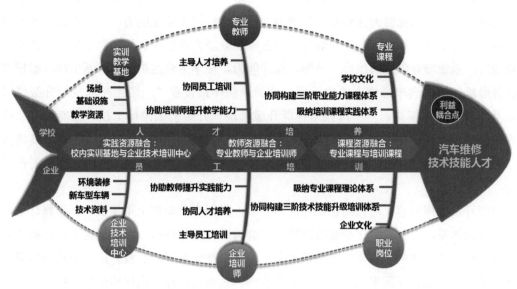

图1 "利益耦合、校企融合、育训结合"校企双元协同育人示意图

(二) 基于校企合力提升，聚焦育人能力升级，创建"校企融合"资源共建模式，解决人才培养中新技术、新标准、新规范进课堂不及时的问题

1. 校内实训基地与企业技术培训中心融合共建

协同建设"双重"基地。将长安福特华北技术培训中心引进校园，与校内实训基地进行一体化建设，学校提供场地、基础设施，长安福特按照企业技术培训中心建设标准提供设计方案、全系车型车辆、维修设备，派驻培训师与学校人员共同运营企业技术培训中心。长安福特每有新车型上市，新车型样车提前3个月运入企业技术培训中心用于员工培训和实训教学，保障了新车型持续更新并第一时间进校园、进实训室。企业累计投入车辆82辆，价值2458万元，投入专用工具330余套、技术资料110余套。

2. 专业教师与企业培训师融合共建

协同组建双师双能教师团队。以校内专业教师、校内长安福特企业技术培训中心培训技师为骨干，组建具备教师和培训师资质、教学能力和实践能力的专兼结合团队，专业教师经长安福特培训、考核，全部获得企业种子讲师认证，培训技师经学校培训、试讲，全部获得任课资质，团队教师100%达到双师双能。

协同推进教师实践技能提升。以承担企业员工培训为载体，实时提升教师实践技能。企业新车型上市前3个月，校企共同组织教师接受企业培训师培训、参与编写培训手册、参与承担员工培训；学校组织专业教师每五年到企业4S店实践6个月，每年接受企业技术培训中心新车型培训不少于2轮，承担4S店员工技术培训不少于6期，保障教师始终第一时间掌握新技术、新标准、新规范。12名教师获人力资源和社会保障部高级技师认证。

3. 专业课程与培训课程融合共建

协同构建课程体系。专业课程体系设置"三阶"职业能力课程模块及可持续发展能力教育模块,"一阶职业能力课程模块"培养学生初级维修工职业能力,"二阶职业能力课程模块"培养学生中级维修工职业能力,"三阶职业能力课程模块"培养学生高级维修工职业能力,系统培养学生的检修、诊断、保养能力,使学生满足护航汽车新生活、维护汽车品牌形象的新型汽车维修人才的目标;培训课程体系设置"三阶"技术技能升级培训模块及新车型培训模块,"一阶技术技能升级模块"升级初级维修工技术技能,"二阶技术技能升级模块"升级中级维修工技术技能,"三阶技术技能升级模块"升级高级维修工技术技能,新车型培训模块满足上市新车应季维修需求,全面提升企业员工技术技能。

协同开发课程内容。对接岗位职业能力要求,紧跟企业新车上市步伐,每年修订培养方案、课程体系,专业教师、企业培训师协同解构岗位工作任务,融入理论知识、职业素质,共同研制"思技融合"模块化教学内容,编写、补充新型活页教材,保障新技术第一时间进课堂。紧跟企业新车上市步伐,专业教师、企业培训师协同解构新车型技术标准,以故障为任务单元,以检修过程为导向,以检修技能为切入点,融入理论知识、职业素质,共同研制"思技融合"模块化培训内容。校企合作编写并出版教材6本,编写校本活页教材21本,编写培训教材44本。

(三) 基于岗位能力需求,提升岗位胜任力,构建"育训结合"实践教学体系,解决实践能力培养不足的问题

1. 协同实施订单培养

锚定企业岗位能力需求,组建订单班,共定"毕业生=高级维修工"培养目标,共施双师同堂的"育训结合"实践教学体系(见图2)。

协同实施学徒式培养体系。学生入校即学徒,第一学年以专任教师和企业技术培训中心培训师为导师,在校内课堂学习"一阶职业能力";第二学年以企业技术培训中心培训师和专任教师为导师,在校内企业技术培训中心、校外企业4S店学习"二阶职业能力";第三学年以企业4S店维修技师和专任教师为导师,在企业4S店学习"三阶职业能力"。

协同实施课程教学。学校教师、企业技术培训中心培训师、企业4S店维修技师组建"双导师"教学团队,应用"双师同堂"教学模式,共同实施技术技能培养。专任教师主导、技术培训中心培训师协同实施"一阶职业能力"课程,技术培训中心培训师主导、专任教师协同实施"二阶职业能力"课程,企业4S店高级技师主导、专任教师协同实施"三阶职业能力"课程。全程实施双导师协同培养,实现"毕业生=高级维修工"直通目标。

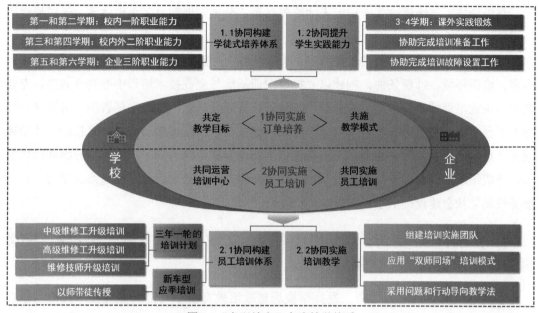

图2 "育训结合"实践教学体系

协同评价学习效果。课程考核：考核内容包括理论、实操两部分，理论考核由专业教师主导命题，实操考核由企业培训师主导命题，技术培训中心企业培训师、专业教师共同担任考官。职业综合能力考核：每学年结束，按照校企共同研制的职业能力鉴定标准，实施初级工、中级工、高级工职业能力鉴定，4S店技术总监、技术培训中心企业培训师、专业教师共同担任考官，考核合格后可以获得企业技能等级证书。

2. 协同实施员工培训

针对企业员工技术技能升级需求，共同运营企业技术培训中心，实施员工技术技能升级培训和新车型培训。

协同构建员工培训体系。实施三年一轮的培训计划，4S店中级维修工、高级维修工、维修技师、高级技师每三年接受一轮次技术技能升级培训；针对企业骨干员工实施新车型培训计划，骨干员工受训回岗后，以师带徒方式将新车型维修技术技能传授给本店员工，满足新车型上市维修需求。在培训过程中，不断提升理想信念、价值观念、创新精神，强化劳模精神、劳动精神、工匠精神。

三、成果创新点

(一) 理论创新：提出了"双轨并进、双向赋能"协同育人理论

以服务美好生活为底层逻辑，以培养技术精湛、经验丰富的复合型、应用型、创新型高素质技术技能人才为目标，从终身教育的思维出发，运用系统观念，丰富"育训结合"教育理念，提出"双轨并进、双向赋能"协同育人理论，构建了初级维修工、中级维修

工、高级维修工层级递进式学徒制人才培养体系、全员轮训制员工培训体系。该成果运用协同理论、产教融合育人理念，聚焦校企合作人才培养所遇到的突出难题与诉求，分析了汽车维修专业人才培养所需的教学内容、教学环境、师资条件，以及员工培训所需的培训内容、培训环境、师资条件，构建以"校内实训基地与企业技术培训中心融合共建，专业教师与企业培训师融合共建，专业课程与培训课程融合共建"为核心要素的"育训结合"教育平台，推进产教融合校企"双元"育人，建成与区域发展相适应的技术技能人才培养服务体系，为人才培养、企业职工培训提供全方位支撑，助力汽车产业转型升级和区域发展。该成果的形成与探索，为职业学校践行"育训并举"法定职责，创建终身学习平台，服务技能型社会建设提供了现实样本。

(二) 培养理念创新：聚焦供需对接，实践了"双主体、双引擎、学岗直通、三阶贯通"学徒制培养模式

以促进高质量就业为导向，发挥学校思想政治教育引擎功能、企业技术技能引擎功能，协同建设"学岗直通、实体融合"育人框架，协同开发"思技融合、课职融合"模块化教学内容，协同设计"1+1+n"课程思政图谱，协同实施"双师引领、三阶贯通"教学体系，协同实施学徒式培养体系。该成果充分发挥了校企专兼职教师的专长，协同实施"一课双师"模块化教学方式；同时，为了保障实践教学安全与课堂实效，协同实施"双师同堂"协同化教学方式。培养模式的创新与实践促成育人理念、教学内容、教学方法的不断革新，全力保障了人才培养的方向性、适应性和针对性，使专业成为立德树人、精准就业、高质量就业的平台，为探索中国特色学徒制走出一条切实可行的改革路径。

(三) 校企合作路径创新：在全国范围内率先将汽车企业技术培训中心与校内实训基地融合建设

以汽车企业技术培训中心入驻校园为支点，在全国范围内率先将汽车企业技术培训中心引入校园，通过在校内共建企业技术培训中心，企业派驻培训技师与学校人员共同运营企业技术培训中心，依照岗位培训标准共同开发课程体系、课程内容，实现了校内实训基地与企业技术培训中心融合共建、专业教师与企业培训师融合共建、专业课程与培训课程融合共建，撬动了企业持续向学校投入人力、物力、财力，有效盘活了实训资源、教师资源、课程资源，保障了新车型、新技术、新标准及时进校园、进课堂；校企协同发挥培训中心的员工培训基地与实践教学基地双重职能，协同组建结构化教学团队，实施专业教师五年轮训、年度短训与年度服务企业相结合的企业实践机制，推进专业教师和企业技术培训师履行双重职责，在共同承担技术改进、共同承担专业教学、共同承担员工培训实践中提升专业教师实践能力和企业技术培训师教学能力，使校内实训基地成为企业新技术推广的"始发站"、教师实践能力提升的"加油站"、学生技术技能成长的"练功坊"、员工技术技能升级的"根据地"，使企业履行社会责任与培养适用人才相统一，教师服务企业

与提升实践教学能力相统一。校企共建企业技术培训中心的探索与实践，为建设互融共生的校企合作生态探索出了一条校企合作办学路径，走在了全国职业院校前列。

(四) 机制创新：形成了有效促使新技术、新标准、新规范第一时间进课堂的4个"1+N"育人机制

以有效促使新技术第一时间进课堂为导向，校企共建"1+N"合作平台，"1"指校内实训基地，"N"指长安福特、林肯汽车、小鹏汽车、北汽新能源、一汽大众等企业技术培训中心，保障新车型第一时间进校园；校企共建"1+N"教师实践路径，"1"指教师每年参与企业员工培训工作，"N"指参与培训教材开发、参与企业技术研发、参与4S店实岗锻炼等，促使教师第一时间掌握新技术、新标准、新规范；校企共建"1+N"课程教学团队，"1"指课程主讲教师，"N"指专业教师、企业培训师、企业维修技师的组合，教学团队实施模块化教学方式，保障新技术、新标准、新规范第一时间进课堂；校企共建"1+N"制度体系，"1"指双岗双责教学团队制度，"N"指专业教师双岗双责制度、企业培训师双岗双责制度、绩效激励机制等，从制度上保障教师队伍第一时间学习、掌握、应用并转化新技术。系列机制创新保障了新技术第一时间进课堂，为新型汽车技术技能人才培养、"双师双能型"教师个体成长和"双师双能型"教学团队建设探索了一条可操作、可持续、可监测的实施路径。

四、成果推广与应用效果

(一) 人才培养成效突出，深受企业青睐

专业先后入选国家级骨干专业、国家级双师型教师培训基地、教育部新时代职业教育名师名匠培训基地、天津市优质骨干专业、天津市高水平专业群专业、天津市高技能人才培训基地、天津市企业新型学徒制试点单位，获评国家级课程思政示范课程1门、国家级一流核心课程1门、国家级在线精品课程1门、国家级"十四五"规划教材1部、国家级生产性实训基地1个、国家级示范性虚拟仿真实训基地1个、天津市课程思政精品课2门、天津市党史课程思政精品课1门；创建"职业能力清单化、课程模块化、教材活页化、团队结构化、场景虚实化、评价多元化"课程建设矩阵，实施"六化"的协同与融合，实现课程建设水平不断升级。

成果实践期内，受益学生达1849人，长安福特订单班学生100%获得企业认证，毕业三年后，82%的毕业生成为维修技师，占长安福特华北地区维修技师数量的76%，占长安福特全国维修技师数量的42%。胡平等一批毕业生已成长为企业骨干，担任4S店技术总监、金牌内训师。近五年，学生获全国职业院校技能大赛一等奖2项、二等奖2项、三等奖1项、省部级一等奖5项、二等奖5项，位居全国前列；获国家级创新创业大赛二等奖1项、

铜奖2项,省部级特等奖2项、一等奖1项、二等奖3项、三等奖2项。

成果实践期内,共培训长安福特4S店员工16 896人次,培训人数年均增长率13%,长安福特华北地区4S店的技术骨干100%有来校培训经历,受训人员中从中级维修工晋升到高级维修工者达100%,从高级维修工晋升到维修技师者达96.7%,从维修技师晋升到高级技师者达10.8%,李宁、曹宇等优秀学员晋升到技术总监岗位。专业连续多年承办长安福特、林肯汽车等企业全国经销商服务技能竞赛,96%的金奖获得者、91%的银奖获得者、84%的铜奖获得者有来校培训经历。

(二) 教师成长成效斐然,频获国家荣誉

成果实践期内,第一完成人李晶华被评为国家高层次人才特殊支持计划教学名师、国家级课程思政教学名师、全国黄炎培职业教育杰出教师、全国交通运输职业教育教学名师,获聘中华人民共和国第一届职业技能大赛汽车智能化技术项目裁判长,被评为2021年天津市有突出贡献专家。

教师团队获评全国第二批黄大年式教师团队、首批国家级职业教育教师教学创新团队(已通过验收,获评优秀等级)、国家级课程思政示范课程教学团队。团队教师获国家级教师能力大赛一等奖3项、二等奖5项、三等奖5项,省部级教师能力大赛一等奖6项、二等奖5项、三等奖1项;3名教师获得全国技术能手称号,1名教师荣获天津市技能大师称号,1名教师荣获天津市优秀教师称号,5名教师获得天津市技术能手称号,6名教师被评为天津市优秀企业科技特派员。团队创建的"名师引领、大师示范、能手支撑、协同互补"教师队伍建设模式,将教师的个人发展与团队的建设进行系统设计、同步规划,通过实施"四层六类"教师培养行动,打造了智库团队、"教学型"教师创新团队、"专家型"技术服务团队、"教练型"技能指导队伍、"先锋型"创新创业导师团队、"实战型"双师教学团队等6支专项团队,采用以老带新和伴随式等方式,不断提升团队成员能力阶次,实现了专业教师人人有成长,团队建设年年有成果。

团队教师承担省部级相关课题11项,发表相关论文25篇。团队合作编写并出版活页教材6本,编写校本活页教材21本,编写培训教材44本;合作建设长安福特经销商员工培训在线课程,供长安福特全国23所合作院校订单班、全国700多家经销商在线学习。

(三) 同行广泛借鉴与应用,全国影响力重大

南京工业职业技术大学、深圳职业技术学院等全国210多所职业院校来校交流考察,对"利益耦合、校企融合、育训结合"模式,尤其是对在校内共建企业技术培训中心的做法非常认可,无锡职业技术学院、淄博职业技术学院、湖南汽车职业技术学院、南京交通职业技术学院、四川交通职业技术学院、辽宁交通职业技术学院、贵州交通职业技术学院、江西交通职业技术学院、上海交通职业技术学院等48所职业院校对该模式进行了实践与应用。长安福特与天津市职业大学合作后,企业的效益及员工的职业能力得到大幅提

升，2022年在第1个10年合作期到期后，主动与学校续签了10年合作协议；林肯汽车、北汽新能源、一汽大众、小鹏等企业慕名合作，借鉴该模式分别在天津市职业大学建立了林肯(中国)天津技术培训中心、北汽新能源天津技术培训中心、一汽大众企业技术培训中心、小鹏汽车企业技术培训中心，其中林肯(中国)天津技术培训中心被教育部认定为国家级生产性实训基地，北汽新能源天津技术培训中心被认定为天津市高技能人才培训基地，汽车运用与维修技术专业被认定为国家级教师培养培训基地、国家级双师型教师培训基地、教育部新时代职业教育名师名匠培训基地。

著名教育家黄达人、全国高职高专校长联席会主席董刚等多名知名专家在发展中国家职业教育校长研修班、职业院校卓越校长培训班、国家职业教育师资培养培训班、汽车专业职业教育集团、中德汽车机电合作项目(SGAVE)等交流平台上，以此成果为例做报告47次。该成果被新华网、光明网、中国新闻网、中国高职高专教育网等媒体报道40余次。该成果为职业学校践行"育训并举"法定职责，创建终身学习平台，服务技能型社会建设提供了现实样本，影响重大。

【成果完成单位】

成果第一完成单位天津市职业大学携手长安福特汽车有限公司联合申报的"'利益耦合、校企融合、育训结合'培养汽车维修技术技能人才的探索与实践"荣获2022年职业教育国家级教学成果奖二等奖、2022年天津市职业教育教学成果奖特等奖。

精执于形、精质于教、精治于道：中职内部质量保证体系构建的实践探索

天津市第一商业学校　等

该成果基于质量管理理论和系统论构建了"四体系一平台"内部质量保证体系，体现了"精执于形、精质于教、精治于道"的治理特色，创新形成了"三个人人三个自"的教育教学理念。依托信息技术支撑的8字型质量改进螺旋(以下简称8字螺旋)全方位实施，系统解决了质量主体动力不足、师生与学校发展目标不契合的问题，提升了学校现代化治理水平及人才培养质量，助力学校高质量发展。该成果具有较强的创新性、科学性、实践性，成效显著，具有较强的借鉴意义。成果实施方案成为范本，近20个省区市的百余所院校对成果进行了不同程度借鉴，在20余所兄弟学校复制、推广，深化了中职教学诊改。

一、成果简介

质量发展是兴国之道，强国之策。从2012年国务院印发的《质量发展纲要(2011—2020年)》到"十四五"时期的高质量发展主题，党和国家历来高度重视质量提升工作。教学工作诊断与改进制度是自我革命精神在职业教育领域的生动实践，是推进职业教育质量提升的有效举措。为解决中等职业教育不能充分满足经济社会发展需求、社会认可度不高的问题，学校依托课题研究形成了"四方三层"教学质量评价体系，并始终坚守质量发展定位，探索了一条基于中等职业教育特点的内涵发展与质量提升之路。2016年，天津市第一商业学校被确定为全国教学工作诊断与改进试点校，研制完成了《教学诊改制度建设与运行方案》，2017年将其付诸实践。按照《深化新时代教育评价改革总体方案》，学校强化自主性评价，完善内部质量保证体系，促进内部治理结构的不断优化，人才培养质量显著提升。

该教学成果构建了"四体系一平台"中职内部质量保证体系(见图1)。该成果以"四体系"[质量保证组织体系、发展目标体系、工作(质量)标准体系和监测预警体系]为核心，以"一平台"(搭建融服务、管理、监控、预警及数据分析于一体的信息化平台)为支撑，以全方位实施8字螺旋为载体，全面提升学校、专业、课程、教师、学生5个横向层面的工作质量，在实施中彰显了"精执于形、精质于教、精治于道"的典型治理特

色，具体内容如下。

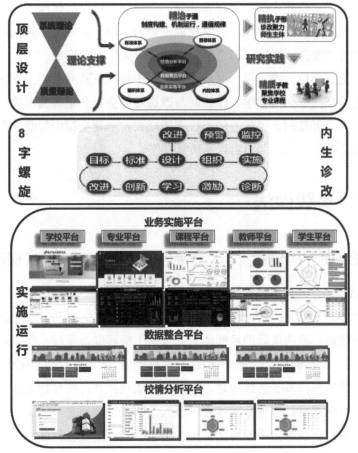

图1 "精执于形、精质于教、精治于道"中职内部质量保证体系示意图

◆ 精执于形：师生目标精准确立，契合学校担当教育教学质量主体。
◆ 精质于教：专业课程精准实施，聚焦核心推进教育教学质量生成。
◆ 精治于道：制度机制精准运行，遵循规律实现螺旋改进质量提升。

该成果坚持问题导向，宏观上采用治理理念探寻高质量发展之路，中观上采用教学工作诊断与改进理念构建和运行8字螺旋，微观上采用"三个人人三个自"的创新理念构建"四体系一平台"内部质量保证体系。通过成果实施，解决了中等职业教育教学目标落地达成不到位、学校发展目标不能内化为师生成长目标、学校教育教学质量提升动力不足等问题，促进了师生成长、教学培优、学校赋能。

师生获"增值"。运行8字螺旋，促进师生增值性发展，60%的教师参加省部级以上教学能力大赛并屡获奖项，2名教师分获天津市劳动模范称号和全国第七届黄炎培职业教育杰出教师奖；2名学生荣获全国最美中职生荣誉称号，1100余人次学生参加省部级以上职业技能大赛并获奖，58名学生获天津市优秀学生干部、三好学生荣誉称号。

教学促"培优"。依托专业、课程层面的教学工作诊断与改进，促进教育教学优质发展，学校获评全国职业院校教学管理50强，并被评为天津市提质培优行动计划"双优"

建设校，提高了吉布提鲁班工坊商贸、物流专业的国际化建设水平。

学校被"赋能"。依托内部质量保证体系，学校发展被持续赋能，立项建设国家级教学创新团队1个，省部级教学团队2个；学校被推荐为全国职业教育信息化建设标杆校，先后获得"全国教育系统先进集体"和"全国巾帼文明岗"荣誉称号。

该成果第一完成单位天津市第一商业学校作为中等职业教育教学工作诊断与改进工作秘书处单位，先后15次在全国教学工作诊断与改进培训会上分享经验，为全国各中等职业学校提供了可借鉴、可复制、可参考的商校实践模式，引领全国中等职业学校构建内部质量保证体系，深化教学诊改，助力实现高质量发展。

二、成果实践做法

(一) 学校层面：构建"三全"①特色、诊改治理型质量保障机制

1. 纵横联动，搭建"四体系一平台"内部质量保证体系

依据SWOT理论分析现状，确定符合"最近发展区"的学校五年总规划(见图2)，逐级分解，形成纵向贯通、横向关联的目标体系。依据上级标准及学校工作实际，制定教学类标准491个、管理类标准69个，其中包括116个岗位的817项工作标准，优化了110个工作流程和47个校本诊改制度；基于各级规划目标制定达成性标准，使目标体系更加清晰，师生发展定位准确、方向明确，形成标准体系。引入大部制管理思想，优化部门设置；重组教学系部，发挥专业组群组织体系的协同优势，构建学校内部质量保证组织体系；挖掘质控点477个，搭建内控体系及运行平台，降低治理风险；搭建信息化系统22个，建立校本数据中心，打通信息孤岛，实施全流程管理及监控预警，使各质量主体通过问题排查、原因分析等实现持续改进。

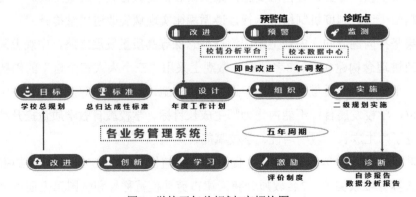

图2 学校五年总规划8字螺旋图

2. 覆盖"三全"，运行并实施形成8字螺旋诊改机制

5个层面均构建了8字螺旋，实现全员参与，全程管理。基于中职学校的现状与特点，

---
① 全员、全过程、全方位。

构建了110项重点工作的系统化工作包，均涵盖工作计划、标准制度、实施方案、质控点、自诊报告等，固化制度规范和流程，提高管理效能，推进各项工作由管理向治理转变(见图3)。

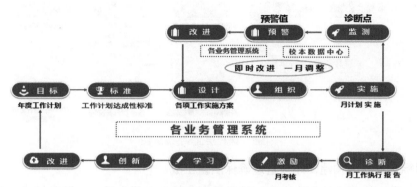

图3　学校年度工作8字螺旋图

根据工作性质及规律，对各项工作设置了5年、1年、1学期、1月等不同的诊改周期。在每项工作的8字螺旋运行过程中，基于诊改周期进行动态调整，形成大小叠加的螺旋体系，经由大小螺旋上升诊改，实现全方位覆盖。

(二) 专业与课程层面：打造数据支撑、成果导向型专业运行模式

1. 专业运行螺旋改进，动态调整适应产业发展

以专业人才培养目标为逻辑起点，依据人才培养规格制定人才培养方案，组建"双师型"专业教师队伍，适配专业实训条件，依托专业全周期管理系统监控人才培养过程，实时采集、分析课堂教学数据，即时改进教学设计和教学策略，保证课程教学质量。结合年度四维专业调研结果，调整人才培养目标，提升教学实效；依据3年周期性培养数据，重新定位人才培养目标，动态调整专业设置，持续优化专业布局，主动适应京津冀地区经济发展和天津市"1+3+4"产业体系，瞄准天津建设新时代职教创新发展标杆定位，以优质专业建设带动专业群组式发展，打造品牌特色，推动专业群服务产业链落地实施。

专业和课程层面的8字螺旋如图4和图5所示。

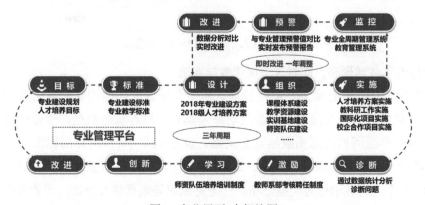

图4　专业层面8字螺旋图

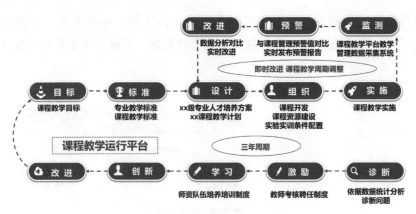

图5 课程层面8字螺旋图

2. 目标设计系统构建，闭环管理确保质量生成

专业教学实施"以学生为中心、成果导向、持续改进"的人才培养模式改革，厘清专业人才培养目标、课程教学目标、课堂教学目标的逻辑关系，形成人才培养过程可视化、过程数据可追溯的改革范式。基于OBE成果导向理论，反向设计课堂、课程、专业三层目标的达成度评价。依据专业人才培养目标细化毕业要求，分解培养规格，建立课程体系矩阵；将课程对应的培养规格细化为知识、能力、素质三维教学目标，根据课程教学目标进行单元教学设计，形成单元教学目标与课程教学目标的支撑关系，将培养目标纵向逐层分解，确保人才培养落地实施；通过专业全周期管理系统和课程教学平台全程监控实施，实时采集、系统分析数据，形成培养过程管理闭环，保障人才培养质量(见图6)。

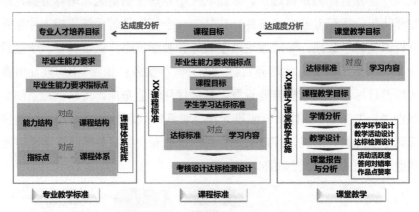

图6 专业人才培养目标分解示意图

3. 数据变革教学形态，即时改进优化教学实施

基于顶层设计、运行实施、监控管理、质量分析四大功能构建信息化教学管理平台(见图7)，优化教学实施全流程，从源头动态采集人才培养状态数据。专业全周期管理系统对33个专业实施周期性源头数据动态采集，课程教学平台对476门标准课程、年总量14 900节的课堂教学实施课前、课中、课后3个环节的教学运行数据实时监测，实施教学任务近40 000个，对教学任务类型分布、任务完成率等数据进行反馈，设置质控点，对质量生成关键指标设定预警值，形成教学监控预警体系。教师依据任务完成率、知识点和能

力点达标率数据分析结果即时调整教学策略，改进教学设计；学生依据作业正确率、学习对标率等数据分析结果改进学习方法，确保课堂教学目标达成。

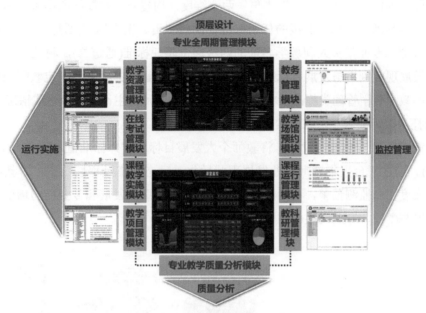

图7 信息化教学管理平台示意图

(三) 教师层面：搭建标准引领、成长内生型"教师画像"

1. 聚焦专业发展目标，构建教师成长目标体系

学校搭建了职称职级晋升、校内聘任岗位晋升"双通道"教师职业发展路径(见图8)。教师以师德师风建设为第一标准，以"四有好老师"为职业追求，以校本标准为依据，对标学校师资队伍发展规划、本专业团队发展目标，结合各自发展现状及职业发展需求，自主设定阶段成长目标，制定五年发展规划，并分解为年度发展目标。

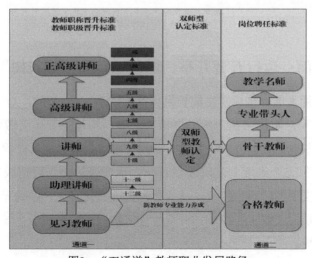

图8 "双通道"教师职业发展路径

2. 基于"人""事"两个维度,构建教师发展标准体系

对应"双通道"教师职业发展路径,以教育部中职教师专业标准、天津市中职教师职称评审标准为依据,基于"人""事"两个维度,构建教师发展标准体系。基于"人"的维度,制定教师各职称、职级的任职标准、岗位职责、工作标准(通道一),以及合格教师、骨干教师、专业带头人和教学名师的四级岗位聘任标准(通道二),将此维度标准作为教师自身发展现状判定与发展目标制定的依据。基于"事"的维度,制定教师课堂教学、企业实践等教师教学管理类标准,将此维度标准作为教师自主诊断目标达成情况的依据。

3. 依托"教师画像"系统,实施全程目标达成监控

以"教师画像"系统为载体,将教师个人发展目标、教师标准植入平台,实施8字螺旋(见图9)。通过平台采集教师职业发展现状数据,动态采集过程性数据,对教师年度发展目标达成度实施监测预警,引导教师聚焦教学实效、职业发展和专业能力增值,实现教师职业发展与学校、专业发展同向同行。

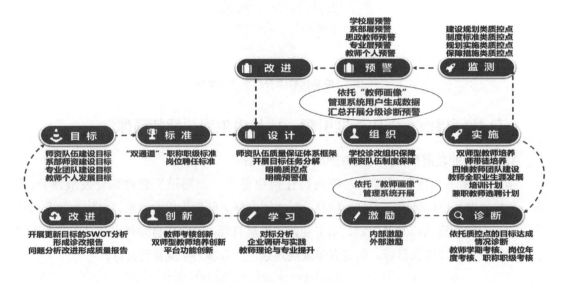

图9 教师层面8字螺旋图

(四) 学生层面:运行五育并举、增值追踪型"成长树"机制

1. 关注学生全面发展,构建学生成长目标标准体系

基于学生人本观,学校聚焦学生发展核心素养,构建德智体美劳全面发展的"成长树"学生质量生成机制(见图10)。学生依据专业人才培养目标剖析自我现状,制定个人发展规划,分3个阶段、5个维度制定阶段性目标,形成可量化、可达成的成长目标体系。学校依据学生能力发展的阶段性特点,从课程育人、文化育人、活动育人、实践育人、管理育人和协同育人层面设置工作标准和评价标准,构成纵横贯通的全过程标准体系,打造"三全育人"新格局。

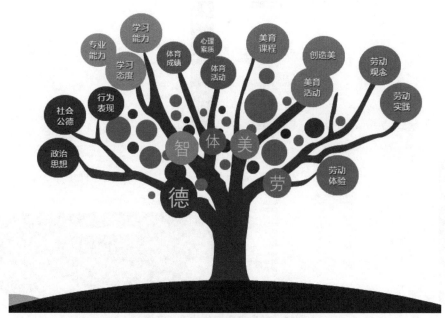

图10 "成长树"学生质量生成机制

2. 构建8字诊改螺旋，保障学生全面终身发展

构建以学生为主体的"三年周期，学期调整，即时改进"8字螺旋(见图11)。学生以个人发展总目标为蓝本，对标阶段性五维目标和形成性评价标准，依托学生素质评价系统、课程教学平台实时监控个人成长数据，有针对性地实施调整(见图12)。根据课堂教学类即时数据反馈进行即时改进，结合素质类、技能类学期数据分析结果调整阶段发展目标，依据周期性数据诊断修订个人短期规划，螺旋式提升学生中、长期发展目标，促进学生全面发展和终身发展。

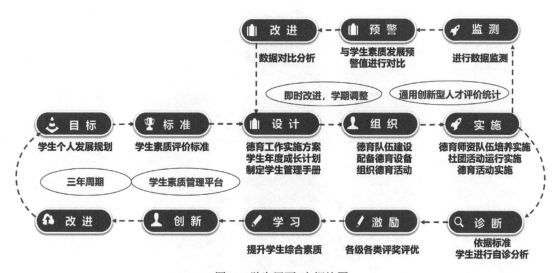

图11 学生层面8字螺旋图

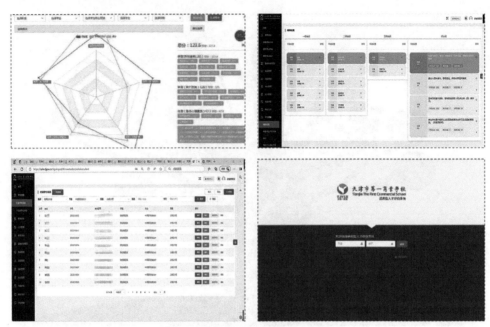

图12 学生素质评价体系示意图

3. 数据支撑增值评价，助力质量提升和自我实现

利用大数据技术搭建学生素质管理和评价平台，形成"五维三层"学生素质增值评价体系(见图13)，从德、智、体、美、劳5个维度，在学生层、学校层、教师层三个层次设置素质发展质量监测跟踪评价体系、"三全育人"质量评价体系和育人质量评价体系，对在校生的培养过程和质量实施监控，对标总体目标和阶段性目标关键数据设定预警值，对数十万条数据进行脱敏和系统分析，形成专业人才培养质量分析报告和学生个人发展质量报告，助力学校人才培养和学生个体发展的增值性评价，实现学生素质的全面提升和自我实现。

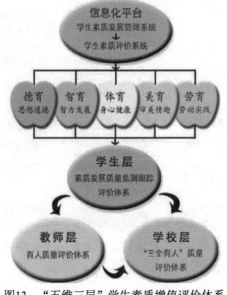

图13 "五维三层"学生素质增值评价体系

三、成果创新点

(一) 理念创新：形成并落实"三个人人三个自"中职教育教学质量观

在构建"四体系一平台"内部质量保证体系的过程中，不断提升理念，形成高质量发展理念、供给侧改革理念、系统化理念、教学诊改理念、数据治理理念等五大理念，创新形成"三个人人三个自"中职教育教学质量观。

高质量发展理念，重在坚持"四导向"，即问题导向、需求导向、目标导向、结果导向相结合；供给侧改革理念，重在动态优化与调整目标标准，着眼于将职业教育人才培养作为供给侧，动态对接产业、行业发展要求，优化与调整人才培养目标和标准；系统化理念，重在制度与机制体系化构建和协同发力，基于"五纵五横一平台"内部质量保证体系的系统化架构，构建满足中职学校要求的"四体系一平台"内部质量保证体系；教学诊改理念，重在8字螺旋机制建立，建立"动静两态"的8字螺旋；数据治理理念，重在数据支撑教学过程可视化和人才培养目标的达成。

人人有内生目标成就自觉，以符合"最近发展区"的目标链为引领，以标准链为抓手，师生自觉、主动为各自目标努力前行；**人人会主动参与成就自律**，以8字螺旋实施为载体，在自律诊改行动中不断成长；**人人求增值成长成就自主**，以信息化平台为支撑，形成师生在教育教学过程中自主追求成长增值的新常态，保证了面向人人精执于形的质量主体落地、落实。

(二) 机制创新：构建并运行"四体系一平台"中职内部质量保证体系

该成果创新构建了"四体系一平台"中职内部质量保证体系，在学校、专业、课程、教师、学生5个层面全方位实施，彰显了精治于道的治理特色。学校层面，基于全员、全过程、全方位的"三全"质量管理理念，构建了中职内部质量保证体系及8字螺旋的诊改机制；基于中等职业学校现状与特点，构建了110项重点工作的系统化工作包，均涵盖工作计划、标准制度、实施方案、质控点、自诊报告、改进情况报告等，固化每项工作的制度规范和流程，提高管理效能，推进各项工作由管理向治理转变。专业层面，以8字螺旋为载体，基于OBE专业生命周期系统将人才培养目标嵌入运行标准，实时监控、动态改进教学过程，实现专业教学的数字化升级和自主质量保证。课程层面，对课前、课中、课后3个环节的教学运行数据进行实时监测，以数据变革教学形态，对教学质量生成关键指标数据设定预警值，形成教学监控预警体系，实现教学中教师及时调整教学策略，学生即时改进学习方法，确保课程教学质量。教师层面，以8字螺旋为载体，高标准、全监测、重增值，加强师资队伍建设，构建教师成长目标体系和基于"人""事"的教师发展标准体系，以"教师画像"为载体实施教师目标达成监控。学生层面，基于"五育并举"发展要求，尊重学生个人特点，构建以学生为主体的"三年周期，学期调整，即时改进"8字螺旋，关注学生全面发展，构建成长目标标准体系，依托数据支撑增值评价，助力自我实现,构建增值追踪型"成长树"机制。

其中,学校层面的行政管理工作性质迥异,主观性比较强,挑战性较大,学校基于总规划搭建目标链、标准链,构建了"5年—1年—1月"的诊改周期螺旋,针对110项重点工作分别构建了8字螺旋并形成工作包,在学校经济业务等各类管理系统中累计植入质控点414个,通过22个信息化系统对其进行监控与预警,降低管理风险。

学生层面是内部质量保证体系的核心,由于学生年龄偏小,实施难度较大,学校依据"五育并举"理念引领学生确立自身发展目标,构建了学生素质评价体系,以"三全"育人机制助力学生成长,实现学生个体螺旋自诊式成长,更好地赋能社会发展。研究成果形成论著《让高质量发展回归自我:中职教学诊改知与行》。

(三) 实践创新:实施并优化数字化专业生命周期8字螺旋诊改模式

该成果创新实施了中职人才培养全周期数字化目标管理模式。一是依据诊改理念,厘清专业人才培养目标、课程教学目标、课堂教学目标的逻辑关系,纵向逐层突破,形成人才培养过程可视化、可监控,过程数据可追溯的改革范式,进行专业、课程、课堂的纵向落地,实现育人目标体系的数字化构建;二是对标国家专业教学标准,搭建课程体系与教学内容、学生成长与毕业要求两大支撑关系矩阵,形成专业标准的数字化嵌入;三是遵循OBE成果导向教育理念,通过专业全生命周期管理、易智教等信息化平台实施实时、学期和周期人才培养,推进教学全程的数字化,全程监控专业教学实施,实时采集、系统分析数据,形成培养过程管理闭环,保障人才培养质量;四是基于顶层设计、运行实施、监控管理、质量分析四大功能构建信息化教学管理平台,优化专业教学实施全流程,对人才培养状态数据实施动态源头采集,搭建专业建设、课程建设和教学监控预警体系,聚焦专业建设、课程质量的数字化评价,落实人才培养目标达成的数字化支撑,发挥8字螺旋数字化治理精质于教的创新示范作用。案例"中职学校教学诊改机制建设"已被中国职教学会主编的《新时代中等职业教育发展蓝皮书》收录。

四、成果推广与应用效果

(一) 成果实施促进学校教育教学质量持续提升

学校教育教学质量水平不断提升。5300余名学生受益,毕业生就业率超过98%,专业对口率突破70%,满意度达98%,春季高考升学率达100%,160余人考入本科院校;318人次参加各级各类技能大赛并获奖146项,107名学生获得国家和省部级荣誉,15个班级荣获市级优秀班集体称号,659名学生在全国文明风采、市级体育竞赛和创新创业等比赛中获奖,一、二等奖获奖率提升了11%。在学生及家长中形成了"严在一商,学在一商"的良好口碑。物流服务与管理专业教学团队成功入选第二批国家级职业教育教师教学创新团队,思想政治教学团队和机电技术专业教学团队获评天津市教学团队;2名教师荣获天津市劳动模范荣誉称号,1名德育课教师获评天津市学校思想政治理论课教师年度影响力人物,1名教师获天津市第三届黄炎培职业教育奖"杰出教师奖",1名教师获评天津市"德业双馨十佳教师"荣誉称号。学校在全国职业院校技能大赛教师教学能力比赛中获2个赛项的一等奖,公开发表11篇论文,6个案例获奖,多人获评省部级荣誉。

(二) 成果实施激发内部质量保证体系的支撑作用

学校构建了内部质量保证体系,助推学校实现巨大转变。全体教职员工各司其职,各项工作依据制度、规划和计划有序实施,质量主体工作态度变"要我成长"为"我要成长",由被动向主动转变;质量主体思维方法变零散为系统,实现了零敲碎打向有机融合的转变;工作成效及问题的判断变"凭印象"为"用数据说话",实现了由主观向客观的转变;质量管理理念已经深入人心,人人创造质量,人人生成质量,人人共享质量,实现了由管理向治理的转变,打造了质量强校,在2019年教育部首次教学管理50强评比中,获"全国职业院校教学管理50强"荣誉称号。学校的两项教学成果分别于2014年和2018年获评国家级职业教育教学成果一等奖和二等奖,教师在全国职业院校教学能力比赛中获一等奖2项;90%的教师参与教科研项目,30%的教师指导学生参加市级以上技能大赛并获奖。时任中共中央政治局委员、国务院副总理孙春兰在全国职业教育活动周期间到学校考察调研时称赞"学校的教育教学工作做得好",对学校办学成效、专业设置、人才培养、社会贡献给予了充分肯定。

(三) 成果实施彰显教学诊改试点学校的辐射效应

学校作为教育部教学工作诊断与改进试点学校、中等职业教育教学工作诊断与改进秘书处单位,率先制定了《教学诊改制度建设与运行方案》,构建了中职学校内部质量保证体系,成为全国中等职业学校的样板,以商校实践引领全国中等职业学校走上教学工作诊断与改进内涵发展之路;先后有全国17个省区市、112所院校的领导和教师到校学习交流,累计3709人次;与全国职业院校教学诊改专委会共同承办第一期全国中职教学工作诊断与改进培训会,先后6次举办全国中职教学工作诊断与改进典型成果专题推介会。学校内部质量保证体系辐射全国,形成创新举措及阶段性成果,在全国20余场中职教学工作诊断与改进专题培训会上分享典型案例,受益教师达5000余人。该成果的模式被天津市经济贸易学校、河北省雄县职教中心、烟台信息工程学校、大连商业学校等学校全面推广、复制。新华网、中国教育电视台、《天津教育报》、职教圈官方微信号等国内多家教育主流媒体相继报道了7次。

(四) 成果实施深化服务国家"一带一路"倡议

学校积极服务国家"一带一路"倡议。2019年,学校与天津市人民政府、吉布提教育部、天津铁道职业技术学院、吉布提工商学校、中国土木工程集团有限公司合作在非洲建立了首家鲁班工坊——吉布提鲁班工坊，参与物流、商贸2个专业的建设，吉布提总统盖莱出席了运营仪式。学校制定的商贸和物流高职人才培养方案得到吉布提国民教育与职业培训部的认可，双方签署了合作备忘录；研发了市场营销、物流服务与管理专业教学标准和鲁班工坊物流类天津市职业教育国际化专业建设标准，实现了专业教学、大赛标准、文化要素、内部质量保证体系的成果转化和国际化输出；帮助吉方突破性建立物流、商贸2个专业的高职学历人才培养体系，迄今已持续招生3年，现有在校生84人，20余名毕业生活跃于吉布提和埃塞俄比亚的亚吉铁路沿线从事贸易流通工作，服务当地经济发展。2022年8月，吉布提鲁班工坊参加首届世界职业技术教育发展大会，天津新闻等多家主流媒体对此进行宣传与报道，彰显中国职教品牌影响力。

【成果完成单位】

成果第一完成单位天津市第一商业学校携手江苏旅游职业学院联合申报的"精执于形、精质于教、精治于道：中职内部质量保证体系构建的实践探索"荣获2022年职业教育国家级教学成果奖二等奖、2022年天津市职业教育教学成果奖特等奖。

从资源建设到应用创新：
职业院校互联网学习生态建设的实践与研究

天津市教育科学研究院　等

该成果聚焦职业教育信息技术、教育信息技术与教育教学深度融合中的关键问题，以国家示范性职业教育为骨干，在理论研究的基础上提出并践行"标准引领—科研支撑—评价推进"的互联网学习推进模式，解决了职业教育大规模数字资源建设不足的问题，创立了大规模数字资源共建共享机制，率先构建起互联网学习评价模式和发展水平指标体系，由资源建设与应用推进课堂教学改革。该成果对职业院校教学改革具有重大示范和引领作用，有力推进了职业院校以数字资源建设为支撑的教学改革，在国内外产生较大影响。

一、成果简介

在互联网时代，互联网与各领域的融合发展对经济社会产生的战略性和全局性影响深刻改变着教育形态，深入影响着教育理念、教育文化和教育生态。教育信息化作为系统性教育变革的内生变量，正在变革学与教的方式，加速推进互联网学习进程。数字资源是互联网学习持续进入课堂、改造课堂的重要引擎，数字资源建设是实现信息技术与教育教学深度融合的推进器。

2010—2013年，在教育部、人力资源和社会保障部、财政部联合实施的"国家中等职业教育改革发展示范学校建设计划"中，数字资源建设是"7+1"任务中的关键"1"，即在改革培养模式、教学模式、办学模式、教育内容、师资队伍、内部管理、评价模式的过程中**加大信息技术应用，重点建设专业网络课程及资源库等数字资源**。基于资源建设时间紧任务重、要求高经验少、工作多人手少、资源多经费少等问题，结合相同专业开发相同专业课程数字资源的现实，启动了"国家示范性职业学校数字化资源共建共享计划"。2011年9月和2013年9月，发布《关于实施国家示范性职业学校数字化资源共建共享计划的通知》(教职成司函〔2011〕202号) 和《关于实施国家示范性职业学校数字化资源共建共享计划(二期) 的通知》(教职成司函〔2013〕197号)，组建联盟和专业协作组，开展资源共建共享。资源共建共享机制产生了持久、广泛的辐射效应，众多中高职学校参与建设与应用。

资源建设撬动了课堂革命，倒逼学校进行人才培养方案、课程体系的改革，推进构建了以互联网为支撑的学与教新生态。为监测与评价以互联网为支撑的学习生态，2013年同步研发互联网学习EDM模型和发展水平指数，2015年该模式和指数纳入《中国互联网学习白皮书》，并连续6年在全国范围内进行中职学校和高职院校的评价与调研。

"互联网学习"是《中国互联网学习白皮书》的核心概念，指学习者利用互联网获得信息、习得知识、提高学习能力和问题解决能力、激发学习兴趣和学习动力、提升学习体验和自我价值实现水平的网络化学习。

天津市教育科学研究院依托该项目，经过11年的研究，分资源建设、广泛应用、应用创新三个阶段构建以标准为引领，以基础设施、数字资源、学习环境为支撑，以教师与学生能力提升为目标的资源建设与应用的创新模式，推动形成有理念、有标准、有资源、有机制、有评价、有模式的互联网学习生态(见图1)。

图1　互联网学习生态

为了探索职业院校大规模数字资源建设模式，构建集理念、数字资源建设、应用创新、评价于一体，且与基础设施和学习环境相适应的互联网学习生态，成果聚焦课堂教学数字化转型中最基础、最核心的资源建设问题，聚焦大规模数字资源建设制度机制、基于互联网教与学评价的信息技术与课堂教学深度融合等关键问题，针对职业学校课堂教学亟需大批优质数字资源的难题，开展实践和理论探索。该成果主要解决了三个问题：一是大规模数字资源开发与建设标准缺失；二是数字资源应用创新路径缺失；三是数字资源应用的监测与评价缺失。

成果用标准引领资源开发与建设。建立资源开发与建设的标准组织流程，以课题方式组织申报、立项、建设和验收；建立按资源类型开发的标准操作流程，建设精品课程、视频公开课程、通用主题素材、管理信息系统和专业群落网站5类资源；研制并印发管理办法、开发技术规范等制度标准。创新性地探索并形成标准统一、规范的资源开发与建设路径。

成果聚共识创建共建共享机制。基于课程缺乏数字资源、开发与建设意愿强烈、同专业的课程建设任务和内容相同等共性需求，形成"共识、共建、共用、共享"理念，创建了政、行、校、企、研广泛参与的联盟机制；按照"需求导向、多元共建、协同创新、交流共享"原则，严格立项和验收流程，建设一大批与产业发展、职业岗位变化相匹配的资源，创新性地构建优势互补、协同创新、共赢发展的可持续共建共享机制。

成果以评价推进应用融合与创新。聚焦推进数字资源静态势能转化为课堂改革动能，研制出职业院校互联网学习评价EDM模型和发展水平指数，形成以评促用、促创的互联网学习推进模式，实现了高质量开发与建设、多样性课堂应用、个性化教学(课堂)创新、全维度常态化监测与评价。

经过11年探索，目前已形成中国职教资源共建共享模式样板，收获看得见、用得上、可持续升级的73个专业600多门精品课程及其他资源，惠及3000多所学校，涌现了大量有实力的学校和教师，有效提升了学校课堂教学质量；收获专著、白皮书、课题、论文等74项理论性资源；收获可示范、可推广的互联网学习推进模式，被上千所职校和海外鲁班工坊应用，得到国内外重大活动的推广和国家媒体的宣传。

二、成果实践做法

(一) 形成以标准为引领的广泛参与、协同开放的共建共享格局

成果用标准引领资源开发与建设，创新性地探索并形成标准统一、规范的资源开发与建设路径。在教育部指导下，研制并印发共建共享计划科研课题项目管理办法、资源开发技术规范、视频公开课程研发与制作规范、课堂教学设计活页格式框架等一系列制度标准。建立资源开发与建设的标准组织流程，以课题方式组织申报立项、建设和验收；建立资源类型和研发内容的标准操作流程，建设精品课程、视频公开课程、通用主题素材、管理信息系统和专业群落网站5类资源，丰富相关内容。

以国家示范性职业学校为骨干，联合国内知名专家，组建全国职业教育数字化资源共建共享联盟及73个专业协作组；参与共建单位79 249个，其中职业院校、高等学校、研究机构等达1349所(家)，合作办学生产型和服务型企业6600多家；共享单位3032个；协作组成员单位共同提供人员、技术、资源等，按统一政策和标准开发资源，资源供建设单位和申请单位共享使用。数字资源共建共享项目建设流程与建设过程的六阶段如图2所示。

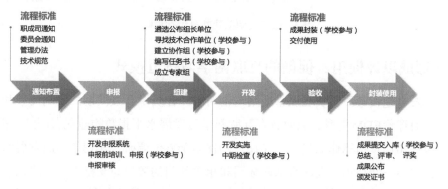

图2　数字资源共建共享项目建设流程与建设过程的六阶段

(二) 建立面向产业发展、政行企校研五方携手的共建共享机制

资源开发与建设采用政府引导、地方组织、校企研协作的方式，按照"服务产业、需求导向、标准引领、共建共享"原则，在国家重点振兴的十大产业、七大战略性新兴产业，以及现代制造业、现代农业和现代服务业等领域，遴选量大面广、人才紧缺、岗位急需的专业、课程和项目，开发包括网络课程、虚拟仿真实训单元、生产流程模拟软件、通用主题素材库等多种媒体形式在内的职业教育优质数字化信息资源，涉及电子应用技术、护理、数控、电子商务、物流、模具制造技术等专业。

成果聚共识创建共建共享机制。基于课程缺乏数字资源、开发与建设意愿强烈、同专业的课程建设任务和内容相同等共性需求，成立全国职业教育数字资源共建共享协作组、建立"国家职业教育数字化信息资源库"框架体系、技术规范等可考评、看得见、用得上的资源建设载体，各类载体统筹设计、相互作用、自成体系，形成"共识、共建、共用、共享"理念，创建了政、行、校、企、研广泛参与的运行机制。按照"需求导向、多元共建、协同创新、交流共享"原则，严格立项和验收流程，建设一大批与产业发展、职业岗位变化相匹配的资源，创新性地构建优势互补、协同创新、共赢发展的可持续共建共享机制(见图3)。

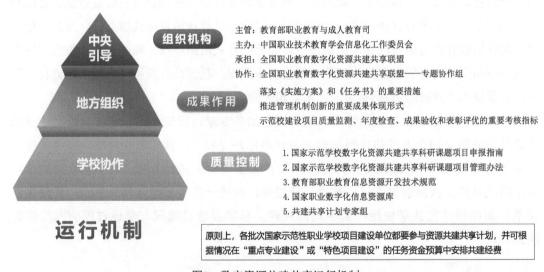

图3　数字资源共建共享运行机制

(三) 形成以评促用、促创的互联网学习推进模式

资源开发与建设最终落实在课堂应用与创新中。在资源开发同期，研制问卷和职业院校互联网学习评价EDM模型。职业教育互联网学习发展水平指数构建花费6年时间完成，经历了2014—2015年指标体系建立、2016—2018年全方位调研、2018年形成发展水平指数三个阶段。2014—2015年，在教育部职成司和相关部门的领导与支持下，形成调研方案和问卷；2016年，重点开展了**全国首次职业院校互联网学习的资源情况、学习环境、基础**

设施摸底调研；2017年，重点调研互联网学习中职业院校教师和学生两个主体互联网学习体验与应用；2018年，重点调研职业院校教师和学生互联网教学/学习基本信息素养；2019年，开展职业教育互联网学习发展水平指数专题调研。六年累计调研职业院校3200多所，师生近50万人次；编制4套、9个问卷，收集典型案例50多个，提出相关建议20多条。调研结果为《教育部关于进一步推进职业教育信息化发展的指导意见》(教职成〔2017〕4号)、《中国中等职业教育质量年度报告2018》等重要文件、项目方案的发布提供了支撑和参考。

开发的数字化、立体化专业课程和教材，智能化、标准化的信息管理系统，易检索、具有通用性的教学主题素材库等极大地推进了课堂应用和教学改革，涌现出移动学习教学模式、基于学习空间的"双课堂"教学方法、突破课堂教学时空的Moodle学习模式、O2O的混合式学习模式等一批应用创新案例，以及新能源类专业、电子信息类专业、电子商务类专业、制造类专业等集群式应用创新案例。

成果以评价推进应用融合与创新，推进数字资源静态势能转化为课堂改革动能。经过11年三个轮次的探索，通过监测与评价，形成了由协作组牵头开发的"**开发建设—应用创新—优化更新**""**会建会用—能建能用—好建好用**"的自循环模式，实现了高质量开发与建设、多样性课堂应用、个性化教学(课堂)创新、全维度常态化监测与评价。

三、成果创新点

职业院校互联网学习生态理论与实践创新如图4所示。

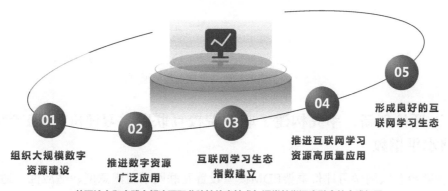

图4 职业院校互联网学习生态理论与实践创新

(一) 制度创新，创建了优质数字资源开发与建设的技术规范和标准

数字资源共建共享实施标准化管理，研发、创建国家示范性职业院校数字资源共建共享计划科研课题项目管理办法、资源开发技术规范、人才培养方案模板、课堂教学大纲模板，以及精品课程资源项目技术标准、通用主题素材项目技术标准等一系列支撑实施和规范资源开发应

用的管理办法、技术规范和政策规定，形成了"国家职业教育数字化信息资源库"框架体系，且长期存在、持续运行、不断完善，成为后续资源建设的重要体制、机制、经验基础。通过制度创新，把规模优势转化为资源高质量建设与应用创新的新优势，推动职业院校课堂教学改革。

(二) 机制创新，首创科研支撑、协同创新、共赢发展的共建共享机制

按照"统筹规划、合作共建、协同创新、成果共享"原则，统一资源建设规划、开发标准、项目验收、成果认证、开放共享(见图5)，经项目申请和教育部审核后立项、验收，形成从课题申报到成果应用的一系列严格规范的工作程序，实现了多主体参与、高度协作的大规模数据资源建设应用平稳、有效和高质量。批准立项课题331个，参与资源研究、开发和服务的学校教师、管理人员和专家15 600名，正式课题组成员8413人；来自行业、企业、研究机构的专家3500人次。共建共享机制促进学校优势互补、成果共同建设与分享，避免学校单兵作战、重复研究、无标准开发和低水平建设。在联合国教科文组织和教育部共同举办的"2015国际教育信息化大会"成果展示中，被称为"首创大规模共建共享数字资源机制，开创'好资源、大共享'的新格局"。

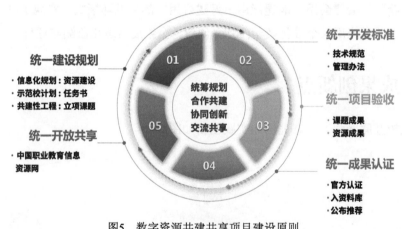

图5　数字资源共建共享项目建设原则

(三) 评价创新，率先构建了职业院校互联网学习评价框架EDM模型和发展水平指数

职业院校互联网学习评价框架EDM模型设置互联网学习满意度、适应性、适合性、支持服务度、需求支持度等指标，客观反映职业院校互联网学习基础设施建设和数字资源建设情况，以及师生使用数字资源的情况；职业院校互联网学习发展水平指数设置学习可接入性、学习环境、学习服务、学习动机、学习类型、学习效果、学习体验7个维度，整体展现数字资源对课堂教学的革命性影响效果，重点呈现教师和学生的应用水平与基本素养水平。模型/指数大规模监测结果的全部内容纳入2016—2020年教育部《中国互联网学习白皮书》，并连续三年在《中国电化教育》上发表，为持续深度分析职业院校互联网学习生态水平，以及准确判断未来职业院校互联网学习发展态势，提供了重要的技术和理论支撑。

四、成果推广与应用效果

(一) 形成重大实践成效

收获了即时建设的资源，可持续的标准、机制、模式，以及由此带来的**教师和学生能力提升、学校实力提升**，形成了**溢出效应**。

研发了73个专业的600多门精品课程资源及管理信息系统、通用主题素材库平台、专业群落网站等。

培养了一批熟悉资源需求、了解技术标准、通晓资源开发、热心资源共享的教师骨干和学校管理骨干，他们已成为学校的中坚力量。

涌现出教师教学创新团队、全国黄大年式教师团队，以及获黄炎培职业教育奖的杰出教师等优秀教师团队和教师。

- 获国家级教学成果奖6项、省部级教学成果奖13项。
- 获国家级和省部级先进集体和个人称号等42项。
- 师生共获国家级竞赛奖33项，省部级竞赛奖11项。

(二) 形成丰富理论成果

形成了研究报告、制度标准、政策文本、决策转化、白皮书、论文、专著等理论成果。

- 研究报告3篇。
- 管理办法、技术规范、技术标准等8个，研制成熟问卷9个，评价EDM模型1个和发展水平指标体系1套。
- 撰写政策文本30个、决策转化6个。
- 专著1部、系列白皮书5本、CSSCI论文3篇、专题硕士论文1篇、其他论文18篇。
- 教学资源库系统、课堂教学互助互学管理信息系统软件等5项著作权。

(三) 产生重大国内外影响

- 成果在3000多所职业院校应用，惠及师生百万人。
- 成果资源建设与应用培训达30多万人次。
- 在吉布提、埃及、印度、俄罗斯等鲁班工坊应用。
- 2015年5月，在联合国教科文组织和教育部举办的"2015国际教育信息化大会"上代表教育部参加职业教育学习资源成果展出。
- 2013年12月，在教育部举办的国家中等职业教育改革发展示范学校建设现场交流会上展出。
- 为《教育部信息化"十三五"规划》提供参考。

◆ 为教育部《第二批国家中职示范学校建设发展报告》提供参考。

◆ 入选中国特色高水平高职学校和专业建设项目2项。

◆ 《国家示范性职业学校数字化资源共建共享计划项目》成为2014年全国职业教育大会印发的资料。

◆ 决策转化6项，转化为教育部、天津市发布的相关文件等。

◆ 《远程教育杂志》对互联网学习评价进行专题人物采访等2次。

◆ 先后在《中国互联网学习白皮书》发布会、中国教育信息化创新与发展论坛、中国国际远程与继续教育大会、中国远程教育大会、中国职业技术教育学会学术年会等高级别会议或论坛做主旨发言12次，与近20万人次分享、交流。

◆ 先后被新华社、《光明日报》、《中国青年报》、新华网、中国网、凤凰网、《中国职业技术教育》杂志等宣传、报道。

附件：部分成果

1. 出版专著《职业院校互联网学习生态建设的实践与研究》。

2. 相关内容纳入《2015年中国互联网学习白皮书》《2016年中国互联网学习白皮书》《2017年中国互联网学习白皮书》《2018年中国互联网学习白皮书》《2019年中国互联网学习白皮书》《2020年中国互联网学习白皮书》《2021年中国互联网学习白皮书》。

3. 优质教学资源输出吉布提鲁班工坊。

天津市第一商业学校以标准、资源为支撑，持续推进吉布提鲁班工坊专业建设，通过师资培养、优质教学资源输出等多种形式共享中国职业教育标准，促进非洲青年技术技能提升，深化共建"一带一路"。

通过近三年的建设，吉布提鲁班工坊中，由中吉两国专业教师组成的教学团队共编写专业教材6本、实训教学指导书20余册，开发信息化课程10余门、在线题库4套，动画、微课、虚拟仿真等形式的教学资源总量达56GB，有效地满足了吉布提鲁班工坊的本地教师和学生对优质教学资源的需求，实现高质量人才培养。目前，首批学生已毕业。

4. 新能源类专业教学资源库在印度鲁班工坊、埃及鲁班工坊应用。

天津轻工职业技术学院新能源类专业教学资源库在印度鲁班工坊、埃及鲁班工坊应用，共享中文和英文优质教学资源。埃及、印度鲁班工坊的师生利用教学资源库完成线上学习及培训，400余人次参与学习及培训，通过资源库建设搭建了我国与印度、埃及等国家在新能源领域的交流平台，推动了国家间的文化交流、学术往来、人才交流和知识分享，提升了我国在新能源领域的国际话语权和影响力。

5. 信息创新技术应用方面的数字资源在俄罗斯鲁班工坊的应用。

天津电子信息职业技术学院与莫斯科国立通讯与信息技术大学共建鲁班工坊，以数字资源为支撑，开展培训。截至2021年底，有6000名学生在欧亚大陆的25个城市和35所大学参加了培训，300名学生获得了华为认证证书，俄罗斯鲁班工坊成为立足俄罗斯辐射欧亚地区的5G技术国际驿站。

6. 国内重大活动会议展示。

2013年12月23日，数字资源共建共享成果在上海举办的国家中等职业教育改革发展示范学校建设现场交流会上进行展示。

7. 成为2014年全国职业教育大会会议资料。

2014年6月23日至2014年6月24日，国家示范性职业学校数字资源共建共享计划项目成果列入《国家中等职业教育改革发展示范学校成果汇编》，成为2014年全国职业教育大会会议资料。

8. 为国家政策文件提供参考。

相关内容为《教育信息化"十三五"规划》提供参考。2016年6月7日，教育部发布《关于印发〈教育信息化"十三五"规划〉的通知》(教技〔2016〕2号)，其中"(四) 加快探索数字教育资源服务供给模式，有效提升数字教育资源服务水平与能力。"部分引用了相关内容："实施职业教育数字资源试点专项，国家示范性职业学校数字化资源共建共享计划，以先建后补方式继续开展'职业教育专业教学资源库'建设，推动职业院校广泛应用。"

9. 为国家重大报告提供参考。

相关内容为《第二批国家中职示范学校建设发展报告》提供参考，作者为吉利、史枫、王宇波，发表于《中国职业技术教育》杂志2016年第19期，第25-26页。

10. 成果的决策转化。

成为编制《教育部关于进一步推进职业教育信息化发展的指导意见》的决策参考。2016年，耿洁主笔撰写的《职业院校互联网学习专题调研报告》被教育部职成司列为专题研究的子课题之一，在编制《教育部关于进一步推进职业教育信息化发展的指导意见》(教职成〔2017〕4号) 的过程中发挥了重要的决策支持作用和政策参考作用。

被《中国中等职业教育质量年度报告(2018)》引用。2018年，《中国互联网学习白皮书》职业教育部分的成果被教育部职业技术教育中心研究所发布的《中国中等职业教育质量年度报告(2018)》引用。

成为《天津市中等职业学校"十三五"期间教育信息化建设实施意见》的决策参考。2016年6月，耿洁主笔撰写的《天津市中等职业教育信息化建设情况调查报告》转化为天津市教委文件《天津市中等职业学校"十三五"期间教育信息化建设实施意见》。

11. 纳入国家重大项目。

2019年12月至今，纳入中国特色高水平高职学校和专业建设项目。

12. 在重大会议上做主旨发言。

2013年12月1日，受邀在中国职业技术教育学会主办的中国职业技术教育学会2013年学术年会上发言。

2015年，受邀在杭州召开的"第十五届中国教育信息化创新与发展论坛"上做主题报告和典型案例报告。

2016年，受邀在"2016年中国国际远程与继续教育大会"做主题演讲。

2017年1月5日，受邀在《2016年中国互联网学习白皮书》发布会上发言。

2017年11月，受邀在武汉召开的"第十七届中国教育信息化创新与发展论坛"上做主题报告。

2018年11月，受邀在西安召开的"第十八届中国教育信息化创新与发展论坛"上做主题报告。

2019年6月，受邀在烟台召开的"第十九届中国教育信息化创新与发展论坛"上做主题报告。

2019年10月30日，受邀在"第十八届中国远程教育大会"做主题分享。

2020年8月29日，受邀在《2019年中国互联网学习白皮书》发布会上做专家报告。

2020年10月29日，受邀在"第十九届中国远程教育大会"做报告。

【成果完成单位】

成果第一完成单位天津市教育科学研究院携手天津市第一商业学校、天津轻工职业技术学院、江苏省相城中等专业学校、天津市第一轻工业学校、常州信息职业技术学院、天津电子信息职业技术学院联合申报的"从资源建设到应用创新：职业院校互联网学习生态建设的实践与研究"荣获2022年职业教育国家级教学成果奖二等奖、2022年天津市职业教育教学成果奖特等奖。

培训先行 标准对接 装备优质
——中职教育国际合作与交流范式探索与实践

天津市东丽区职业教育中心学校

该成果在与印度尼西亚合作共建鲁班工坊项目的过程中得到有效实践，解决了中职教育国际合作交流本土化双师型教师不足、缺少对标本土企业用人标准的评价体系及生产性、实景化的教学资源缺乏等核心问题；创新了中职教育国际合作与交流的教学标准、教学资源开发模式和运行机制，保障了中职教育国际合作与交流的可持续发展。印尼鲁班工坊已培养毕业生五百余人，多名教师来中方学校参加师资培训，印尼鲁班工坊被印尼文化与教育部指定为职业院校培训基地，广泛开展职业院校教师、企业员工技能培训。在与印尼职业教育合作、本土企业推广、国际化业务拓展、吉布提鲁班工坊建设、中职学校服务等方面，该成果得到推广与应用，为中职教育国际合作与交流提供了参考。

一、成果简介

"一带一路"倡议大力推动全球经济一体化进程。职业教育作为技术技能人才培养的主阵地，应当率先走出去，服务"一带一路"，实现全球职业教育优质合作，与世界合作并分享中国技术、中国标准，培养世界各国家和地区本土化的技术技能人才。

天津市东丽区职业教育中心学校以贯彻落实习近平总书记提出的"一带一路"倡议、有力支撑中国企业走出去服务共建国家发展、助力打造人类命运共同体为目标，依托天津市的国家职业教育改革试验区、国家职业教育改革创新示范区及升级版示范区(即国家现代职业教育改革创新示范区)"三区"建设成果，通过与印尼合作共建鲁班工坊品牌项目，历经研究、建设、实践、总结，形成了培训先行、标准对接、装备优质的国际交流与合作模式，解决了合作国缺少知晓中国职教标准与规范的本土化师资、缺乏两国相通的国际教学标准以及高水平技术技能人才培养实训条件薄弱等问题，实现了中职教育国际合作与交流"一中七化"范式的探索与实践。

"一中"是围绕提升合作国技能人才培养质量这一中心，实施搭建合作办学、交流互访、校企融合、国际技能竞赛、输出特色专业与服务等"五大平台"，形成中职国际交流新模式,确保合作高质量、可持续发展。

实施过程中,产业、行业、企业、职业、专业"五业联动",政、行、企、校、研"五方携手",共建汽车运用与维修、电子技术应用、中餐烹饪等专业一体化标准,形成了"能力主线、任务载体、实践主导、模块教学"专业建设**标准化**。

通过灵活运用多媒体技术、网络技术和虚拟仿真技术等,创建了分解训练法、解压训练法、紧贴训练法、模拟训练法、对抗训练法、揣摩训练法和冥想训练法等**多样化**教学方法。

根据专业岗位需求,结合专业发展需要,按照"资讯—计划—决策—实施—检查—评估"的环节设计,开发**实训化**双语教材和理实一体化手册。

创建了"四方三层五证"评价标准,注重评价**多元化**。评价立足学校、教师、企业、学生四方,实施理论、实训、顶岗三层考核,推行仪容仪表、行为习惯、文化理论、专业技能、顶岗实习五证获取,对学生进行全面、系统的评价。

将国赛理念和竞赛内容融入课程,将现代生产流程、技术标准、服务规范引入实践教学,建设指向赛项装备、兼容教学培训要求,基于工程实践导向和真实任务驱动的实训场景、虚拟仿真教材等**优质化**教学资源。

融入企业文化,实施整理、整顿、清洁、清扫、素养、安全、节约、学习"8S"管理,有效提高学生职业素养、安全意识和场地管理的**规范化**。

针对印尼本土教师提升理论水平和实践能力的需求,聘请学术水平高、教学能力强的行业企业专家,对合作国本土师资进行定期培训,实现提升印尼教师能力**常态化**,为合作国培养一支"双师、双能、双语、双证"的师资队伍。

"一中七化"范式下的印尼鲁班工坊,得到了印尼政府的大力支持和企业的广泛认可,《人民日报》等20余家媒体对此进行报道,时任国务院副总理孙春兰、印尼总统佐科·维多多高度评价印尼鲁班工坊的建设工作。

二、成果实践做法

(一) 培训先行,为合作国建设本土化双师型师资团队

中国职业教育的海外拓展,尤其是鲁班工坊的建设,始终贯彻"培训先行"的原则。为了确保合作国能够建立起本土化的双师型师资团队,采取了系统化、进阶式的培训模式。合作国的教学团队和管理团队接受了9期线下和76期线上的师资培训,这些培训涵盖了汽车维修技术、新能源汽车技术等5个项目。依照国际化专业教学标准进行进阶式培训,并结合严格的考核,确保受培训者能够达到双师型教师的能力和素养。这一过程不仅提升了本土教师的专业技术技能,还增强了他们的综合应用能力,从而保障了合作项目的教学质量得以稳步提高。

(二) 标准对接，构建对标合作国本土企业用人标准的评价体系

在推进职业教育国际化的过程中，依托国际化企业的职业岗位核心技术技能，实施了"五业联动"的产教融合机制。通过工程实践导向确立人才培养目标，并对接国际化企业岗位需求，开发了适应国际化技术技能人才培养需求的专业教学标准。同时，构建了"四方三层五证"的学生评价体系，这一体系涵盖了学校、教师、企业、学生四方的职责标准，以及理论学习、技能实训、顶岗实习三个层面的考核评价；评价过程贯穿学生仪容仪表、行为习惯、文化理论、专业技能、顶岗实习五个证书获取的全过程，用教学过程考核替代了传统的试卷考试方式，更加注重考核的过程化、多样化和灵活化，以对学生进行全面、系统、客观的评价。

(三) 装备优质，开发生产性实景化的教学资源

为了满足合作国职业教育的需求，基于工程实践导向和真实任务驱动，开发了丰富的教学资源。在合作国院校提供的场地空间内，打造了总建筑面积达428平方米的印尼鲁班工坊实训基地。这个基地不仅融入了中国文化元素，还充分体现了现代职教理念。实训基地内设有汽车维修应用智能、新能源汽车、工程实践创新、无人机技术和空中课堂等5个教学区，配备了技术水平先进、数量充足规模可观的实训装备，能够满足合作专业及相关专业群的学历教育与职业培训要求，也达到了国际技能竞赛的标准。此外，同步开发的各专业虚拟仿真软件和新形态双语教材，有效促进了学生实习实训、教学资源转化、赛事国际对接、专业合作建设和人文友好交流。

通过这三个方面的深入工作，不仅为合作国培养了一批具有高水平教学能力和实践经验的双师型教师，还构建了一个科学、全面、实用的学生评价体系，提供了先进的教学设施和丰富的教学资源。这些举措极大地推动了合作国职业教育的发展，也为中国企业的国际化发展奠定了坚实的人才和文化基础，实现了双方的互利共赢。

在此基础上，学校还积极搭建了一个双方教师的交流平台，定期组织线上和线下研讨会，分享教学经验，探讨教育难题，共同提升教育教学水平。鼓励合作国教师赴中国进行短期访问和学习，亲身体验中国职业教育的教学环境和教学方法，从而更深入地理解和掌握中国的职业教育理念和教学模式。

在推动合作国职业教育发展的同时，还注重将中国的职业教育标准与合作国的职业教育标准进行对接，组织专家进行深入研究和比较，找出两者之间的差异和共同点，制定出一套既能体现中国职业教育特色，又符合合作国实际需求的职业教育标准。该标准的制定不仅提高了合作国职业教育的质量，也为中国职业教育的国际化发展积累了宝贵的经验。

未来，学校将继续深化与合作国在职业教育领域的合作，通过持续培训、标准对接和资源开发，进一步提升合作国职业教育的整体水平；同时，积极探索更多的合作模式和途径，如联合举办职业技能大赛、开展校企合作等，为合作国职业教育的发展注入新的活

力，为中国企业国际化发展提供更多的支持和服务。

三、成果创新点

(一) 创建中职教育国际合作与交流的教学标准

在全球化浪潮的推动下，职业教育的国际合作与交流显得尤为关键。为此，应以国际职业能力标准为对接平台，结合跨国企业的人才需求，以专业课程开发为核心，努力打造一套具有国际视野、能体现本土特色和优势的教学标准。要实现这一目标，必须具备具有世界水平的教学条件。因此，以国际权威职业资格证书为引领，瞄准国际先进产业和国际高水平职业教育，进行系统的研发。经过多年的调研和实践，从目标、标准、师资、课程、环境、模式等6个方面进行了深入的探索，最终形成了一套国际化专业教学标准，并顺利通过了专家的论证。为了更好地服务于国际化人才培养，学校同步开发了符合中职教育国际合作与交流特点的培训指南、教师指南、设备指南、教学环境指南等四部标准化指南手册。这些手册不仅为教师提供了清晰的教学指导，也为学生提供了明确的学习方向，从而有效地提升了教学质量和学习效果。学校始终坚信，只有拥有具有国际视野和能体现本土特色的教学标准，才能培养出能真正满足全球化需求的优秀人才。因此，学校将继续致力于教学标准的研究和探索，不断完善和优化教学方法，更好地服务于职业教育的发展和人才的培养。同时，学校将积极与国际同行进行交流和合作，共同推动职业教育的国际合作与交流向更深层次、更高水平发展。

(二) 创建中职教育国际合作与交流教学资源的开发模式

在教学资源的开发与建设过程中，学校探索出了一套具有鲜明特色的教学资源开发模式。这套模式不仅将国赛的理念、竞赛的内容及考核的方式融入日常的教学之中，还将现代生产的流程、技术的标准及服务的规范引入实践教学，实现了生产过程与教学过程的有机结合。在这一模式下，学校建设了一批优质的教学资源。这些资源不仅满足了赛项装备的特殊需求，同时满足了教学培训的普遍要求。它们基于工程实践的导向，以真实任务为驱动，为学生提供了丰富的学习体验。为了进一步提升教学资源的丰富性和多样性，学校与合作方共同开发了"发动机构造与维修""汽车发动机电控系统维修"两门精品课程，还建设了"汽车服务与营销"等6门课程的资源库，与企业合作开发融媒体手册8本、教学课件391个、教案457个、视频资源7.8GB。这些资源包括图片、视频、动画、仿真、案例、课件与题库等多种形式，形成了丰富且多元的素材资源库。通过专业教学资源的建设与积累，学校实现了课程、教材、视频、仿真和虚拟等多种资源介质的立体化融合，不仅提升了教学的生动性和趣味性，也增强了学生的实践能力和创新思维。这套教学资源的开发模式将为中职教育的国际合作与交流提供新的思路和方法。

(三) 创新中职教育国际合作与交流的运行机制

在新时代的背景下，职业教育的国际合作与交流显得尤为重要。为了适应这一趋势，学校创新了中职教育国际合作与交流的运行机制，借助天津职业教育发展提出的"五元互动"国际交流合作办学平台思路，打造了合作办学、交流互访、校企融合、国际技能竞赛，以及输出特色专业与服务等五大平台。这五大平台的建立，不仅为学校与印度尼西亚等国家的职业教育合作提供了有力的支撑，也为双方的资源共享、信息交流和人员互动创造了良好的条件。围绕印度尼西亚的产业发展需求和"一带一路"倡议的发展目标，学校与印尼合作伙伴签订了鲁班工坊合作意向书、合作协议、合作备忘录，以及印尼职业教育示范区合作共建协议等文件，明确了双方在产能输出、人文交流、师资培训、技能竞赛、校企融通和国际化专业教学标准开发等方面的合作意向与具体措施。为了确保合作的顺利进行和可持续发展，按照总体规划、分步实施的原则，严格遵循场地建设、实训装备、教师培训、专业标准和教材资源等"五到位"的要求。中国和印尼双方还建立了相互信任的沟通机制，通过定期的电话沟通、信息通报、远程交往活动和学生技能竞赛项目等方式保持紧密的联系与沟通。这种创新的运行机制不仅有助于提升职业教育水平，也有助于推动两国之间的人文交流和产业合作，并在未来的合作中发挥更大的作用，为双方带来更多的机遇和成果。学校也将继续致力于深化和拓展这种合作模式，以更好地服务于职业教育的发展和人才的培养。

四、成果推广与应用效果

(一) 发挥成效，鲁班工坊毕业生受到当地企业青睐

鲁班工坊的创立和运营始终以发挥成效为核心目标。学校坚持将教学资源的开发与建设相结合，探索出一套具有特色的资源开发模式。通过将国赛理念、竞赛内容及考核方式融入日常教学，进一步将现代生产的流程、技术的标准及服务的规范引入实践教学，实现了生产过程与教学过程的有机结合。这种教学模式不仅提升了学生的实践能力，也使他们更好地满足了企业的需求。截至2022年，鲁班工坊的540名毕业生被中资企业、印尼本土企业、日资企业、韩资企业等16家优秀企业争先录用；35名学生荣获印尼全国和东爪哇省技能竞赛一等奖14个，二等奖9个，三等奖10个；世界职业院校技能大赛印尼代表队在汽车技术项目中荣获第一名、第五名、第七名的突出成绩。印尼鲁班工坊已接待来自政府、企业、学校等100余人次的参观、培训，被印尼教育与文化部指定为国际化人才培养基地。

(二) 授之以渔，印尼师生技能培训成果丰硕

印尼鲁班工坊作为中职教育国际合作与交流的重要平台，其影响力和成效日益显著。自成立以来，鲁班工坊学生培训规模已超过5000人，其中社会培训部分已经完成了1748人的培训任务。这些学员来自印尼东爪哇省的6个城市，包括7所职业学校的教师、企业员工和学生，共计接受了平均64学时的技能培训。

中方院校为印尼鲁班工坊提供了强有力的师资支持。至今，已有56名教师在中方院校完成了平均80学时的师资培训，这不仅提升了他们的教学能力，也加强了双方的教育合作与交流。通过这些培训，印尼鲁班工坊的教师掌握了更为先进的教学理念和方法，为他们在本国的教学实践带来了积极的变化。鲁班工坊的成效还体现在学员的技能竞赛成绩上。截至2022年9月，印尼方Aguspariadi等12名教师荣获各类大赛一等奖2个，二等奖7个。这些奖项的获得，不仅证明了学员的技能水平，也体现了鲁班工坊在技能培训方面的成果。此外，鲁班工坊还积极组织和参与各类活动，如面向东爪哇省21个城市、65所职业院校、130余名学生开展的第一届印尼东爪哇省职业院校技能大赛。这些活动不仅为学员提供了展示技能的平台，也为职业教育的国际交流与合作创造了更多的机会。

(三) 产能输出，服务国家"一带一路"倡议

鲁班工坊产教融合发展联盟平台为中国与印尼合作打下了坚实的基础。通过这一平台，学校与联盟企业、院校及东爪哇省驻天津交流中心携手合作，共同筹划了印尼东爪哇省职业教育示范区项目建设。这一项目不仅结合了印尼农业市场的实际需求，还对接了天津聚龙集团，面向印尼6万公顷的棕榈园资源，打造了中国-印尼聚龙农业产业合作区，为当地中资企业的可持续发展提供了有力支持。

在产能输出方面，学校取得了显著的成果。截至2022年9月，配合中资鹏顺隆科技有限公司的产能输出总值已达到100万元，服务覆盖了印尼东爪哇省的6个城市，真正实现了从技术输出、标准输出到产能输出的目标。此外，无人机植保机的应用也得到了广泛的推广，目前已覆盖东爪哇省的21个城市，为印尼社会提供了更好的服务。

(四) 影响扩大，收获国内外高度认可

印尼鲁班工坊作为首批25个鲁班工坊运营项目中的第4个揭牌启运、第3个评估验收、第1所签订合作协议的中职学校，肩负着带动后建鲁班工坊的使命。学校先后与广东科贸职业学院等7所职业院校分享建设历程，协助多所鲁班工坊建设、开展国际交流论坛等，为中职教育国际合作与交流提供可借鉴、可推广的经验。《人民日报》、《中国教育报》、印尼Pustekom电视台、天津电视台等20余家报社、电视台进行了报道，不仅提高了鲁班工坊的知名度，也展示了我国职业教育的国际影响力。

印尼文化与教育部部长Nadiem Makariem先生观摩了印尼鲁班工坊无人机植保机设备

并给予高度评价。他表示，这种先进的技术将对印尼的农业发展产生积极影响，并期待未来能有更多的合作项目。时任国务院副总理孙春兰在考察鲁班工坊建设体验馆时，对其给予充分肯定。她强调，鲁班工坊是我国职业教育国际化的重要平台，对提升我国职业教育水平、推动国际交流具有重要意义。印尼总统佐科·维多多莅临波诺罗戈第二职业技术学校检查工作，对印尼鲁班工坊建设给予高度评价。他表示，鲁班工坊的建设将使其为印尼培养更多的高素质人才，促进经济发展和社会进步。

鲁班工坊的成功离不开各方的支持和努力。学校将继续致力于推动中职教育国际合作与交流，为更多的国家提供优质的职业教育资源和服务，也期待与更多的合作伙伴携手共进，共同推动职业教育的发展和繁荣。

【成果完成单位】

成果第一完成单位天津市东丽区职业教育中心学校申报的"培训先行 标准对接 装备优质——中职教育国际合作与交流范式探索与实践"荣获2022年职业教育国家级教学成果奖二等奖、2022年天津市职业教育教学成果奖特等奖。

发挥职业教育类型特色，
服务普教劳动教育的研究与实践

天津市第一轻工业学校　等

该成果以解决区域普教劳动教育师资不足、课程单一、资源匮乏等问题为导向，创新地将劳动教育与职业启蒙教育相融合，构建以"职业化"为特征的"四阶递进"劳动教育课程体系、"三方联动"协同机制、"职业化"教育资源、"多元"师资及"四纵四横"评价标准。该成果自2017年起开始实践，使10余所普教学校、50余所中职学校中数以万计学生受益，大赛获奖数量显著，多家主流媒体进行报道。该成果在"鼓励中等职业学校联合中小学开展劳动和职业启蒙教育"的时代背景下，极具应用和推广价值。

一、成果简介

2015年8月，以教育部、共青团中央、全国少工委三部门印发的《关于加强中小学劳动教育的意见》(教基一〔2015〕4号) 为契机，勇立改革潮头，联合天津市复兴中学及天津市第三十五中学等普教学校进行课题立项，充分发挥职业教育类型特色，开展服务普教劳动教育的研究与实践，构建了以职业化为特征的职普企协同劳动教育模式(见图1)。

该成果以理念为引领，以课程为载体，以师资、资源等为支撑，以机制为保障，以评价促成长，创新地将劳动教育与职业启蒙教育相融合。天津市第一轻工业学校牵头组建职普企劳动教育建设协同体，成立天津市首个职普融通试点班，**提出了职普企"融通联动"的理念**；遵循普教学生认知规律，围绕普教学生劳动教育目标与任务，职普企协同共研共建了以职业化为特征的**劳动意识渗透—劳动兴趣引导—劳动行为认同—劳动实践创新"四阶递进"劳动教育课程体系**；搭建职业化劳动教育场景，整合职教优质专业课程资源，开发了新型活页式教材等**以兴趣为引导的职业化劳动教育资源**；培育了一支由理论型专职教师、双师型专业教师、社会型能工巧匠组建而成的"多元"劳动教育师资队伍，分别承担劳动教育4个阶段的教学任务；研发了以4个纵向阶段为经线，以细化、量化、质化、内化为纬线的**"四纵四横"劳动教育评价标准**；建立了职普企三方联动的协同机制，确保职普企劳动教育协同体的顺利运行及服务普教劳动教育的高质量开展。

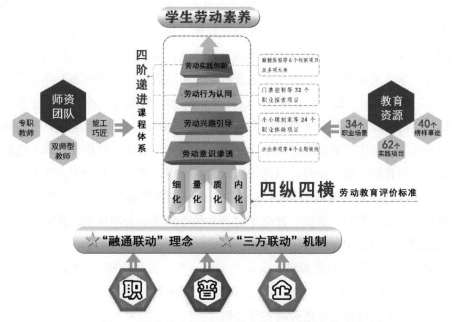

图1 以职业化为特征的职普企协同劳动教育模式

二、成果实践做法

(一) 提出"融通联动"理念

基于良好的职普合作基础,在天津市教育委员会指导下,天津市第一轻工业学校牵头组建职普企劳动教育建设协同体,成立天津市首个职普融通试点班。职普企融通共享职业化场景、专业化教师、实践性项目;共建课程体系、评价标准,形成劳动教育实施过程联动机制,服务普教劳动教育有序开展,培养普教学生的劳动观念、劳动能力、劳动习惯与品质、劳动精神,弘扬劳动光荣、技能宝贵、创造伟大的时代风尚。

(二) 创建"四阶递进"课程体系

依据学生认知规律,将劳动教育与职业启蒙教育相结合,把碎片化、无差别的劳动教育内容系统整合,职普企协同共研共建了以职业化为特征的劳动意识渗透—劳动兴趣引导—劳动行为认同—劳动实践创新"四阶递进"劳动教育课程体系,为普教学校劳动教育提供了解决方案。

内容设置上,既有案例教育,又有职业体验项目、职业探索创新实践项目;既有现代服务业、商业项目,又有体现学校特色的工业项目;既有传承中华优秀传统文化的传统工艺项目,又有紧跟科技发展的项目,涵盖食品加工、电子商务、工艺美术、智能控制等领域的劳动教育课程项目,并根据学生劳动素养培育规律分别纳入以"认知—体验—探索—创新"为主线的4个阶段的劳动教育过程中。第一阶段,以参观感知为切入点,抓住讲解说明、榜样激励两个关键环节，设置劳模事迹、企业参观、职业讲座、生涯规划4个主题模块，通过授课、讲座、参观等多种形式开展，使学生领悟劳动的意义，感受勤勉的敬业精神，形成正确的劳动观念，实现劳动意识渗透；第二阶段，以体验为着力点，基于天津市复兴中学、天津市第三十五中学等普教学校劳动教育学情分析和天津市第一轻工业学校8个专业的特点，开发小小雕刻家、广式月饼制作、智能灯光控制、动起来的电脑鼠等24个贴近生活实际或必备劳动技能的职业体验项目，通过项目式教学等具有鲜明职业特色的教学方法，让学生了解简单的职业化任务，激发劳动热情，初步树立职业理想，达到劳动兴趣引导的目的；第三阶段，以探索实践为关键点，整合门禁控制、景泰蓝掐丝珐琅画——五角星、走迷宫的电脑鼠等8个专业的32个职业探索项目，学生依据兴趣自主选修某专业项目，并通过班级、家庭、社交平台等多种方式展示劳动成果，获得他人认同，收获劳动成就感，逐步形成自我肯定，达成劳动行为认同；第四阶段，以竞技创新为突破点，引入创新理念，设计翻糖蛋糕、疯狂的小鼠、智能家居控制等6个创新项目，以及京津冀普职融通工程实践创新比赛等多个创新比赛，鼓励学生积极参加，培养学生精益求精、不懈钻研的工匠精神，促进劳动实践创新。

课程实施中，针对各普教学校劳动教育发展的不均衡情况及多样化需求，以"四阶递进"为根本，遵循"全程投入—广泛参与—专项探索—鼓励参加"的原则，在后3个阶段采取菜单式选课走班制。结合各普教学校的实训资源、师资团队和项目特点，授课模式以线下为主，线上融合，地点以职校为主，普企结合，多途径、多形式开展劳动教育。

(三) 开发职业化劳动教育资源

厘清新时代劳动教育的基本特征和新时代对普教劳动教育资源建设的需求，基于职普融通平台，凸显职教资源优势，携手合作企业，与普教联动，打造以兴趣为引导的职业化劳动教育资源。一是以提升职教、指导普教、融合企业为路径，搭建34个虚实结合的职业化劳动教育场景，创设适合普教学生特点的职业情境和体验岗位；二是整合职教优质专业课程资源，开发了包含62个职业化实践项目的新型活页式教材《劳动教育实践指导手册》及配套教学资源，整理出包含40个专业领域榜样人物事迹的《劳动创造美好未来——劳模事迹录》及36个视频资源。

(四) 建设劳动教育多元化师资团队

遴选理论型专职教师、培养双师型专业教师和聘请社会型能工巧匠，职普企共同打造一支专兼结合、可激发劳动教育创造性、丰富劳动教育形式的多元化师资团队，形成了理论型专职教师承担第一阶段教学，双师型专业教师承担第二、第三阶段教学，双师型专业教师与社会型能工巧匠共同承担第四阶段教学的运行模式。

建立健全职普企协同师资培训机制，邀请国内外职业教育和劳动教育专家，对百余名团队教师开展"天津EPIP普职融通师资研修"等培训，同时通过定期教研、共带大赛，不断提升师资团队劳动教育理念、专业水平及实施能力,增强劳动教育成效。

(五) 制定"四纵四横"劳动教育评价标准

职普企协同,研发了一套以劳动意识渗透、劳动兴趣引导、劳动行为认同、劳动实践创新四个纵向阶段为经线,以细化、量化、质化、内化为纬线的"四纵四横"劳动教育评价标准。

该标准包括劳动的内容、技能、方法以及劳动创造等方面,关注学生的劳动观念、劳动能力、劳动习惯和品质、劳动精神等素养发展情况。细化各主题、各项目的主要观测点,确立了153个主要观测点,量化了劳动能力类187个评价指标,质化了劳动情感类4个评价指标,以学生本人、同学、教师等为评价主体,采用书面考试、实训总结、调研报告、项目考核、调查问卷等多种评价形式,量化与质化相结合,以现代信息化技术为支撑,对学生进行"全过程+全要素"评价观测点的伴随式采集,形成学生成长动态数据库。"四纵四横"劳动教育评价标准健全和完善了普教学生劳动素养评价标准、程序和方法,使普教实现了将学生劳动素养纳入综合素质评价体系的目标,促进了普教将劳动教育评价结果纳入学生综合素质评价档案管理制度的完善。

(六) 建立三方联动的运行机制

成立劳动教育协同体,建立职普企三方联动运行机制,制定协同体工作章程,明确职普企三方主要职责等,定期召开联席会议,共商、共研、共建服务普教劳动教育的课程体系、师资队伍、职业场景、评价标准,形成《劳动教育实施方案》,确保劳动教育要素的重组及优化。

三、成果创新点

(一) 率先提出了"融通联动"的劳动教育理念

新时代劳动教育赋予职业教育全新的价值期许,关注到普教劳动教育发展瓶颈,注意到职教服务普教劳动教育具有职业场景、企业文化、合作企业、专业师资、模块化课程等资源优势,认识到职教服务普教劳动教育具有校企合作、技能大赛、工程实践创新活动、创意创新创业大赛等平台优势。基于布迪厄的社会实践理论,打破二元对立,以共建、共享为前提,学校充分发挥职业教育类型特色,联手普教,携手合作企业,以职普融通为途径,职普企三方联动,建立职普企劳动教育协同体,**率先提出了"融通联动"的理念**,服务普教劳动教育:一是以职普企劳动教育协同体建设为依托,建立三方联动运行机制,确保协同体建设的长效性和高效性。二是以服务普教劳动教育为共同目标,定期开展联席会议,在共同建设和运行中达到理念融通;三是职普企发挥各自优势服务普教劳动教育,达到资源融通；四是以劳动教育课程与资源建设为载体，探索了师资培养、教学模式与课程设计的教学改革方法的融通。该理念以五育并举为根本，以职业体验、职业探索为抓手，以职业课程为载体，立足职业进行劳动教育，摆脱教育视野的劳动本能行为，提升教育质态，实现了与生产、实践相融合的系统化劳动教育。

(二) 创建了以职业化为特征的"四阶递进"劳动教育课程体系

课程结构创新。基于马卡连柯劳动教育理论、建构主义理论、布迪厄的社会实践理论，厘清普教学生劳动素养维度，从学生认知规律出发，回应受教育者"身心同在"的发展诉求，由浅入深，逐层递进，螺旋上升，**创建了职业院校服务普教劳动教育的**劳动意识渗透—劳动兴趣引导—劳动行为认同—劳动实践创新**"四阶递进"课程体系**。各职业院校在遵循梯次递进原则的基础上，可根据学校自身特色及专业优势设置课程项目，服务普教劳动教育。

课程形态创新。除以往学科形态课程、活动形态课程外，**首次将职业形态课程引入劳动教育课程**。该课程以职业化为特征，在课程设计上，以职业项目、技能大赛为主；在教学方法上，**创新地采取了项目式教学法、任务驱动教学法等**，既突出了职业形态特点，又体现了实践的要求，还增强了学生兴趣。学校引入工程实践创新理念，在**全国首创"普职融通工程实践创新大赛"**，该大赛被列为天津市中职技能大赛挑战赛项目。从2016年的"普职融通工程实践创新技能(挑战赛)"到2018年的"京津冀普职融通工程实践创新"比赛，比赛范围不断扩大，普教学生与职教学生联合组队，同台竞技，既提升了劳动技能水平及劳动素养，锻炼了主动思考能力及创新实践能力，又体验了创造性劳动体现个人价值，促进了正确劳动观念的形成，增强了劳动的认同感、收获感及荣誉感，对学生的个人职业生涯规划和个人发展起到了良好的助益。

(三) 创设了以兴趣为引导的全方位职业化教学资源支持系统

基于良好的职普合作基础，学校充分发挥职教资源优势，**开创性地打造以兴趣为引导的全方位职业化教学资源支持系统**；创新地整合职普企资源优势，正确把握劳动教育的职业化与实践性，贴合普教学生生活实际，以学生兴趣为切入点，打造职业化场景、专业化师资、实践性课程三大资源，使劳动教育教学资源全方位、多层次、系统化。

(四) 首创"四纵四横"评价标准，形成评价体系

首创"四纵四横"劳动教育评价标准。将实践项目的劳动次数、劳动时长和作品完成度进行定量评价，创新应用**模糊数学理论**，将劳动观念、劳动精神、劳动习惯和品质等定性评价转化为定量评价，利用现代化信息技术将两项量化内容进行整合，对不同来源、不同类型、不同时序的评价观测点进行立体分析，**开创性地实现学生劳动教育"全过程+全要素"评价观测点的伴随式采集**。基于此评价标准，健全了学生劳动素养评价程序、方

法，构建了贯穿劳动意识渗透、劳动兴趣引导、劳动行为认同和劳动实践创新四阶段的评价指标体系，进而形成"监测过程—实施评价—反馈改进—提升发展"层层递进、循环发展的劳动教育评价体系，不仅延展了评价功能，还能促进学生发展。**率先将该评价标准融入天津市部分中小学综合素质评价系统，纳入学生综合素质评价档案。**

四、成果推广与应用效果

以职业化为特征的职普企协同劳动教育模式，为地区劳动教育体系的完善及发展做出了贡献，成果辐射国内外多所学校。

(一) 培养正确的劳动观念，促进普教学生可持续发展

学校与天津市复兴中学、天津市第三十五中学、天津市红桥区泰达实验中学、天津市静海区大丰堆中学、天津市红桥区实验小学等10余所普教学校合作开展劳动教育，惠及15 000余名学生，学习资源入选了天津市专业教学资源库，已被188 675人次学习、使用，累计学习26 485小时，帮助学生树立了正确的劳动观念和劳动态度，养成劳动习惯。通过问卷调研，了解到家长对学生的劳动教育满意度由实施前的40%提升到90%。5年来，普教学校学生获得35项科技发明专利、实用新型专利，在"京津冀普职融通工程实践创新"比赛中获得一等奖10项，二等奖2项，三等奖2项，在各类劳动技能大赛中获奖400余项。

(二) 激发实践创新潜能，提升职普教师专业能力

职业学校教师劳动教育能力同步提升并将经验进行推广。完成国家级、市级劳动教育相关课题研究20余项。2018年6月，完成天津市教育科学"十三五"规划职业教育重点委托课题"普通教育与职业教育融通的制度设计和实践创新"；2018年9月，完成中国职教学会第四届理事会科研规划项目课题"现代中等职业教育人才培养模式的构建研究——以天津市部分国家级示范校改革建设成果转化为例"的子课题——"天津市中等职业教育普职融通人才培养模式的实践创新研究"；2022年3月，完成中国职教学会德育工作委员会职业院校德育课题"新时代加强学生劳动教育的研究"的子课题——"发挥职业院校功能，突出普职融通特色，职业院校服务普教劳动教育的研究"等。发表论文50余篇，如2018年10月发表《普职融通EPIP工程实践创新项目职业生涯引航体系的探索与实践》，2022年10月发表《职业院校汽车运用与维修专业服务普教劳动教育的实施策略》。编写并出版教材《食品加工技术》《典型自动化生产线的组装》等20余本。获得天津市教学成果特等奖2项、一等奖2项、二等奖3项，国家级教学成果奖二等奖1项；获得17项国家发明专利、实用新型专利。

普教学校教师完成10余项劳动教育相关课题研究，如2020年9月完成天津市教育科学

学会"十三五"规划课题"普通高中生项目式体验型学习的研究与实践",2021年3月完成天津市教育学会天津市基础教育"十三五"教育科研规划课题"在教学中培育高中学生实践创新素养的研究"等。在各学科中融入劳动教育元素,教师成为市级学科骨干教师;在各类创新比赛中获得优秀指导教师奖56项,论文《"普职结合"炼出不一样的高中》获得"红杉杯"2018年天津市第七届青年校长学术论坛一等奖;教学成果"普通高中构建普职结合学校课程体系的实践探索"获天津市第六届基础教育成果奖一等奖。

(三) 增强育人辐射功能,提高学校知名度

通过职普企协同开展劳动教育,学校主动拓展社会服务职能,将服务对象扩展到普教的教师、学生、家长和社会公众,职业学校认可度和吸引力明显增强。学校每年开展职业教育活动周,结合各专业特点,开发丰富多彩的职业体验与兴趣活动,让中小学生、家长及社区居民直观感受劳动带来的乐趣与成果。学校食品加工工艺专业每年开展"体验烘焙制作乐趣 享受美好幸福生活"公益劳动体验活动,机电专业开展以"创新飞扬·助梦起航"为主题的科技体验活动,汽修专业开展车辆故障诊断、汽车车轮养护操作展示活动等。

该成果主动服务"京津冀协同发展""职业教育东西协作行动计划"两大国家战略,为来校访学的甘肃省金昌市理工中等专业学校、河北省保定市容城职业技术教育中心、河北省石家庄市文化传媒学校等全国50余所职业学校提供了一套职业教育服务普通教育劳动教育可借鉴、可参考的方案。同时,开展与瑞典、澳大利亚、新加坡等5个国家的多所学校的交流活动,使职业院校服务普教学生劳动教育培养模式等得到推广,成果辐射世界各地。

该成果得到时任教育部副部长孙尧,天津市委常委、市委教育工委书记朱丽萍,天津市副市长曹小红等领导同志的高度赞誉;学校在区教育局新课改工作推动会上做了题为"工程实践创新服务红桥新课改 普职融通平台共育学子同发展"的报告,在天津市职业教育与继续教育工作会上进行了题为"工程实践引领创新、普职融通双翼腾飞"的报告;天津市复兴中学在天津市第七届青年校长论坛上做了题为"'普职结合'炼出不一样的高中"的典型经验推广报告,引起热烈反响;天津电视台、中国国际广播电台(《中国之声》栏目)、《中国教育报》、《天津教育报》、北方网等10余家主流媒体对劳动教育成效进行了报道。

【成果完成单位】
成果第一完成单位天津市第一轻工业学校携手天津市复兴中学、天津市第三十五中学联合申报的"发挥职业教育类型特色,服务普教劳动教育的研究与实践"荣获2022年职业教育国家级教学成果奖二等奖、2022年天津市职业教育教学成果奖特等奖。

能力进阶 模块重构：财经商贸专业群数字化人才培养模式探索与实践

天津市第一商业学校　等

该成果第一完成单位天津市第一商业学校是首批国家改革发展示范学校、全国中等职业学校教学诊断与改进工作试点校，2019年在非洲吉布提建设第一家鲁班工坊。该成果与中国电商物流龙头企业京东电商平台深度合作，将商城系统B2B2C运营模式孵化至财经商贸专业群人才培养模式，推进专业群数字化转型升级，构建"三进阶"能力发展体系，重构对接核心岗位群的模块化课程体系，搭建"1+1+N"产教平台，创新成果导向的学生培养增值评价，有效满足了数字商贸流通产业对人才的需求和学生发展的内在需求。成果实践模式辐射河北雄安新区和中西部等重点地区10余所职业院校，受益师生6000余人次，被非洲吉布提鲁班工坊成功复制，具有较强的实践性、创新性和较高的推广与应用价值。

一、成果简介

在数字经济驱动产业变革的背景下，人工智能变革了生产关系，数据成为生产、销售、流通等经济活动的关键生产要素。商贸产业数字化转型升级对具备商务数据分析、全渠道营销推广、线上线下运营等能力的新商科数字化人才的渴求日益强烈。产业数字化转型倒逼职业教育深层次变革，在数字化人才供给侧结构性改革中，中职教育除了需要不断提升社会认可度，还亟待解决人才培养模式和课程体系与产业发展不适应的问题，以满足职业教育高质量发展的外部和内在需求。

"十四五"期间，天津加快构建"1+3+4"产业体系，形成数字化发展新格局。2015年，学校紧密对接数字商贸流通产业需求变化，动态调整专业定位，借助天津市优质专业群对接优势产业群建设项目完成财经商贸专业群重组，以电子商务专业为核心，以网络营销、智慧物流、会计事务专业为支撑的财经商贸专业群，开启数字化转型进程。以优势互补高质量发展为引领，以"互联网＋"数字商贸流通赋能区域服务业转型升级和提质增效为目标，整合商流、物流、信息流、资金流等电商四流，精准服务于新业态、新技术下商贸流通产业的转型升级，推进专业群数字化建设进程，开展财经商贸专业群数字化人才培养模式探索与实践。2016年，立项市级重点课题"天津中等职业教育财经商贸类人才培养模式的实践创新研究"，积累了专业群协同发展的丰硕成果。2017年，在实践基础上形成研究成果"能力进阶模块重构：财经商贸专业群数字化人才培养模式探索与实践"。成果实践时间达5年，2022年获天津市职业教育教学成果奖特等奖。

该成果以落实五育并举教育理念，实现学生全面发展为目标，通过"感、学、训、战"四维实施路径构建"三进阶"数字能力培养体系；梳理覆盖数字商贸流通产业链的新媒体营销、智能仓储和财税管理等8个核心岗位群，重构对接数字技术岗位群的模块化课程体系，共享基础互通课程，设置核心精通课程，动态组合高层融通活模块课程，形成本专业纵深发展、跨专业横向发展的课程特色；运行"1+1+N"校企合作机制，以1家龙头企业(京东)为引领，1个综合实战平台为依托，将京东商城系统B2B2C运行模式孵化至财经商贸专业群人才培养模式，搭建产教联盟教学平台，与多家企业合作开展实战运营项目；夯实数字化教学资源、复合型教学团队、岗位情景化实践环境等教学基础保障；创新学生成果导向增值评价体系，持续推进专业群数字化转型升级。成果有效满足了数字商贸流通产业对复合型人才的需求，确定了学生可持续发展和人才培养实施路径等。

财经商贸专业群能力进阶模块化人才培养模式如图1所示。

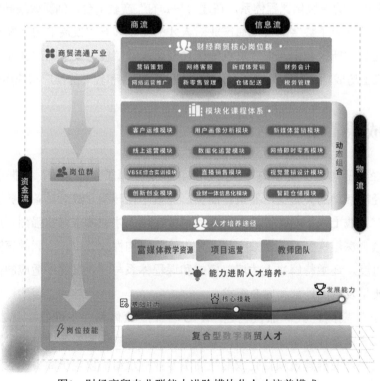

图1 财经商贸专业群能力进阶模块化人才培养模式

2018年5月，时任国务院副总理孙春兰到学校调研，对"项目运营教学模式"给予高度肯定。学生综合素养全面提升，毕业生在联盟企业就业占比提升5.3%，胜任复合型工作岗位占比提升4.7%，优秀员工占比11.3%，45名毕业生成为企业技术骨干；财经商贸专业群人才培养模式被非洲吉布提鲁班工坊成功复制，同步辐射河北雄安新区和中西部重点地区十余所职业院校，育人效果显著。

二、成果实践做法

(一) 能力进阶模块化人才培养模式探索与实践

1. 聚焦全面发展质量观，精准德技双优培养定位

落实党建引领育人工作，确定德技双优人才培养目标，将思想政治工作贯穿教学全过程。根据大量调研数据，确定数字商贸流通全产业链的营销策划、网络运营推广、网络客服、新零售管理、新媒体营销、仓储配送、财务会计和税务管理等8个核心岗位群；依据岗位设置，梳理了56个典型工作任务、183条职业能力，确定了以"爱国爱党、工匠精神、创新发展"为核心的素养要求。通过企业文化进校园，感受职业精神和素养的重要性；通过课程学习，树立正确的价值观，塑造优秀品德和提升技能；通过实习实训，在准工作环境中提升技能与素养；通过实战项目，检验职业技能与职业精神。以校企文化融合、课训结合、校企项目合作为实施路径，"感、学、训、战"四维一体，培养高素质、数字化、智能化、多岗位、多技能的德技双优复合型人才，精准服务于区域商贸流通业的转型升级。

2. 对接岗位群能力要求，重构模块化课程体系

(1) 构建"三进阶"数字能力培养模式

紧密对接商贸流通全产业链转型升级的需要，深入分析8个核心岗位群职业能力要求，构建基础能力、核心技能、发展能力逐层提升的"三进阶"能力发展体系(见图2)，实施专业群数字化能力培养。

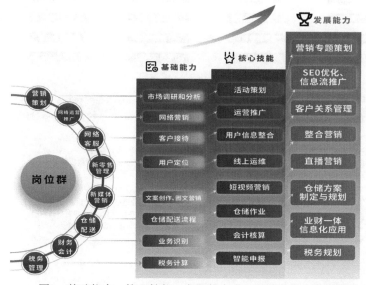

图2 基础能力、核心技能、发展能力"三进阶"能力发展体系

(2) 重构专业群模块化课程体系

构建"基础互通、核心精通、高层融通"固态和动态结合的专业群模块化课程体系(见图3)，绘制课程体系图谱，形成课程模块矩阵。基础互通模块夯实学生职业基础，保证人才培养基本规格，满足学生全面发展的共性需求；核心精通模块对接数字商贸流通产业链8个核心岗位群，开发147个岗位实训项目作为模块要素，对应前端消费场景化、中端全渠道运营数字化、后端物流服务和财税服务智慧化，体现专业差异性培养；高层融通模块依据项目实战运营需求开发可动态调整组合的30个活模块课程，形成本专业纵深发展、跨专业横向发展特色，实现财经商贸专业群数字化人才的融通式培养。

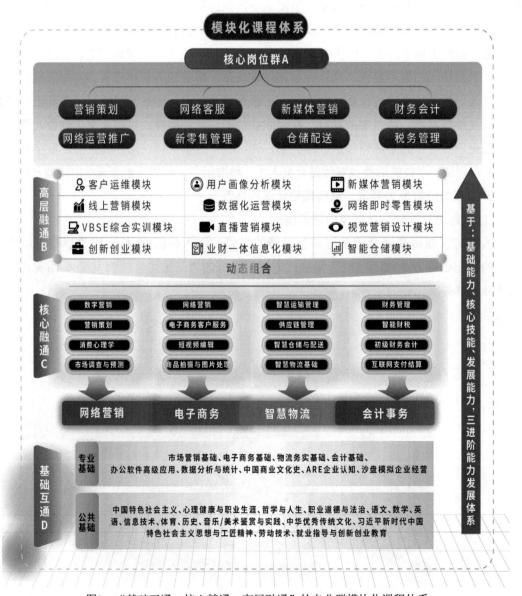

图3 "基础互通、核心精通、高层融通"的专业群模块化课程体系

(3) 夯实数字化教学基础保障

以专业群跨专业交叉融合项目化教学为载体，对接数字商贸流通产业新技术、新标准，运用虚拟现实、图像识别、人机交互操作等富媒体技术形成数字化资源包，辅助专业实训技能教学；组建项目化教学团队，通过教师与企业专家"双向挂职、双向流动"、实战项目运营、课程和教学项目开发、教学和实践成果转化研究、教学能力大赛等手段，促进专业群内教师资源的合理配置；建设商帆电商工作室、衡信会计工作室、京东云仓工作室和菜鸟驿站等实战化教学场地，为人才培养顺利实施保驾护航。

3. 开辟人才培养新路径，创新项目运营教学模式

运行"1+1+N"校企合作机制，以1家龙头企业(京东)为引领，以1个综合实战平台为依托，多个实战运营产教合作项目搭建产教联盟教学平台，创新"项目引领、岗位主导、职能嵌合"项目运营教学模式(见图4)。以项目引领为契机，以岗位主导为视角，以职能嵌合为目标，协同创新育人。引入京东电商平台，与新道、衡信、星播文化、中教畅想等企业共育"津味优选"等多个实战运营项目，整合专业群内工作室实战化教学环境功能，成立由6名企业人员、8名学校教师和35名学生组成的项目运营团队。精准对接数字商贸流通产业网络运营推广、新媒体营销、网络客服、会计核算、仓储配送等核心岗位，业务流程贯穿数字商贸流通产业链店铺选品、营销策划案制定、网络运营与推广、会计核算、全流程客服等核心内容，开发调查资料数据处理、数字时代营销战略分析、供应链需求预测、财务数据分析等147个实战项目。递进式培养学生的营销策划、会计核算等通识能力，电商美工、网络客服、仓储配送等专项能力，以及新媒体运营等拓展能力。

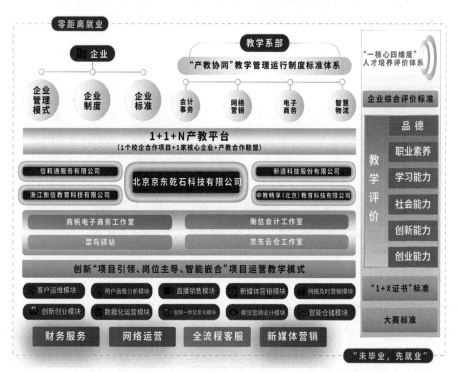

图4 "项目引领、岗位主导、职能嵌合"项目运营教学模式

4. 保障高质量人才培养，实施成果导向增值评价

构建企业、学校、学生三方参与的"一核心四维度"人才培养评价体系(见图5)。依据OBE成果导向理念，以人才培养目标为核心，并将其细化、分解为可测量的培养规格，根据岗、课、赛、证四个维度对培养规格的贡献度监测人才培养目标的达成情况。借助信息化课程平台、项目运营平台，收集、监测和分析教学数据，关注每一个学生的发展，实施增值评价，实现育人过程的可测、可控和动态提升。

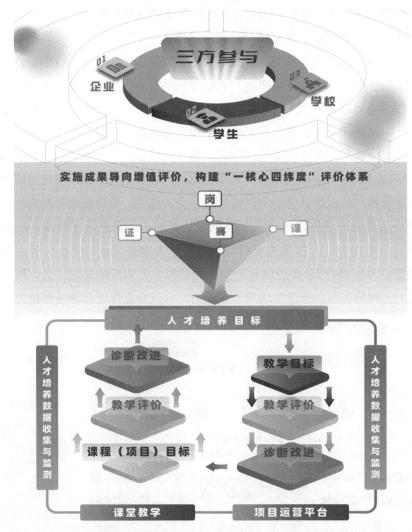

图5 成果导向的"一核心四维度"人才培养评价体系

(二) 实践应用

2021年9月，财经商贸专业群与北京京东乾石科技有限公司签订校企共建协议，依托京东电商平台开展"津味优选"地区特色产业振兴项目实战运营。本项目以直播营销为主，开展线上线下相结合的营销活动，设置网络运营推广、新媒体营销、财务会计、仓储配送、网络客服等5个核心岗位(见表1)，重新梳理业务流程，涵盖了用户分析、线上营销、数字化平台应用、商品定价、渠道管理等多个内置模块,递进式培养学生营销策划及会计核算等通识能力。从首岗定位、多岗迁移、可持续发展的角度,引导学生将已学技能与岗位技能要求对接,将已学内容与真实项目岗位工作内容对接,并将家国情怀、工匠精神、守法意识等的培育融入项目运营的全过程。

表1 "津味优选"地区特色产业振兴项目运营岗位分解样例

项目	岗位	内置模块	工作内容	对应专业
京东电商平台	网络运营推广	用户画像分析模块	用户定位	网络营销
			客户标签设置与分类	网络营销、电子商务
			市场购买行为分类	网络营销、会计事务
			……	
	新媒体营销	新媒体营销模块	短视频活动策划	电子商务、网络营销
			新媒体文案编辑	电子商务、网络营销
			直播脚本设计	电子商务、网络营销
			……	
	财务会计	VBSE综合实训模块	活动成本核算	会计事务、电子商务
			采购成本核算	会计事务、物流管理
			……	
		……		
	仓储配送	供应链管理	库存管理	物流管理
			采购管理	物流管理、会计事务
			……	
	网络客服	客户运维	客户关系管理	电子商务、会计事务、网络营销、物流管理
			售后纠纷与处理	物流管理、电子商务
			……	

通过教师与企业专家"双向挂职、双向流动"开展实战项目运营,同时结合学生参加社团活动、参加专业比赛情况等"六维度平台体系"综合考查学生综合素养,对财经商贸专业群内的学生进行公开、公平、公正的遴选(见图6),最终成立由6名企业人员、8名学

校教师和35名学生组成的"津味优选"项目运营团队。

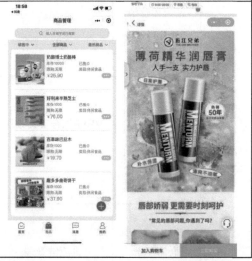

图6　项目成员选拔过程及作品

活动中,各专业学生各司其职,从专业视角对项目运营内容进行精准分析,以部门员工的定位履行岗位职责:财务部进行成本核算、财务数据分析,全程进行财务管理;运营推广部负责策划本期活动、编撰活动主题词和活动文案,审查各组图片、文章、脚本是否与活动信息完全一致;平面设计部负责为20款主推商品进行商品主图、Banner图、详情页设计及商品上架工作,对直播预告图、直播封面图、直播过程中使用的道具进行设计与制作;新媒体部进行线上线下推广,集中实施直通车、直播推广,运营期间的直接日销售额多次突破万元,直播推广过程中为平台上其他天津特色农产品店铺带来的间接销售额预测超过10万元;仓储配送部处理线下配送超过400单,处理线上物流客服咨询超千次。"津味优选"振兴项目实施过程如图7所示。

图7 "津味优选"振兴项目实施过程

三、成果创新点

1. 课程管理模式创新

锚定天津市建设区域商贸中心城市的功能定位,数字商贸流通产业"智能+"消费系统新模式、线上线下融合的新业态日趋主导市场,职业院校人才培养面临新挑战,需要培养能够进行商流、信息流、资金流、物流综合处理的数字化、智能化、多视角、多岗位、多技能"两化三多"复合型人才。本成果将专业群课程体系进行模块化处理,构建基础互通模块、核心精通模块、高层融通模块:基础互通模块夯实学生职业基础,保证人才培养基本规格,满足专业群内专业全面发展的共性需求;核心精通模块对接数字商贸流通产业链技术核心岗位群,开发岗位实训项目作为模块要素,对应前端消费场景化、中端全渠道运营数字化，后端物流服务和财税服务智慧化，体现专业差异性培养；创新性地提出高层融通模块依据项目实战运营差异性需求开发可动态调整、组合的活模块课程。基于岗位任务重构模块化课程内容，基于专业方向组合模块化课程体系，基于OBE理念分解、落实人才培养规格。依据数字商贸流通产业链人才供给需求，对接核心岗位工作任务解构原有课程体系，建设运营项目的活模块课程教学内容，按照岗位群能力要求，开发符合培养规格的课程体系矩阵，运用OBE专业管理理论，反向对目标进行分解，保证人才培养规格对接课程、课堂的逐级分解、细化及具体落实。矩阵式模块课程管理打破专业壁垒，实现专业群模块课程灵活组合，满足项目运营需要，提升项目运营时效和质量，有效避免课程的教学系统性失效，确保复合型人才培养质量。2022年，"涉税会计""仓储作业实务"获评天津市职业教育在线精品课程并被推荐参加国家级评选。2023年，"涉税会计"获评国家级职业教育在线精品课程。

2. 校企合作运行机制创新

启动"1+1+N"校企合作运行机制，发挥项目引领作用，凸显核心企业功能，激发产教联盟效应，开创校企合作新局面，人才共育显实效。引入中粮优选商城消费扶贫专区店铺运营等多个校企合作项目，创建多个工作室实体，创新"人才共育、成果共享，项目共营、风险共控，资源共建、利益共创"的运行机制、管理机制与标准体系，采用企业化管理模式开展项目运营和实践教学。逐步形成以项目运营为主线，以工作室实体为载体，从人才培养定位、模块化课程体系构建、项目化教学团队培养、富媒体数字化资源建设等多层面开展校企合作，创新"项目引领、岗位主导、职能嵌合"项目运营教学模式。对接行业企业标准，开展"三进阶"人才培养，同时将项目运营成效反哺于日常教学，逐步提升学生的学习能力、工作能力、创新能力。依托京东电商平台，实施产教合作实战项目运营，多家企业协同联动，组建由6名企业人员、8名教师和35名学生组成的项目运营团队，孵化京东商城B2B2C管理模式，开展网络运营推广、新媒体营销、财务会计、仓储配送、网络客服等多岗位协作运营。2021年，教师范蓉参与京东智能仓储大数据分析"1+X"职业技能等级标准研发，出版配套教材；物流服务与管理专业教师团队获评国家级第二批职业教育教师教学创新团队。

3. 增值评价实践创新

依据OBE成果导向理念，以人才培养目标为核心，并将其细化、分解为可测量的培养规格，秉承"学生中心、产出导向、持续改进"的教学理念，关注学生个体的对标与达标情况，实施成果导向增值评价。构建企业、学校、学生三方参与的"一核心四维度"评价体系，以数字化人才培养为核心，借助信息化课程平台、项目运营平台，收集、监测和分析教学数据，通过岗、课、赛、证四个维度对培养规格的贡献度来监测人才培养目标的达成情况。关注每一个学生的发展，实现育人过程的可测、可控和动态提升，助力学生自我实现。以课堂教学、项目运营为实施载体，通过专业管理系统、课程教学平台开展教学数据与人才培养数据的收集与监测，形成"教学目标—教学评价—诊断改进—课程(项目)目标—教学评价—诊断改进—人才培养目标"的全方位持续改进闭环，以逐层目标的达成度衡量教学效果，以人才培养的目标链体系保障人才培养质量。2019年，学校获评全国职业院校教学管理50强，1名学生获全国"最美中职生"称号。

四、成果推广与应用效果

1. 助力人才培养质量显著提升

紧密对接数字商贸流通产业8个核心岗位群需求，准确定位人才培养目标，构建"基础互通、核心精通、高层融通"固态和动态结合的专业群模块化课程体系，绘制课程体系图谱，形成课程模块矩阵；组建项目化教学团队，运用富媒体技术建设数字化资源包，创新项目运营教学模式，校企全程参与"三进阶"人才培养，形成本专业纵深发展、跨专业横向发展特色，实现财经商贸专业群数字化人才的融通式培养，复合型人才培养质量显著提升。成果实施5年以来，受益学生达3700余人，学生的数字化能力日益增强，助力学生可持续发展，对口就业率提升25%，37.2%的毕业生在联盟合作企业就职，胜任复合型数字技术岗位占比提升4.7%，25.1%的毕业生经合作企业推荐就业，优秀员工占比11.3%，45名学生成为企业技术骨干，6名学生自主创业，实现跨越式发展；学生参加各级各类技能大赛，获奖比例达到75%；学生综合素养持续提升，5个班级获市级优秀班集体，10名学生被评为市级优秀学生干部和市级三好学生，1名学生获全国"最美中职生"称号。

2. 激发专业向数字化转型跃进

数字化人才培养模式的深化改革激发专业群发展的内生动力，主动服务京津冀地区经济发展和天津市"1+3+4"工业产业体系构建。以真实的校企合作项目为载体，通过教师与企业专家"双向挂职、双向流动"，开展专兼职结合的项目化教学团队建设，促进了专业群内各专业教师资源的合理配置、优化组合。通过共建共享资源，教师能够及时掌握"智能+"技术。数字经济背景下，数字商贸流通产业的发展给专业数字化转型升级带来新技术、新标准，提升了信息技术教学水平，并用于开发数字化岗位模块化资源包、仿真实训平台及项目演示动画、VR实景体验等数字化、智能化、情景化、趣味化富媒体教学资源，为财经商贸专业群教学紧贴产业发展前沿夯实基础。锚定数字化人才培养定位，动态调整专业设置，会计转向大数据与会计，市场营销转向网络营销，推进物流服务与管理向智慧物流升级。培育电子商务和物流两个优质专业，以优质专业建设带动专业群组式发展，推动专业群服务产业链落地实施。项目化教学团队能力全面提升，反哺课堂教学，教学评价满意度达94.37%。物流专业团队获评全国第二批职业教育教学创新团队，1个团队获全国职业院校教学能力比赛一等奖，1人获第七届黄炎培职业教育杰出教师奖。

3. 打造新型产教校企融合范式

财经商贸专业群不断深化产教融合，以校企合作为纽带，以常规教学为基础，将单项技能、综合技能、仿真模拟、项目化综合实践有机结合,深化人才培养模式和评价模式改革,提高人才培养质量,畅通技术技能人才培养通道,拓展就业创业能力,不断完善产教融合机制,实现对接产业链动态耦合。通过产教融合、项目引领,实现课程设置与工作岗位对接;通过岗位主导、创新实践孵化,实现项目教学内容与产业链的无缝对接。同时,项目运营带动新知识、新技术进课堂。教师和企业技术导师共同开发与职业标准对接的商业运作项目教材,形成独具特色的"一体多层"校企合作模式的实训教学体系。将企业的真实环境引入校园,增强学生对企业和岗位工作的职业认识,利用专业资源优势培养学生成为企业的优质员工,使学生能够独立完成平台日常操作,为合作企业创造效益。引导学生精准定位就业方向,增强学生就业稳定性,缩小毕业生与职业人之间的经验差距,提升学生的就业能力;为本校专业教师提供实战的机会,真实分析项目运营规则,进一步提升整体教学水平。

4. 服务"一带一路"标志成果分享

特色人才培养模式在非洲吉布提鲁班工坊的成功复制,助力商贸、物流两个专业的本土化人才培养落地,开发商贸、物流国际化专业教学标准和人才培养方案,开创吉布提鲁班工坊高职阶段人才培养模式,并通过吉布提国民教育与职业培训部的认证,纳入吉布提国民教育体系。配套开发6套双语教材、10个实训项目、12门课程资源,建设4个实训区,开展师资培训40余人次。帮助"走出去"的中国企业在当地培养熟悉中国技术、产品、工艺的本土技术技能人才,为非洲青年带来更多就业与发展的新机遇。培养当地来自3个地区的84名学生服务亚吉铁路和吉布提港口经济贸易发展,天津新闻、《环球时报》等多家媒体对吉布提鲁班工坊建设成果进行报道。

5. 助推区域辐射效应整体增强

学校始终秉承创新、开放、共享工作理念,引领中西部地区和雄安新区的同类院校开展专业数字化转型,通过讲学、教师支教、来校参观、教育交流等形式,成果模式在雄县职教中心、甘肃玉门石油机械中等专业学校等十几所兄弟院校的相关专业中推广与应用,受益教师和学生达6000余人次,每年接待全国职业院校来校调研、参观和师资培训均超过400人次,引领重点区域同类兄弟院校专业数字化转型、人才培养模式创新、课程体系重构、教师团队教学能力和信息化应用水平素养提升。

【成果完成单位】

成果第一完成单位天津市第一商业学校携手浙江衡信教育科技有限公司、中教畅享北京科技有限公司、北京京东乾石科技有限公司联合申报的"能力进阶 模块重构:财经商贸专业群数字化人才培养模式探索与实践"荣获2022年职业教育国家级教学成果奖二等奖、2022年天津市职业教育教学成果奖特等奖。

"中高本硕"衔接技术技能人才培养模式研究与实践

天津中德应用技术大学 等

该成果面对不同学段衔接上的突出问题和产业结构转型对技术技能人才培养提出的新要求，创建了"一聚焦、两协同、五支撑"技术技能人才培养模式，创新构建了职普融通的新机制，打造了开放、创新的技术技能人才育人文化，具有现实针对性、理论前瞻性、实践创新性，应用与推广成效显著，经验模式在全国产生重大影响，为高职院校校企协同育人提供了可借鉴、可复制的现实样本。

一、成果简介

2014年起，国家发布了一系列推动现代职业教育体系构建的政策文件。2015年，教育部批复成立天津中德应用技术大学，要求学校"先行先试，重点探索中职、高职、本科职业教育的人才培养通道"。2016年，学校获批全国教育科学规划重点课题"面向'中国制造2025'的应用型人才培养模式研究与探索"。2017年，天津市政府将学校纳入市"双一流"建设，要求"构建起中高本硕有效衔接的技术技能人才培养体系"。

2021年，天津中德应用技术大学获批硕士学位授予单位。在天津市政府指导下，学校牵头统筹，与天津市机电工业学校等8所中职开展中高衔接，与天津电子信息职业技术学院等4所高职开展高本衔接，与天津科技大学等3所普通高校开展本硕衔接，并独立开展中本衔接，4类衔接共计培养学生9218人。

面对多专业转段升学到一个专业、学生生源及学生诉求差异等不同学段衔接上的突出问题，学校不断适应产业结构转型升级对技术技能人才培养提出的新要求，秉持教育公平理念，创建了"一聚焦、两协同、五支撑"技术技能人才培养模式，即聚焦立德树人根本任务，校校协同、校企协同，通过定制人才培养方案、构建课程衔接模式、建设特色师资队伍、重构实践教学资源和构筑教学质量保障机制，为系统开展技术技能人才培养提供全过程支撑。

经过持续的改革与实践，人才培养质量得到社会的广泛认可。2020—2022届毕业生初次就业落实率分别为90.21%、91.91%、90.72%，进入航天518所，中电科53所、18所等国防科工企业的毕业生高达15%。2021年，《光明日报》发表"把握规律是职业教育高质量发展关键所在""'三大支柱'撑起职教大厦""职业院校发展的'牛鼻子'"3篇文章，整版报道学校的人才培养成效；2022年，《中国青年报》发表"制造业数字化转型青年人才从哪来""青春的回答：百炼成金靠什么"两篇文章，报道了学校独具特色的人才培养模式。在2022年首届世界职教大会上作为典型案例进行分享，教育部部长怀进鹏到校调研，对学校人才培养模式给予高度评价。

二、成果实践做法

(一) 坚持因材施教原则，校企协同定制人才培养方案

建立校、院两级校企合作委员会，每个专业至少与5家企业开展校企深度合作。以服务国家战略、区域产业布局为重点任务，依据产业发展趋势对不同层次人才的需求，深度分析企业岗位群对人才规格的要求，推导中高本硕各学段毕业生的核心能力。鉴于生源差异和衔接过程中"多"个专业对应"一"个专业的情况，以培养目标和毕业要求为出发点，形成人才培养方案制定指导原则。依据该原则，按照学生基础差异，以"补短板、拉长板"的形式，校企联动"一类一案"制定人才培养方案42项。

(二) 秉持能力进阶目标，校校协同构建课程衔接模式

基于不同层次学生的"入口"差异，以及国家专业教学标准的"出口"要求，合作学校共同梳理不同层次有效衔接的课程"接口"，中高衔接以专业核心课程为接口，双方通过前置协商、一体化设计分别实施教学；中本衔接强化数学、物理、英语等公共基础课程学习；高本衔接由2~3门专业课程组成的课程模块实现；本硕衔接以专业实践为导向，以技术应用为目标，遴选企业真实项目为接口，培养学生的工程实践和创新能力。

(三) 基于共生共用理念，产教融合重构实践教学资源

聚焦产业技术发展趋势，制定实验实训室建设标准，优化并调整372个实验实训场所，与200余家企业共同打造共享型校外实习实训基地，制造类专业学生每年到德国大众、海尔、华海清科等企业进行实践、毕业实习和毕业设计，形成了"校企深度共谋，项目真实融入，全程培养不断线"的实践教学理念。搭建以企业真实项目为引领的"产学研一体"创新实践平台，引进生产型设备，校企联合打造实践教学场景，实现了三分之二实践场所满足两个以上衔接层次、三分之一实践场所满足3个以上衔接层次的"多层次协调共生共用"的实践教学资源。

(四) 深化教师队伍建设改革，建设职教特色师资队伍

构建"引、聘、送、下、带"师资队伍能力提升路径：引进高水平人才，聘请国内外行业专家、大国工匠、技能大师及企业高级工程人员，送教师下企业实践，采用师带徒方式培养新教师，校校共享师资队伍。开展"三年三阶段，四年四类型"教师培养：开发21个师资培训模块，开展入岗、适岗、胜岗三阶段和专业理论、专业实践、工程实践、国际素养四类型培训。实施师资队伍分类评价：分类设置教学型、教学科研型和社会服务型教师岗位，分别制定考核要求，激发教师队伍内生动力。

多年来，学校不断适应产业结构转型升级对技术技能人才培养提出的新要求，始终坚持聚焦工业发展需求，落实立德树人根本任务，把握职业教育类型属性，遵循教育规律和技术技能人才成长规律，秉持教育公平理念，以培养"政治过硬、技术技能精湛、诚实守信、理性平和"的"高级技师、一线工程师、大国工匠"为目标，经过多年探索与实践，创建了"一聚焦、两协同、五支撑"技术技能人才培养模式。

一聚焦：聚焦立德树人根本任务的深化与落实。在立德树人根本任务的指引下，坚持以学生为中心，针对不同学段学生的成长特点与需求，加强思政教师队伍的建设，确保每一位思政教师都具备深厚的理论素养和教育教学能力。同时，着力推进思政课程与课程思政的深度融合，让思政教育贯穿学科教学的全过程。为此，建设了天津市大中小学课程思政一体化研究中心，旨在打造思政教育的系统性和连贯性，确保不同学段之间的思政教育无缝对接。此外，学校还建立了课程思政教学资源库，集中收录优质的教学资源，为思政教师提供丰富的教学素材和教学方法；设立了红色影视思政重点实验室，借助生动、直观的影视教育形式，深化学生对红色文化和革命精神的理解；与航天五院携手共建航天精神思政教育基地，进一步弘扬航天精神，通过组织学生实地参观、学习航天英雄事迹等方式，激发学生的爱国情怀和科研热情。

两协同：校校协同与校企协同双向驱动。在校校协同方面，积极与合作学校建立紧密的合作关系，共同构建课程衔接模式，确保学生在不同学校之间能够顺利过渡，保持教育教学的连贯性。同时，开展协同教研，定期组织教师交流教学经验，共享教学资源，提升整体的教学质量。此外，还共享实践教学资源，通过联合开展实践教学活动，为学生提供更广阔的学习空间和更丰富的实践机会。在校企协同方面，与企业建立深度的合作关系，共同创建双元育人新机制。通过搭建产学研一体化平台，促进学校与企业之间的知识共享和技术交流，为学生提供更多实践与锻炼的机会。同时，加强人才培养质量监管，确保学生在企业实践期间能够得到有效的指导和帮助，提升他们的实践能力和职业素养。这种校企协同的模式不仅有利于学生的成长和发展，也有利于企业选拔和培养优秀人才，实现学校、企业和社会的共赢。

五支撑：一是制定人才培养方案。依据企业对不同人才规格的要求，分别制定高本硕三个学段人才培养方案的指导原则，结合学生的文化基础、技能基础差异，制定适用于不同生源群体的人才培养方案。二是构建课程衔接模式。根据不同学段专业人才培养

目标,以拉长板、补短板的形式,构建了以专业核心课程、课程模块和真实项目为接口的课程衔接模式。三是建设特色师资队伍。坚持三年企业经历+研究生学历的师资准入机制,实施教师分类管理与评价,构建满足不同学段人才培养需求的结构化师资队伍体系。四是重构实践教学资源。引入企业真实生产场景,构建满足不同学段人才实践教学需求的资源体系,着力提升学生实践创新能力。五是构筑教学质量保障机制。成立政行企校教学指导工作委员会,强化行业、企业在人才培养质量中的话语权,建立全过程循环的保障系统。

三、成果创新点

(一) 探索教育链、人才链、产业链对接的基本方法

以增强职业教育适应性为目标,深入分析产业链布局对职业岗位能力的要求,借鉴"职业带"理论对人才结构界定的能力范畴,建立了教育层次、人才结构和职业能力之间的对应关系。以学生的职业能力可持续发展为根本,准确设计中高、中本、高本、本硕4个学段人才的发展路径,培养过程中注重教育性、适应性、开放性和创新性的融合,强化技术技能积累能力,通过分段培养,有序实现学生知识、能力、素质的逐阶提升,提高学生可持续发展的职业迁移能力。

在社会快速发展的背景下,为了增强职业教育的适应性,团队全面启动了教育链、人才链与产业链对接的深入探索。这一过程中,团队首先对产业链的布局进行了细致的调研和分析,旨在准确把握产业发展对职业岗位能力的实际需求。深入理解产业链与职业岗位之间的内在联系后,团队借鉴了"职业带"理论,成功建立了教育层次、人才结构和职业能力之间的紧密对应关系。为了确保学生的职业能力能够得到可持续的发展,团队针对中高、中本、高本、本硕4个不同学段,精心设计了各具特色的培养路径。在培养过程中,始终注重教育性、适应性、开放性和创新性的融合。教育性强调培养学生的基本素养和道德品质,适应性要求学生能够迅速适应不断变化的职业环境,开放性鼓励学生拓宽视野,积极拥抱新技术、新思想,而创新性鼓励学生勇于探索,敢于创新,不断挑战自我。这种分学段培养的模式不仅有助于学生在每个阶段获得扎实的专业知识和实践技能,还能够帮助他们建立系统的知识体系和能力结构。

(二) 构建职普融通的新机制

坚持以技术技能人才培养为核心,普通高校、职业院校高效协同,搭建职普融通的立交桥,畅通了终身学习和人才成长的通道。在政府指导下,中高阶段开展3+2转段培养;中本阶段通过春季高考实施选拔培养,招收中职生升入本科高校;高本阶段通过文化+技能考核的方式进行选拔,实施技能大赛获奖推免升学;本硕阶段以企业真实项目为载体,

培养学生工程实践能力。构建校际间教师跨校授课、联合教研、课题研究等交流机制，建立合作学校实验实训场所共享机制，为培养学生文化素养、职业技能、实践创新能力提供条件保障。

在快速发展的社会背景下，为了满足多元化的教育需求，团队坚持以技术技能人才培养为核心，致力于构建职普融通的新机制。这一机制强调普通高校与职业院校之间的高效协同，旨在搭建职业教育与普通教育的立交桥，畅通终身学习和人才成长的通道。在中高阶段，开展了3+2转段培养，这种模式允许学生完成中等职业教育后，直接转入相关的高等职业教育阶段，实现学制的顺利衔接。这一做法不仅提高了职业教育的吸引力，也为学生提供了多元化的升学途径。在中本阶段，注重考查学生的综合素质和专业技能，为中职生提供了升入本科高校的机会。这不仅激发了中职学生的学习动力，也促进了中职教育与本科教育的有效衔接。在高本阶段，采用文化+技能考核的方式进行选拔。这一方式既考查了学生的文化素养，也注重他们的专业技能和实践能力。此外，实施技能大赛获奖推免升学政策，鼓励学生在技能竞赛中展现才华，获得更高阶教育的机会。在本硕阶段，以企业真实项目为载体，培养学生的工程实践能力。这种实践导向的教育模式不仅提升了学生的职业素养和综合能力，也增强了他们的就业竞争力。

(三) 创建资源共生、共用的实践教学生态

创设复合型实践教学标准，改造、优化、升级实践教学环境，实现了同层次内串联设置实践教学项目，全程不断线实施企业实践；各层次间进阶式分层分型精细化培养，创造性构建同一实践场所"多个层次协调共生、共用"的教学生态。通过创新实践平台聚集了技术能手、津门工匠和揭牌挂帅解决企业技术难题的师资团队，以企业真实项目为载体，面向不同学段开设模块化实训项目、创新创业项目、科研项目，形成了同一平台支撑多个学段开展生产、教学、科研活动的新优势。

为了培养具备综合素质和实践能力的复合型人才，团队积极创设了复合型实践教学标准，通过对现有实践教学环境的全面改造、优化和升级，实现了同层次内实践教学项目的串联设置，确保学生在整个学习过程中都能持续参与企业实践，形成了全程不断线的实践教学模式。在实践教学项目的设置上，团队充分考虑各层次学生的特点和需求，采用进阶式分层分型精细化培养策略，不仅让每个层次的学生都能得到有针对性的指导和训练，还能在同一实践场所内实现"多个层次协调共生、共用"的教学生态。这种教学生态的构建，不仅提高了实践教学资源的利用效率，也为学生提供了多元化、高质量的学习体验。为了进一步提升实践教学的效果和质量，团队积极创新实践平台，聚集了一批技术能手、津门工匠和具有丰富企业技术难题解决经验的师资团队。这些专家团队以企业真实项目为载体，面向不同学段的学生开设了模块化实训项目、创新创业项目和科研项目，不仅具有高度的实用性和针对性，还能让学生在实践中深入了解企业运营和技术创新的实际情况，提升他们的实践能力和创新能力。

(四) 打造开放、创新的技术技能人才育人文化

充分挖掘"崇实 求精 致良知"校训内涵，融入中高本硕各学段专业思政改革建设，培养学生的劳动精神、工匠精神和职业精神。开展第二课堂，设计思想成长、实践实习、志愿公益等7个模块提升学生素质。搭建创新创业平台、科技成果转化中心，培养学生创新创业能力和技术应用能力。面向各学段学生，以实践能力锻造为主线，挖掘建校初期德国老旧设备的艺术与文化价值，培养学生对制造业的"感情"。获批天津市物理创新与应用等3个科普基地，发起并成立天津市工程师学会、创造学学会，培养学生的科学思维、科学方法和工程素养。

四、成果推广与应用效果

(一) 为技术技能人才培养提供可借鉴的经验

近5年，到校学习人才培养经验的高校达200所，成果在国内外32所学校推广与应用。承办2017智能制造联盟峰会、世界智能大会分论坛等国际会议。2018年在全国就业工作视频会上作为典型学校进行经验介绍。2019—2021年，连续三年在670余所高校"新建本科院校教师教学发展指数"排名中位列全国第一。央视媒体对学校人才培养工作报道近300次，《中国青年报》报道，学校主动适应国家产业发展对应用型人才的需求，在服务个体多样化成才上成了第一个吃螃蟹的人，形成了独具特色的人才培养模式。

(二) 为区域经济发展提供人才支撑和技术服务

与大众集团等229家企业合作开展双元培养，与航天长征火箭等龙头企业合作实施80期订单班教学。2016级中高衔接培养学生殷时玉获大众集团全球最佳学徒奖；2018级中本衔接培养学生孟颖在海尔洗衣机互联工厂实习，设计自动投料方案，将生产效率提高一倍；2019级联合培养研究生齐庆福，毕业前收到年薪达30万元的企业录用通知。派驻企业科技特派员592人次，服务企业416家，连续4年位列天津市高校之首。获天津市科技进步奖特等奖1项、二等奖8项、三等奖3项，技术发明奖一等奖1项。

(三) 为服务国家战略提供职业教育精准帮扶

服务东西部扶贫协作，对口支援酒泉职业技术学院、衡水职业技术学院建设。服务京津冀协同发展，对口援建承德应用技术职业学院，全面复制中高本衔接培养模式，"'品牌效应标准建设分段培养拓宽就业'职教精准扶贫模式"获2022年天津市教学成果奖一等奖，直接受益学生近万人，辐射承德市的中高职院校。国务院扶贫办副主任洪天云、天津市委书记李鸿忠、河北省委书记王东峰等领导，对援建成果给予高度评价。获全国脱贫攻坚先进个人、河北省脱贫攻坚先进个人、天津市脱贫攻坚先进集体等称号。

(四) 为"一带一路"倡议输出人才衔接培养模式

服务"一带一路"倡议，建立澜湄职业教育培训中心。面向澜湄国家18所学校培训骨干教师62名，社会培训794人，学历教育1916人；开发19本双语教材，建设18个实训室，配备1613台套设备，满足不同学段的教学需求，输出中德模式与经验。2017年后，该成果应用于学校留学生培养，招收并培养来自柬埔寨、印尼、越南等国家的留学生160余名，打通了高职机电一体化、本科机械电子工程和机械专业学位硕士衔接通道，为"一带一路"建设贡献中德智慧。

【成果完成单位】

成果第一完成单位天津中德应用技术大学携手天津科技大学、天津电子信息职业技术学院、天津市机电工业学校联合申报的"'中高本硕'衔接技术技能人才培养模式研究与实践"荣获2022年职业教育国家级教学成果奖二等奖、2022年天津市职业教育教学成果奖特等奖。

校院协同 岗课融合：
卫生职教课程建设模式的"天津实践"

天津医学高等专科学校　等

该成果创建了"校院协同、岗课融合"的课程建设模式，将医疗与教育的协同合作具体化为学校与医院协同的理念创新，转化为岗位与课程融合的实践创新，落实于课程和团队建设的模式创新，形成对卫生职教"三教"改革具有重大影响的"天津实践"。该成果对全面提高卫生职教课程建设水平和人才培养质量产生重大影响和重要成效，对卫生职教医教协同改革具有重要借鉴意义和理论价值。

一、成果简介

(一) 创新校院协同"三融通"、岗课"四融合"建设理念

产教融合、校企合作是职业教育的基本办学模式，职业教育与医疗实践的深度融合是提升卫生职教人才培养适应性和质量的关键。本成果厘清医教协同的匹配关系，深入探究学校教育与医疗机构之间的协同机制，提出校院协同"三融通"、岗课"四融合"的新理念(见图1)。"三融通"即素质培养与卫生职业精神融通、教学资源与卫生行业资源融

图1　校院协同"三融通"、岗课"四融合"新理念

通、专任教师与医护药技骨干融通;"四融合"即课程设置与医护药技岗位融合、课程内容与工作任务融合、课程教学实施与岗位情境融合、课程评价与执业资格考试/职业技能大赛融合,系统建立医教协同的匹配关系规则,实现教育资源与医疗资源的优化配置和高效利用。

(二) 创建校院协同、岗课融合的"一二三五"新路径

为了进一步深化医教协同匹配关系,推动卫生职业教育与医疗实践的更紧密结合,成果创建校院协同、岗课融合的"一二三五"新路径(见图2),即校院组织一体化,学校教务处与医院教学办协同,教研室与医院科室共建,专兼职教师一体;教学实施双情境,建设"校中院",实现"在职业环境中教、在岗位情境中学";建设"院中校",实现"教室进医院、课堂进病房";课程评价三统一,与医护药技岗位工作要求、执业资格考试要求、技能大赛要求相统一;课程建设"五共同",共建课程团队、共建课程标准、共建课程资源、共同实施教学、共同组织考核。学校与医院的联系更加紧密,岗课融合更加深入,学生的实践能力和职业素养显著提升,从而构建了更加符合卫生职业教育发展规律的人才培养模式,为我国医疗卫生事业的发展提供有力的人才保障和智力支持。

图2　校院协同、岗课融合的"一二三五"新路径

(三) 创立课程建设与师资培养同步并举的新举措

通过校院共建标准、搭建平台、建立机制,保障课程建设与师资培养同步推进。建立胜任岗课融合的师资培养标准,共建卫生职教"双师型"教师标准、教学团队建设标准、"双能"教学标准与"双岗"实践标准。搭建"互培共育"师资培训平台,建设高水平的医院实践基地,研制教学与岗位实践系列模块,分层分类、校院双向培育,实现教学能力和实践能力双提升。制定专兼一体师资队伍管理办法,实施课程"双负责人"制、职称互

聘、工作量互认等系列新举措。成果创立课程建设与师资培养同步并举的新举措，不仅致力于更新课程内容、创新教学方法，还同步加强教师的专业成长和能力提升，构建符合社会和行业需求的课程体系，同时培育一支高素质、专业化的师资队伍，实现教育教学的双重突破。

二、成果实践做法

(一) 通过建立校院协同"共建、共管、共育"的组织体系和实施路径，解决课程建设与卫生健康岗位要求对接不够紧密的问题

组建医教联合体，推进校院协同、岗课深度对接。遴选天津市第三中心医院等9家综合医院、天津市胸科医院等6家专科医院、20余家基层医疗机构，形成紧密联系的校院联合体，课程共建共教、资源共研共享、场所互建共管、师资互聘共培，进一步推进了校院协同、岗课对接，实现教育资源与医疗资源的优化配置与共享，形成优势互补、共同发展的良好局面。

校院协同共建课程，共同评价教学。依托医院专业科室，建立课程教研室，组建专兼一体教学团队。基于卫生健康真实岗位需求，共建专业核心课、专科专项模块课、综合实训课、岗位实践课，提高课程的针对性、实践性、适应性。校企双方共同制定课程标准、评价标准，建立职业基础、专业综合、岗位实践、综合能力"四阶段考核"制度，即一阶段考核安排在第一学年末即教学见习前，是对专业基本能力的考核，由专兼职教师协同完成；二阶段考核安排在实习前和实习中，突出专科护理能力考核，由教学基地的兼职教师进行考核；三阶段考核贯穿实习期间，各教学医院在同一时间进行网上考核；四阶段考核安排在毕业前，是综合能力考核，包括病例汇报、分析、护理诊断、现场急救专科操作或专科模拟操作、理论考核，由健康中国研究中心随机指派临床护理专家进行统一考核。

建设"校中院""院中校"共同实施教学。系统设计校内实训基地，制定校内实训中心建设方案，引入行业技术标准、服务标准，建设与岗位工作环境一致的急诊科、康复科、口腔科等仿真职业环境教学区、生产性实训中心，立项国家级示范性虚拟仿真实训基地，在校内建成"校中院"，医院的医师与学校的教师共同实施案例式、项目式教学，实现在职业环境中教、在岗位情境中学。在医院建设"院中校"，划定专门教学区，建立教学管理办公室、专业教研室、教学病房、示教室、实训室，配备2~3名专职管理人员，组建专兼一体的管理团队和教学团队，通过教学见习、临床讲课、床旁教学、教学查房等方式，工学交替，在真实岗位上教，在真实岗位上学，实现"教室进医院、课堂进病房"。校院企联合共建共享基地、共组教学团队、共建教学资源，共同实施学业考核评价，充分发挥了校院育人合力。

(二) 通过建立"岗课融合 标准引领 共建共享"的课程资源建设机制，解决医教协同的优质课程资源不足、共享不充分的问题

强化标准引领，明确岗课融合资源建设"四要"原则。牵头组建卫生职教高质量发展联盟，围绕卫生健康真实岗位要求，建成在线精品课、课程思政示范课、新形态教材、数字化资源等系列建设标准，引领高水平建设。明确岗课融合资源建设"四要"原则，一要专兼职教师共同建设，通过结合专业教师的理论知识与医院、企业兼职教师的实践经验，构建更加贴合实际需求的课程资源，提高教育教学的针对性和实效性；二要与职业岗位实际工作高度一致，保证了学生在学习过程中能够深入了解职业岗位的具体工作内容和要求，为未来的职业发展奠定坚实基础；三要充分体现职业岗位素质要求，使学生不断提升职业素养和能力，更好地适应职业发展的需求；四要与职(执)业资格考试对接，更好地为未来的职(执)业资格考试做好准备，提升就业竞争力。

系统推进，共建共享。聚力院校企多方资源，实施岗课融合"百千万"建设工程，建设百门专业核心课、百门岗位化优质特色课、百门课程思政示范课，一千个临床工作案例，两万余个卫生健康优质资源，构建科学、完善、富有特色的课程体系，注重课程的系统性和连贯性。建立开放、共享的资源建设机制，组建由百余所院校参与的卫生职教课程建设高质量发展联盟，建立课程共建、资源共享、课程互认、学分互认的机制，探索建立"卫生职教学分银行"，实现优质资源共享，惠及500余所院校。

(三) 通过建立"校院共建 专兼一体"的课程教学团队建设机制，解决医教协同共建教学团队机制不够健全的问题

建立"互通共用、互培共管"的双师队伍建设机制。在医院、企业中建设"院中校""企中校"，校院共同出台《院中校管理办法》，明确各方职责，形成校院协同工作机制；建立健全"专业双带头人"制、工作量互认、资格互认、兼职教师遴选等制度，系统推进学校专任和行业一线专家组成的"专业双带头人"制，发挥行业带头人的行业影响力和资源整合力，实行临床、岗位工作量等同教学工作量、岗位专业职称与教学职称互认互聘等激励制度，形成医院专业技术人员到校任课、学校专任教师到企业任职的互通共用机制，使教师与医护药技骨干、大师工匠、技术能手高度统一，形成一支稳定的由校内外"双带头人"引领，具有"双师"结构、素质优良的专业教学团队。

实施"双岗共育、双能提升"的师资培养方案。天津市卫健委在医院等级评审、附属及教学医院遴选、人员晋升等方面出台激励政策，校院联合出台《兼职教师管理办法》等制度，院企将教学工作纳入整体工作中，计入兼职教师工作量，与职称评定、聘任、绩效考核挂钩，提高了兼职教师主动参与专业建设、课程建设的积极性；建立"双师型"教师认定标准等系列制度、专业技术职务聘期考核管理办法，形成激励机制，制订培养培训计划，精准提供教育教学、岗位实训、企业实践等机会。制定教学能力标准和培训标准，建

立从新入职教师到骨干教师，再到课程和专业负责人的分层分类培养模式，实现教师和医师"双岗"共育、教学能力和实践能力"双能"提升。

三、成果创新点

(一) 将医教协同具化到校院协同的理念创新

该成果提出校院协同"三融通"，岗课"四融合"的课程建设新理念，创新性地提出将素质培养与职业精神、教学资源与行业资源、专任教师与医护药技骨干、课程设置与职业岗位、课程内容与工作任务、教学实施与岗位情境、课程评价与职业标准作为推进医教协同的匹配触点和具体落点，系统建立校院协同、岗课融合的匹配关系规则，具化了医教协同理念。学校、医院、专兼职教师对校院协同共建课程的路径、方法达成高度共识，将卫生职业精神、医教协同要求有效落实到卫生职教校院协同、共同育人的工作实际，实现了"校院协同，岗课融合"共建课程的理念创新，对深化卫生职教医教协同实践具有重大指导意义和理论价值。

医教协同，作为重要的教育理念，强调医疗机构与医学教育机构之间的深度合作与协同，以提升医学教育和医疗服务的质量与效果。而校院协同，作为医教协同理念的具体化，进一步将这种协同关系延伸到学校与医院层面，通过创新性的理念和实践，推动医学教育和医疗服务的深度融合与发展。将医教协同具化到校院协同的理念创新中，成果团队总结经验，从建立紧密的合作关系、强化实践教学环节、推动教师队伍建设、注重科研与教学的结合，以及加强评价与反馈机制建设等方面着手，开展理论研究，在《中国职业技术教育》《中国教育报》等期刊、报纸发表相关论文42篇，推动卫生职业教育和行业的深度融合与发展，为培养高素质技术技能型人才奠定坚实基础。

(二) 将医教协同转化到岗课融合的实践创新

该成果创建了校院协同"共研、共建、共管、共育"系列举措。在教学组织体系双元配置、课程体系双元建设、教学场景双元转换、资源成果开放共享等深层次改革方面取得系统化、系列化的实践成果，达成医教精准匹配、深度融合的建设目标。形成以课程为抓手，协同共建专业核心课程、专科专项模块课程、综合实训课程、岗位实践课程的建设机制，有效提高了课程的针对性、实践性、适应性。以"三教"改革为突破点，实施校院系统推进教师教学能力和实践能力双提升，新形态教材建设岗位化、任务化，教学组织双情境建设等举措，摆脱了以学校、专业宽泛对接行业医院的困境。

岗课融合的实践创新，强调了医学教育与临床实践之间的紧密联系。通过将医学教育的课堂延伸到实际工作岗位，学生能够在实践中学习、在学习中实践，实现理论与实践的有机结合。这种融合不仅有助于学生更好地理解和掌握医学知识，而且能够培养他们在实际工作中的应变能力和解决问题的能力。在医教协同的推动下,岗课融合的实践创新得以实现。学校与医院紧密合作,共同制订教学计划、设计实践教学环节,医院的专业人员也参与到教学中来,为学生提供实践指导和经验分享,使教学更加贴近实际,更具针对性和实效性。将医教协同转化到岗课融合的实践创新,将实际工作岗位的需求与医学教育课程建设紧密融合,推动医学教育与实际工作岗位的深度融通,提高了校院协同的深度和精准度,对医教协同的教学改革具有引领作用与推广价值,学校在团队建设、课程建设、教师教学能力比赛等方面取得的成绩稳居全国同类院校第一。

(三) 将医教协同落实到课程建设的模式创新

该成果创新性地提出"校院协同,岗课融合"新理念,组建紧密依托型医教联合体,建立行业主导、校院协同共建课程的保障机制,创立校院共建课程"一二三五"实施路径,构建"四层主模块""三级微模块"的课程体系,实施"双岗共育、双能提升"的课程建设与师资培养同步并举举措,医教共研、课程共建、资源共管、人才共育,整体实现了将医教协同具化到"校院协同,岗课融合"的理念、路径、举措、机制创新,形成了具有鲜明卫生职教特色的课程建设模式。

将医教协同落实到课程建设的模式创新,不仅是对传统医学教育模式的一次深刻变革,更是对医学人才培养理念的一次全面革新。通过学校与医院共同设计和建设课程,将最新的临床实践和研究成果融入教学内容中,使学生在学习理论知识的同时,也能获得丰富的实践经验。通过师资力量的优化和共享,学校与医院共同培养具备丰富教学经验和临床实践能力的师资队伍,为学生提供更加优质的教育资源。通过不断探索和实践,逐步完善和优化医教协同的课程体系与教学模式。该模式的实施,有效提高了学校支撑天津卫生健康事业高质量发展的能力,服务京津冀、辐射全国,对全面提高卫生职教课程建设水平和人才培养质量产生重大影响和重要成效,形成引领全国卫生职教课程建设的"天津实践"。

(四) 将医教协同落实到团队建设的模式创新

该成果建立"互通共用、互培共管"的双师队伍建设机制,实施专兼职教师一体化管理,校院共同建立双带头人制、工作量互认、兼职教师遴选等管理制度,实行一体化管理。制定卫生职教双师型教师培养标准,在医院建立师资培训基地,出台双向激励政策,加大对课程建设、教学比赛等成果的奖励力度,调动专兼职教师参与课程改革的积极性和主动性。实施"双岗共育、双能提升"的师资培养方案,制定教学能力标准和培训标准,开展分层培养培训,常态化开展全员说课,形成课程建设新生态。

医疗技术的日新月异与教育培训的紧密结合,是提升团队整体素质和能力的关键。因此,成果将医教协同的理念深入落实到团队建设的每一个环节,通过定期的学术研讨、技能培训等,不断提升教师团队的专业素养和实践能力。77人次专兼职教师在教学能力比赛中获奖,其中国家级9项、省部级22项,连续四期承担国家级骨干师资培训项目,获评国家职业教育"双师型"教师培训基地。

四、成果推广与应用效果

(一) 构建多元育人格局

学校作为牵头校,获批首个国家级生物医药市域产教联合体,建立政、企、校实体化运行机制,共建共享"一体化协同"的人才供需信息平台,完善专业的动态调整机制,打造专业布局与产业结构紧密对接的"金专",校院企协同共育,完善人才培养支撑体系。构建"合作治理、合作育人、合作就业、合作发展"的共育人才新格局,以国家示范性卫生职教集团的实体化建设为抓手,搭建开放性卫生职业教育平台,天津市卫生健康委出台医院等级评审政策,将医疗卫生机构的教育功能和职业教育参与度、支持度作为重要指标,建成由学校、行业、医院、企业、社会资源聚合的"协同育人共同体",完善治理结构和运行机制建设,打造政、产、学、研、用紧密衔接的人才培养链条,形成项目化管理、实体化运行的开放型建设与运营模式,与世界500强企业、高水平领军企业、三级甲等医院等共建5个产业学院、4个"院中校",完善"医教协同,校院企联动,多元育人"的培养机制,形成多方参与、多方育人的新局面。

(二) 有效提升人才培养质量

成果实施显著提高了人才培养质量,学生就业率、专业对口率、执业资格通过率始终在同类院校中保持领先,其中,2019—2023届毕业生在天津的就业比例超过50%,在京津冀地区的就业比例超过70%,在高水平医疗机构的就业占比52.12%,在社区卫生服务中心、养老机构等基层的就业占比70.19%,连续四年用人单位满意度100%,获评国家技能人才培育突出贡献单位。学生荣获全国职业院校技能大赛国家级奖项11项、创新创业大赛获省部级及以上奖项127项,获评73个市级先进个人和优秀团队,涌现出冰河救人的学生刘利,列车救人的学生李红俊、王晓悦;在新冠肺炎战"疫"中,近千名毕业生驰援武汉,近万名毕业生奋战在抗疫一线,中央电视台、新华网等对以郭珺为代表的抗疫团队进行专题报道,赞誉其为新时代"提灯女神"。

(三) 引领卫生职业教育高质量发展

成果推动课程建设水平大幅提升,获评全国职业院校教学管理50强,成为全国唯一一所卫生类"双高"校,在全国卫生职业院校中始终保持领军地位。牵头成立卫生职业院校思政教育联盟、课程建设高质量发展联盟、职业院校卫生健康协作体,合作院校115所,包括中西部院校35所;与20余所院校签订友好协议,面向同类院校开展课程建设能力提升、信息化教学能力提升等优质师资培训项目20个；获评国家级职业教育"双师型"教师培训基地，组织专业教学标准、教师教学能力提升等全国性培训30余次，惠及500余所院校、121所院校、948人次到校访学、交流。成立职业院校卫生健康协作体、中医药鲁班工坊合作共同体、健康美容产教融合共同体等8个同类院校合作性组织，创新"一带多"同类院校协同发展新模式，带动我国卫生健康职业教育快速、高质量发展，新华网、人民网等主流媒体报道50余篇，《中国教育报》专题报道成果建设成效。

(四) 推动全国同类院校广泛应用

获评国家级课程11门、市级课程17门，在国家职业教育智慧教育平台上线65门，31个省区市、526所院校的20万余名学生注册选学，形成强大服务力和影响力。牵头建成护理、药物制剂技术2个国家级专业教学资源库，83万余人直接受益，入选国家在线精品课程数量在全国职业院校中排名第三，课程与资源建设及应用推广成效在B档20所"双高"院校中处于前列，在全国同类院校中名列第一。成果被北京卫生职业学院、沧州医学高等专科学校等京津冀院校，青海卫生职业技术学院、和田职业技术学院等对口支援院校，以及"双高"建设单位安徽医学高等专科学校、重庆三峡医药高等专科学校等全国86所院校直接深度应用，260余所院校学习、借鉴。成果服务健康扶贫和乡村振兴，甘肃全省、西藏昌都等地10 000余所村卫生室受益。应用成果的公众心肺复苏资源，连续两年支撑天津市民心工程项目，惠及70 000余人。

(五) 带动全国同类院校师资建设

获评全国高校黄大年式教师团队1个、国家级职业教育教师教学创新团队2个、"国家高层次人才特殊支持计划"教学名师1人、课程思政教学名师和团队1个、黄炎培职业教育杰出教师奖1人，1人被列入新时代职业学校教师培养计划，在全国同类院校中排名第一。全国职业院校教师教学能力比赛获奖9项，其中一等奖4项，一等奖获奖数量在B档20所"双高"院校中排名第二，在全国1500多所高等职业院校中排名第四。作为国家中西部职教师资培训中心卫生职教分中心，举办全国性骨干师资培训31次，成果团队在全国性会议上分享经验40余次。通过共建课程、共编教材有效带动教师教学能力提高，惠及2万余名教师。成果第一完成人接受《光明日报》主办的《教育家》专访。

(六) 完成马里鲁班工坊国家任务

落实习近平主席"在非洲设立10个鲁班工坊，向非洲青年提供职业技能培训"指示，在非洲马里建成全球首个中医药领域鲁班工坊，牵头成立"中医药鲁班工坊合作共同体"，输出中医技术专业标准、课程标准及教学资源500余项，开发双语教材7部，培训当地师生及中资企业员工超600人次，贡献中医技术"中国方案"；开发国际化专业教学标准6个，获得境外认证5个，培训英国、突尼斯、马来西亚等国家的大学师生100余人，总计超4000课时,有力支撑中国政府对非洲的医疗援助,助力中医技术"走出去"。

【成果完成单位】

成果第一完成单位天津医学高等专科学校携手天津市第三中心医院、天津市胸科医院联合申报的"校院协同 岗课融合:卫生职教课程建设模式的'天津实践'"荣获2022年职业教育国家级教学成果奖二等奖、2022年天津市职业教育教学成果奖特等奖。

柔性订制 标准引领 船校交替：
高素质海员培养校企合作创新实践

天津海运职业学院 等

该成果以"六精"理念为指导思想，创新校企柔性订制机制，研制高素质海员标准，再造"船校交替"四段进阶教学模式，探索出了一条高职院校校企联合培养高素质海员的新路径，为全国航海类职业院校提供了极具特色的范例实践。该成果实践应用成效显著，具有很强的可操作性、可复制性和可推广性，对高素质海员培养乃至高素质技术技能人才培养都有很好的参考价值和推广意义。

一、成果简介

习近平总书记强调，"建设海洋强国是实现中华民族伟大复兴的重大战略任务"，随着"一带一路"倡议、"海洋强国"战略推进，对新时代高素质海员提出了更高要求。针对船校融合不深、船岗对接不够、船事历练不足等问题，成果团队依托教改课题"高素质海员培养校企合作创新实践"，以"六精"理念为指导思想，联合中远海运船员管理有限公司等研制校企合作培养高素质海员系统解决方案。从2017年到2022年，该解决方案经过航海技术专业群(航海技术专业、轮机工程专业、船舶电子电气专业)的实践检验，成效显著。

"六精"是校企共同探索形成的人才培养理念，即"精准招生、精心设计、精致培养、精湛技艺、精忠就业、精彩人生"。

柔性订制即创行校企柔性订单培养育人机制及配套的培养过程透明机制和"试—行—爱"三步职业认同机制。柔性订制以定向招生、订制培养、深度合作、协商就业为主要特点，激励船企做实订单培养，增强订制培养对学生的吸引力，实现精准招生。培养过程透明，即融合线上线下渠道，实现订制培养全程对家校企生的透明化。实施学生渐进式职业认同机制，即在尝试中选择，在体验中了解，在浸润中热爱。

标准引领即校企合作研制新时代高素质海员标准、国际化专业标准和专业课程标准，引领高素质海员培养实践；研制由职业素养、职业知识、职业能力三模块组成的新时代高素质海员标准；对接《海员培训、发证和值班标准国际公约》(STCW公约)和国内行业规则等，校企联合研制国内首创的3个航海类专业国际化标准，59门课程标准通过国家海事局认证，形成了新时代高素质海员培养标准体系，实现精心设计。

船校交替即以船校交替为主线，再造教学流程，培育教学团队，强化教学保障。创新实践"1+0.5+1+0.5"教学过程，构建"船校交替"四段进阶螺旋式教学模式，实现精致培养。在岸船长轮机长进课堂，学校教师进船企岗位实践，学生到全球航线的生产性船舶上跟岗学习，鉴于船期的不确定性和工作环境的特殊性，从目标、船舶、时间、师资、安全、信息、资源、资金8个方面保障实习顺利开展，使学生练就精湛技艺。

育人成效显著，影响广泛。首届订单班适任证书考试通过率达到85%，船企认可度100%，上岗率95%，实现精忠就业，成就精彩人生。2021年，航海技术专业群在全国航海类高职院校中率先实现全订单培养。首创的标准体系、校企合作模式等被10余所兄弟院校借鉴、采用，《中国教育报》、新华网等多家媒体进行了深度报道。

二、成果实践做法

航海事业作为国家发展的重要支柱，对人才的需求日益迫切。面对"船校"融合不深、订制培养吸引力不足、"船岗"对接不够、学校课程标准与船企岗位标准脱节、"船事"历练不足、学校教学过程与船企实习实践"断层"等突出问题，团队在对船企、行业协会等进行深度调研的基础上，形成"六精"新时代海员培养理念。

(一) 创新机制，激发家校企生四方主动性

创建柔性订制机制(见图1)。关系契约理论认为，交易各方可以不追求对契约的所有细节达成一致，而仅订立一个具有灵活性和适应性的契约。借鉴此思想实施柔性订制，即订单培养不意味着必须定向就业，由此化解家长和学生定向就业顾虑，释放参与订单培养的热情，同时使企业明确深度参与比浅表参与可获取更多优质人力资源，激励企业做实协同育人。

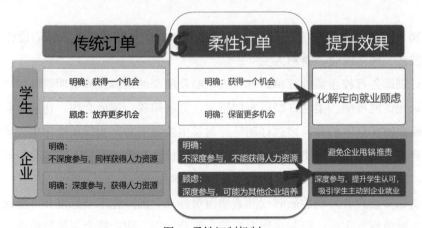

图1 柔性订制机制

实施培养过程透明机制。一是学校、企业、家长和学生共同就订单培养协议的内容进行广泛、深入地沟通与交流，做到协议内容、条款和签订过程透明化；二是搭建学校、企业、家长和学生共同参与的线上沟通与交流平台，实现学生在校学习、在船学习和生活过程透明化。订单培养全程置于家校企生视野之中，全过程可谈、可议、可视、可评、可调，最大限度凸显柔性订单协议的人性化特征。

构建"试—行—爱"三步职业认同机制。在尝试中选择：柔性订制打消学生顾虑，帮助其尝试走进航海职业大门。在体验中了解：高质量的上船实践，使学生在真实职场情境中理解并认同航海职业。在浸润中热爱：把强国精神、航海精神、船员职业道德、安全责任等元素纳入专业课程的教学中，广泛开展海洋蓝色文化节、航海工匠节和企业文化进校园等活动，逐步培养学生的航海职业思想。

(二) 四维对接，以标准引领高素质海员培养

研制新时代高素质海员标准。为了培养符合新时代需求的高素质海员，学校与麦可思公司合作，开展航海毕业生的知识、能力、素质等专项调查。通过深入调研，形成了11份调研报告，为研制新时代高素质海员标准提供了有力的数据支持。

经过与合作船企、天津海事局的紧密合作，成功研制了新时代高素质海员标准。该标准由职业素养、职业知识、职业能力3个模块和身体素质、家国情怀等16个指标组成，并指出应在家国情怀、爱岗敬业、团队协作、应用领域知识、专业技术标准、关键操作能力、特种船舶操纵能力、新技术应用能力8个方面的培养上着重改进。

开发国际化专业标准。对接《海员培训、发证和值班标准国际公约》和《海船船员培训大纲》，及时将新技术、新规范引入教学内容；对接船员职业资格证书，将支持级、操作级船员职业资格证书与课程融合；对接中国海员技能大比武、全国职业院校技能大赛船舶主机和轴系安装赛项、全国航海类职业院校航线设计职业技能大赛等，比赛项目以模块的形式嵌入课程；对接企业需求，根据企业主营船型的岗位精细需求，不同企业订单班开设相关模块化课程。在四维度对接融合的基础上，全国首创航海技术、轮机工程技术、船舶电子电气技术3个国际化专业标准。

推进行业课程认证。以递进式人才培养为核心，按照"人文素质""共享课程""核心课程""拓展课程"和"就业方向"五大模块，重构航海专业群模块化课程体系。参照国际海事组织(IMO)示范课程，从课程设计思路、课程基本理念、教学目的、教学目标、入学标准、培训规模、前置及后续课程、适用对象、教员资质、实训设备、教材使用、课程培训大纲、课时分配表、教案和实训指导书等17方面进行课程认证。专业群的5门船员合格证课程和54门专业课程通过交通运输部海事局认证，满足了STCW公约的要求，提升了学生的国际竞争力。

(三) 知行合一，构建"船校交替"教学模式

再造教学流程。"船校交替"教学模式的实施、不仅拓宽了实践育人的教学场域和时间跨度，还帮助学生在学习场景交替转换的过程中，逐步提升自己的综合职业素质(见图2)。

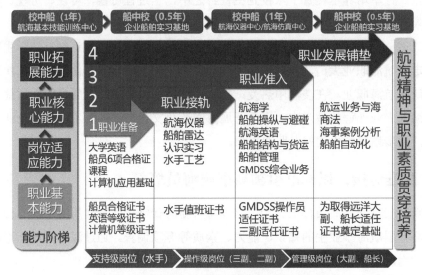

图2 "船校交替"四段进阶螺旋式教学模式

第一阶段：在校理论学习。学生接受基础理论学习，包括安全、急救、消防等方面的内容，为后续实践打基础。

第二阶段：在船跟岗学习。学生进入船舶环境，跟随船员进行岗位见习，结合理论与实践，深化对航海工作的理解。

第三阶段：回校理论进阶。学生完成在船学习后，返回学校进行更深入的理论学习，提升理论水平和专业素养。

第四阶段：返船顶岗实习。学生获得适任证书后，再次回到船舶进行顶岗实习，独立操作，全面提升实际操作能力。

经过"船校交替"教学模式培养的海员，具备更强的实际操作能力和更高的综合职业素质，能够更快地适应工作环境，受到许多航运企业和船舶管理公司的欢迎。

培育教学团队。深化产教融合，打造"双师双能"教学团队，共筑航海教育新篇章。船企的船长、轮机长等资深航海人才可以走进课堂，将他们的航海经验和真实项目引入教学，使学生能够更好地了解航海行业的实际情况。同时，学校的专业教师也可以到企业顶岗实践，深入了解航海工作的具体操作流程，从而增强他们的实践能力，实现双方的"身份互认、角色互通"，所教即企业所需、所学即工作所用。

强化教学保障。目标方面，上船以学习为主；船舶方面，每条船只安排两名学生；时间方面，暑假期间灵活安排；师资方面，由船长、轮机长担任指导；安全方面，购买保险并制订应急计划；信息方面，搭建线上沟通平台；资源方面，开发虚拟资源、在线课程和云教材，将课堂搬到船上；资金方面，报销交通费并支付实习补贴。

三、成果创新点

(一) 理念创新：践行"六精"高素质海员培养理念

牢记习近平总书记"建设海洋强国是实现中华民族伟大复兴的重大战略任务"的重要指示和嘱托，为了培养更多优秀的航海人才，借鉴了国内外先进的航海人才培养理念，并结合校企合作的实践经验，凝练出了"六精"理念，即精准招生、精心设计、精致培养、精湛技艺、精忠就业、精彩人生。这一理念贯穿航海人才培养的全过程，旨在确保每一位航海学子都能获得精准、精细、精湛的教育与培训，为他们未来的职业生涯奠定坚实的基础。

精准招生是实现航海人才培养的第一步。团队通过深入调研市场需求和行业发展趋势，明确航海人才的需求标准和特点，从而制订科学、合理的招生计划。在招生过程中，团队注重选拔具备航海潜能和对航海有兴趣的学生，确保他们能够在未来的航海事业中发挥所长。

精心设计是航海人才培养的核心环节。依据航海教育的特点和规律，结合国内外先进的航海教育理念，制订符合实际需求的课程体系和教学计划。在教学过程中，注重理论与实践相结合，通过模拟航行、实地实习等方式，让学生亲身体验航海的魅力，培养他们的实际操作能力和解决问题的能力。

精致培养是指重视学生的个性发展和全面素质的提升，为他们提供多样化的学习资源和成长平台。通过开设"航海文化""航海心理"等选修课程，拓宽学生的知识面，增强他们的综合素质。同时，鼓励学生参加各类航海竞赛和实践活动，提升他们的团队协作能力和创新精神。

精湛技艺是航海人才培养的关键目标。学校注重培养学生的航海技能和职业素养，通过严格的教学管理和实践操作训练，让学生熟练掌握航海仪器设备的操作和维护技能。同时，加强学生的安全意识和环保意识教育，确保他们在未来的航海事业中能够遵守规章制度，保障航行安全。

精忠就业是航海梦想与事业追求的完美融合。精忠就业不仅是一种工作态度，还是一种对航海事业的热爱与执着追求。它要求航海者们热爱航海、掌握精湛技艺，并通过"试—行—爱"三步职业认同机制，将航海事业内化为自己的追求和使命。

精彩人生是对航海人才培养的期望。通过航海教育，学生不仅能够掌握专业技能和知识，还能够在未来的职业生涯中实现自我价值和社会价值的统一。鼓励学生在航海事业中不断追求卓越和创新，为国家的航海事业做出更大的贡献。

"六精"高素质海员培养理念基于全过程育人理念，将培育新时代海员的理念渗透到校企合作育人的每一个环节，其操作性强、过程性细，同时，该理念将家国情怀、爱岗敬业、团队协作等新时代育人元素融入教育过程中，在一定程度上回答了培养什么样的人、如何培养人、为谁培养人等问题。

(二) 标准创新：研创"系列标准"引领国内高素质海员培养

立足国家"海洋强国"战略，锚定"高素质海员"的人才培养定位，在船企、行业协会、天津海事局等企事业单位开展广泛调研，联合制定《新时代高素质海员培养标准》，该标准集合了职业素养、职业知识和职业能力等内容。

职业素养模块强调海员应具备高度的敬业精神、责任意识和职业道德，要求海员在工作中始终保持严谨、细致、认真的态度，严格遵守安全规定和操作规程，确保航行安全。

职业知识模块要求海员具备扎实的航海理论基础和专业知识，包括船舶结构、航海仪器、气象水文、海事法规等方面的知识。通过系统的学习和实践，海员能够熟练掌握航海技能，提高应对各种复杂情况的能力。

职业能力模块注重培养海员的实际操作能力、团队协作能力和创新能力。通过模拟演练、实际操作等方式，海员能够不断提升自己的技能水平，提高应对突发情况的能力。同时，团队协作能力的培养也是必不可少的，海员需要学会与船员、岸基人员等各岗位人员密切合作，共同确保航行安全。

此外，新时代高素质海员标准还强调了身体素质、心理素质和家国情怀等指标的重要性。海员需要具备良好的身体素质和心理素质，以适应长时间的海上生活和工作环境。同时，家国情怀的培养也是至关重要的，海员需要时刻牢记自己的使命和责任，为国家的海洋事业做出贡献。该标准成为行业认可的职业院校培养新时代高素质海员的标准。

对接《海员培训、发证和值班标准国际公约》和《海船船员培训大纲》，及时将新技术、新规范引入教学内容，研制了航海技术、轮机工程技术、船舶电子电气技术3个国际化专业标准，开发了59门专业课程标准并通过了国家海事局确认，形成行业认可的课程标准体系，并作为天津市鲁班工坊建设优秀成果输出国门。

(三) 机制创新：创行"柔性订制"校企协同育人机制

基于关系契约理论，学校、企业、学生共同签订"柔性订单培养协议"，做实校企协同育人机制。柔性订单培养更具弹性，激活了各利益相关方，特别是船企自我履约的积极性、主动性和创造性，将传统订单培养中就业去向的"硬约束"转变成人才培养过程中培育资源的"硬保障"。

订单培养全过程"透明化"，全程置于家校企生视野之中，全过程可谈、可议、可视、可评、可调，激发了学校和企业作为人才培养主体的责任意识，形成了校企精致培养，家长放心托付，学生热衷学习的共赢局面。

"试—行—爱"三步职业认同机制，通过尝试，打破学生的从业思想壁垒；通过体验，帮助学生认同将来从事的行业和就业的企业；通过浸润，将职业上升为事业，形成生涯认同。这一机制贯彻了以学生为中心的思想，充分尊重学生的兴趣和志向，为职业院校学生的职业认同培养提供了可借鉴的路径。

(四) 模式创新：构建"船校交替"教学模式

创行"在校理论学习+在船跟岗学习+回校理论进阶+返船顶岗实习"流程，构建"船校交替"四段进阶螺旋式教学模式，一阶段获海员通用合格证书，二阶段支持级岗位见习后返校考机工、水手支持级适任证书，三阶段获操作级考试合格证书，四阶段在船准就业实践，获三管轮、三副操作级适任证书。"船校交替"教学模式拓宽了实践育人的教学场域和时间跨度，学生综合职业素质在学习场景的交替转换中逐步提高。

优秀的企业在职船员和专业教师"互补短板，协同前进"，校企人才双向流动。学院根据船企的需求设置课程，确保所教的内容正是企业所需的。同时，学生所学的知识和技能可直接应用到实际工作中，确保航海教育的实用性和有效性。

四、成果推广与应用效果

(一) 人才培育质量显著提升

1. 人才培养成效显著

天津海运职业学院在人才培养方面取得了显著的成效，累计培养近3万名学生。学院在船员适任证书考试中通过率表现出色，位居全国高职院校第三，尤其是首届订单班三副适任考试初考通过率高达85%(远高于全国平均通过率30%)，赢得了船企的高度认可；订单班上岗率更是高达95%，航海类专业的毕业生超过80%成功就职于中远海运、招商局集团等大型国际航运企业。

2. 杰出人才层出不穷

学院在培养优秀人才方面取得了丰硕的成果，涌现出了一批行业精英，其中包括优秀船长王靖、航业杰出大副张二涛、上海交通大学博士研究生轮机长路秀伟等，他们都在各自的领域取得了卓越的成就。此外，学院还培养出了我国首批远洋船舶女三副张碧涵等杰出女性航海人才，为航海事业注入了新的活力。

3. 学生竞赛屡获佳绩

学院学生在各类国家级竞赛中屡获佳绩，充分展示了学院的教学水平和学生的专业素养。在中国海员技能比武大赛、全国职业院校技能大赛船舶主机和轴系安装项目，以及全国航海类航线设计技能大赛等比赛中，学院学生屡创佳绩，获奖人数超过30人次，为学院争得荣誉。

(二) 专业建设取得突出成效

1. 招生规模与专业地位

天津海运职业学院航海技术专业群的年招生规模高达1112人，稳居全国同类院校第二。航海技术专业与轮机工程专业更是凭借卓越的教学质量和实践成果，被教育部认定为骨干专业。

麦可思第三方机构对航海类毕业生的满意度和用人单位认可度进行了深入调查，结果显示学院位居全国70余所同类院校的前列。

2. 教学设施与培训实力

学院在教学设施建设方面投入巨大，拥有国内领先的训练基地30余个，涵盖了教学、培训、科技服务等功能。基地配备了航海模拟器、轮机模拟器、水上训练中心等先进设施，为学生提供了真实的航海实践环境。

此外，学院还承接了船长等适任考试考前培训、船员专业和特殊培训等项目共计25个，以及天津市人力资源和社会保障局技能鉴定项目5个，显示出深厚的培训实力和社会责任感。学院为华北海运业培训在职人员2万余人次，不仅创造了良好的社会与经济效益，还得到了企业的高度认可和赞誉。

3. 教学改革与科研创新

学院注重教学改革和科研创新，校企教学团队共同开发了高素质海员标准、国际化专业标准、课程标准等多项成果。同时，学院主持了省部级科研项目64项，发表了论文35篇，编写并出版了教材24部，获得了省部级及以上各类教学大赛奖项38项。

在涉海专业方面，学院积极对接STCW国际公约，开发了人才培养方案和核心课程标准，并通过了国家海事局的验收。此外，学院还重构了专业课程体系，制定了教学方案、岗位技术标准、实践师傅标准，编制了《实习手册》，不仅提升了教学质量和人才培养水平，还为航海教育行业的发展贡献了宝贵的经验。航海技术专业群更是凭借其卓越的表现入选了天津市重点建设专业群，进一步彰显了学院在航海教育领域的领先地位和影响力。

(三) 充分发挥示范与辐射作用，助力行业发展

1. 龙头企业深度参与订制培养

三年来，学院携手香港太平洋船务公司等26家业内领军企业，共同实施订制培养计划，成功输送了1237名持有学业证书、适用执照证书且英语水平达标的优秀毕业生，有效缓解了航运企业一线海员紧缺的困境。其中，2020届、2021届毕业生中，高达95%的学子成功进入香港太平洋航运、中远海运(天津)、招商局南京油运等国际航运巨头，其薪酬水平更是达到同期高职毕业生平均标准的两倍。

学院进一步拓宽合作领域，吸引了中远海运(天津)、华洋海事中心等11家行业龙头企业加盟学院订制培养计划，并于2021年成功引领全国航海职业院校航海类专业全面采用订制培养模式，为行业培养更多高素质专业人才。

2. 东西部航海院校合作与交流

学院积极搭建平台，促进江苏航运职业技术学院、延安职业技术学院等10所东西部航海院校间的交流与合作。通过互访交流、经验分享等方式，成果得到了11所航海院校的广

泛借鉴和应用，其中包括3所国家"双高"校及1所西部对口支援院校，共同推动航海教育事业的蓬勃发展。

3. 全国范围内的推广效应

学院代表在中国交通教育研究会等国内知名论坛发表主题演讲10余次，充分展示了学院在航海教育领域的创新实践与显著成效。演讲引起了与会专家的广泛关注与热烈反响，进一步提升了学院在全国航海教育界的知名度和影响力，为学院未来的发展奠定了坚实的基础。

(四) 社会各界广泛赞誉，彰显学院品牌实力

学院一直致力于培养高素质的海员人才，通过与企业开展深度合作，积极创新实践教学模式，取得了显著的教育成果。学院荣登郑和风云榜2021年度最受欢迎培训机构榜单。麦可思机构调研数据显示，学院航海类专业毕业生的满意度、用人单位的认可度以及专业适任证考试的通过率均位列全国70所同类院校的前列。《中国教育报》以"天津海运职业学院高素质海员培养校企合作创新实践"为题，对学院的优秀事迹进行了整版报道。此外，新华网、《天津日报》、《天津教育报》等多家主流媒体也对学院的成功经验进行了深度报道和广泛传播，进一步提升了学院的知名度和影响力。

【成果完成单位】

成果第一完成单位天津海运职业学院携手中远海运船员管理有限公司天津分公司、大连国合海事技术服务有限公司联合申报的"柔性订制 标准引领 船校交替：高素质海员培养校企合作创新实践"荣获2022年职业教育国家级教学成果奖二等奖、2022年天津市职业教育教学成果奖特等奖。

推进数字化转型，
重塑职业院校教育生态的创新与实践

天津电子信息职业技术学院　等

该成果锚定"数字化复合型技术技能人才培养"核心目标，围绕课程、组织、环境三大教育生态关键要素进行数字化重塑，打造"一核三环"职业院校教育新生态，为职业院校数字化转型树立标杆与范式，为京津冀协同发展，打造战略性新兴产业世界级产业集群提供了强有力的人才支撑。该成果在系统性推进数字化转型，重塑教育生态，增强职业教育适应性上有重大创新，相关经验被国内院校广泛借鉴、学习，在全国范围内产生重大影响。

一、成果简介

党的十八大以来，党中央高度重视发展数字经济，将其上升为国家战略。数字经济的快速发展催生了新职业、新岗位，职业院校亟须以数字技术赋能转型升级，重塑教育生态，培养与经济形态相适应的数字化复合型技术技能人才。2016年5月，成果团队开展"新经济新技术背景下的职业院校战略转型"项目研究，与华为、超星等企业合作，锚定"数字化复合型技术技能人才培养"一大核心目标，围绕课程、组织、环境三大教育生态关键要素进行数字化重塑，打造"一核三环"职业院校教育新生态，为职业院校数字化转型提供了方法体系及行动指南。

团队开展了系统性重塑教育生态的创新实践：一是通过创设通用的3C课程体系框架图谱，定义了数字技术通识课程群(common cognition)、跨专业项目实践课程群(cross project)、专业核心课程群(core course)，以及下设的模块化课程组和相关课程的设置标准、规范与模板，重塑了各类专业课程体系，提供了课程数字化改造的基础性架构和施工图，研究成果"职业教育专业建设与产业发展的谱系图研究"获教育部哲学社会科学重大攻关项目立项；二是通过组建新型实践教学组织数字工匠工坊，打破了原有组织藩篱，施行了"团队—管理—项目"的数字化改造，实现了团队融合、管理融合、项目融合，重塑了教学组织形态，培育出2个国家级教学创新团队；三是通过搭建"全场景学习平台"，采集多维数据、绘制数字画像、辅助智慧评价，打破时空壁垒，连接并共享校企资源，重塑了数字化育人环境，支撑个性化学习，提升学生的数字素养与技能。团队以数字化转型成果为主题在"全国数字化产教融合峰会"等论坛上做主旨发言。

二、成果实践做法

2016年5月，成果团队开展"新经济新技术背景下的职业院校战略转型"项目研究。团队以国家现代职业教育改革创新示范区为平台，以教育数智化和治理现代化的融合发展为驱动力，推进职业教育数字化转型，重塑职业院校教育生态。与华为、超星等领军企业全方位合作，打造出"一核三环"职业院校教育生态模型(见图1)。在生态模型中，环内要素交叉融合、相互渗透，环间协同发展。通过多年实践，成效显著。

图1　"一核三环"职业院校教育生态模型

该成果聚焦数字经济快速迭代给职业教育带来的挑战，经历了3个阶段的发展。

(一) 创设通用3C课程体系框架图谱，重塑专业课程体系

为解决专业课程体系滞后于数字经济和数字技术快速发展的问题，成果团队创设了专业通用的3C课程体系框架图谱(见图2)，遵循数字经济中产业链和技术链协同的规则，将课程链与产业链、技术链相对应，跨专业(群)对信息类专业及非信息类专业的课程体系进行一体化统筹设计。3C课程体系框架图谱重新定义了模块化课程组设置标准，制定了课

程内容快速调整和置换的机制与规范,将相关数字技术重新组合并将其融入课程,为专业课程体系数字化改造提供了设计图和施工图。

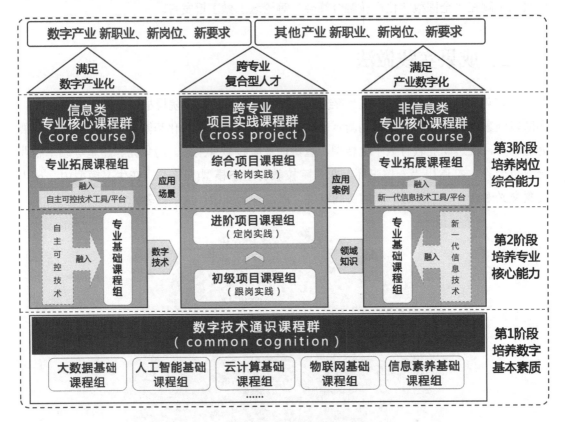

图2 专业通用3C课程体系框架图谱

3C课程体系框架图谱从横向跨专业间与纵向同专业内两个维度,基于课程群、课程组、课程三级架构进行课程体系设计。定义了跨专业项目实践课程群、专业核心课程群、数字技术通识课程群。其中,跨专业项目实践课程群设置初级、进阶、综合三级阶梯式模块化课程组,在跨专业实践教学过程中,学生以跟岗、定岗、轮岗等形式进行学习实践,提升应用数字技术解决跨领域问题的能力;专业核心课程群根据岗位群技术技能要求,设置专业基础课程组和专业拓展课程组,培养学生的职业核心能力;数字技术通识课程群设置若干与人工智能、大数据等数字技术基础和信息素养相关的模块化课程组,培养学生基本的数字素养。全校26个专业参照3C课程体系框架图谱及相关标准,新设86个模块化课程组,新增并调整300余门课程。各专业根据人才培养目标,在三类课程群中选择若干模块化课程组,重塑专业课程体系,实现了不同专业知识的交叉、不同职业岗位技能的汇集、不同领域职业能力的融合。依照3C课程体系框架图谱重构的软件技术专业课程体系如图3所示。

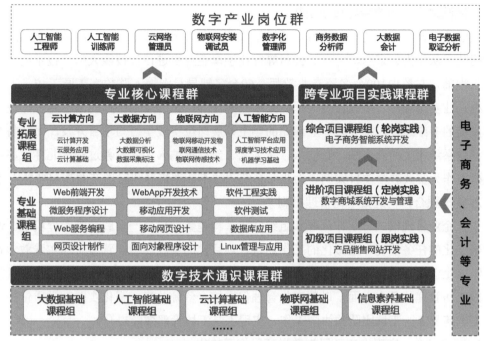

图3 依照3C课程体系框架图谱重构的软件技术专业课程体系

(二) 打造数字工匠工坊,重塑基层教学组织形态

为解决传统基层教学组织难以胜任数字化复合型技术技能人才培养的问题,成果团队打破传统专业教研室的组织壁垒,组建新型实践教学组织数字工匠工坊(见图4),通过施行"团队—管理—项目"的数字化改造,实现了跨校企、跨专业的团队融合、管理融合、项目融合,重塑了基层教学组织形态。

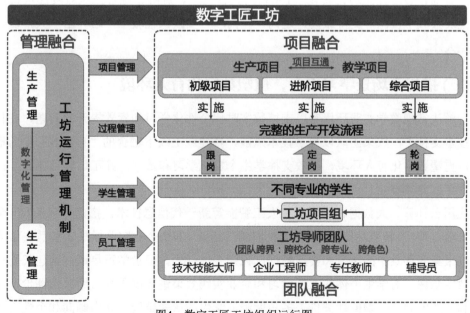

图4 数字工匠工坊组织运行图

1. 团队融合，组建跨界教学团队

按照数字技术应用的不同领域，通过学校和企业人员的多维跨界，组建数字工匠工坊教学团队。从华为、京东、七一二公司等行业领军企业引进12位技能大师、技术能手和30余名工程师，与校内100余名跨专业教师、60余名辅导员混编入驻数字工匠工坊。工坊团队依据企业实践导师、专业技能导师、数字技能导师、生涯规划导师的角色定位，进行动态、灵活的多维连接，指导跨专业混编的学生开展岗位实践学习与项目开发。团队将北斗卫星导航系统相关的新方法、新技术、新工艺、新标准纳入人才培养过程，北斗卫星导航产品研发作为实践教学项目案例，为北斗系统源源不断地培养和输送产业高端技能人才。

2. 管理融合，构建数字化管理机制

引入企业管理模式、工作流程和组织文化，构建数字化生产实践教学管理机制。通过搭建数字化的任务情境、虚拟化的工作场景、项目化的实践环境，营造企业实践教学管理氛围，以企业化方式建立管理制度、设计管理目标、组织管理活动，把企业的管理机制融入工匠工坊管理的各个方面。以数字化管理促进校企资源共享，强化实践教学质量控制，支持多维跨界工匠工坊团队的协同工作，实现工匠工坊管理效能提升。

3. 项目融合，实现生产项目与教学项目相互转化

在53个数字工匠工坊中，与华为等企业合作，通过将企业数字化项目转化为实践教学案例，将实践教学成果孵化为企业生产项目，实现校企成果共享、生产项目与教学项目相互转化。数字工匠工坊团队中的企业实践导师负责指导教学项目孵化落地，专业技能导师和数字技能导师负责对生产项目进行教学转化。与七一二公司联合将北斗系统项目研发案例资源反哺实践教学，在标准应用、开发工具、系统使用、测试设备等方面实行国产化、闭环式实践教学管理，培养学生建立国产化的安全意识，在教学实践中涵养"北斗精神"。目前，各工匠工坊已转化了150余门具备初级、进阶、综合三级难度递进特点的项目课程及其教学资源，支持跟岗、定岗、轮岗项目实践课程教学，培养出一大批复合型技术技能人才。

(三) 搭建全场景学习平台，重塑数字化育人环境

为解决常规教学实践环境难以支撑数字时代个性化学习和素养提升的问题，在超星公司的技术支持下，成果团队以数字技术赋能，搭建线上线下融合的"1+8+N"全场景学习平台，重塑数字化育人环境，有效支撑学生个性化学习和数字工匠工坊项目化教学，提升学生数字素养与技能。

应用云计算、大数据、物联网、人工智能等新一代信息技术，搭建"1+8+N"全场景学习平台，即1个智慧决策大脑、8类校内学习场景、N个企业实践场景。智慧决策大脑：全方位采集各场景中的学习和实践数据，识别个体行为，记录学习足迹，构建长周期、多维度数字画像，对学生个体的课程学习和企业实践效果进行过程性与结果性评价，对数字素养和专业能力进行增值性评价，多角度测评学生的认知结构、能力倾向和个性特征，有

效支撑了差异化人才培养。校内学习场景：突破虚实界限，由校企导师和AI导师人机协同指导，推荐学习路径、学习资源，帮助学生优化学习策略。企业实践场景：跨时空连接并整合企业人力、岗位、项目等资源，应用数字技术解决一课双师、岗位适配、过程评价等实践教学难点问题，提升实践学习成效和获得感。

三、成果创新点

(一) 理论创新：打造"一核三环"职业院校教育生态模型

锚定"数字化复合型技术技能人才培养"一大核心目标，围绕课程、组织、环境三大关键要素进行数字化重塑，打造"一核三环"职业院校教育生态模型。通过创设专业通用的3C课程体系框架图谱，重塑专业课程体系；通过打造数字工匠工坊，重塑基层教学组织形态；通过搭建全场景学习平台，重塑数字化育人环境，为职业院校推进数字化转型提供了方法体系及行动指南。在《高等工程教育研究》等CSSCI期刊发表22篇相关成果论文。

(二) 标准创新：创设专业课程体系，重构标准新范本

首创专业通用的3C课程体系框架图谱，作为课程设置标准的范本，为专业课程体系的重构提供了设计图和施工图。图谱体现课程群、课程组、课程层次体系架构，定义了三类课程群、课程组和相关课程的设置标准、规范与模板；重点打造横向连通信息类和非信息类专业、纵向贯通人才培养全过程的跨专业项目实践课程，使之成为不同专业知识技能的交叉点、不同职业岗位的汇集点、不同领域职业能力的融合点。3C课程体系框架图谱将信息技术与人才培养方案深度融合，打破传统专业界限，解构原有知识体系，重构知识图谱，创新知识呈现方式，完成课程的系统性重塑，让学生在实现数字泛在化学习的同时，能依据个人兴趣与需要自主选择和组合课程，满足学生多样化成才需求。3C课程体系框架图谱体现了思想观念的数字化更新、升级和数字技术的广泛应用，让数字化理念、数字化要素、数字化技术全面赋能学生学习、教师教学、教育治理、教育评价。在此过程中，师生均提高了数字素养，并积极运用数字技术破解教与学难题。该成果依托图谱制定了10项国际化专业教学标准、3项国家级专业教学标准，被国内外510余所职业院校采用。研究成果"职业教育专业建设与产业发展的谱系图研究"获批教育部哲学社会科学重大攻关项目立项。

(三) 组织创新：跨界融合，重塑基层教学组织新形态

打破传统专业教研室的组织壁垒，依托团队融合——组建跨界教学团队、管理融合——构建数字化管理机制、项目融合——实现生产与教学项目相互转化，组建新型实践

教学组织数字工匠工坊，实现了团队融合、管理融合、项目融合的形态特征，有效激发了企业参与校企合作的积极性和主动性，实现了校企良性互动，为产教融合、共赢和发展探索出一条可复制、可推广的新路径。数字工匠工坊以跨校企、跨专业、跨身份的多维跨界形式实现团队融合；引入企业数字化管理模式、工作流程和组织文化，构建工匠工坊管理机制实现管理融合；通过企业生产项目和教学项目的相互转化、成果共享实现项目融合。数字工匠工坊为培养跨专业复合型人才和技术应用创新提供了一种新型的组织形态，立项2个国家级职业教育教师教学创新团队，全国排名并列第一。团队成员向全国百余所职业院校分享教学创新团队建设相关经验，为全国职业院校师资队伍建设工作贡献了"津电"模式。

(四) 评价创新：绘制多维画像，构建智慧评价新方式

依托数字化育人环境，采集学生学习和实践数据，建立了长周期、多维度的数字画像，构建了全面数字化的学习和生活场景，学生置身其中，实时接受数字化熏陶，提升了数字素养，精进了数字技能；打破教学过程的线上线下、课内课外界限，实现了教学方式灵活多样，数字化教学资源全面覆盖，教学评价科学、客观；应用画像对课程学习和企业实践效果进行过程性与结果性评价，对数字素养和专业能力进行增值性评价，多角度测评学生的认知结构、能力倾向和个性特征；真正体现了学生的主体性，使学习内容更丰富易得、学习形式更灵活多样、学习过程更个性自主、学习评价更客观科学，全面提升了教、学、训、管、考、评的数字化水平。智慧评价有效支撑了分类分层培养，提升了差异化教学成效，在复合型人才培养、技能竞赛、创新创业、技术服务等多领域，培养出能工巧匠、世赛金牌选手、创业明星、全国技术能手等一大批优秀人才。

四、成果推广与应用效果

(一) 人才获广泛认可，国际国内屡获大奖

该成果惠及2万余名学生，京津冀地区就业占比超70%，培养了一批"全国技术能手"。《广州日报》发布的GDI高职排行榜中，学生职场竞争力最佳年度排名全国第二，人才培养质量排名位于全国前列。学院指导选手获世界职业院校技能大赛、世界技能大赛3金2银；累计获得全国职业院校技能大赛等标志性竞赛奖项34项，省部级及以上竞赛奖项269项；2021年全国高校竞赛排行榜位列第九；培育的"双创"项目获国家级奖项11项。

(二) 转型助力双高建设，办学能级显著提升

数字化转型助力高质量发展，2019年学校入选"双高计划"建设单位。2022年"金平果"双高专业群位次排名中，软件技术专业群位列全国第八。立项国家级教师教学创新团

队2个，入选数量全国排名并列第一。入选国家级"十三五"规划教材9本，发行量超100万册，被20个省区市的300余所院校选用。世界技能大赛国家集训基地等8个国字号项目落户学校。由世界技能组织授权成立全球首家国际培训中心，推广成立5家全球分中心，对赞比亚等20余个国家开展培训。

(三) 产教融合协同创新，服务国家重大项目

该成果以数字工匠工坊为载体，与华为等领军企业合作，牵头成立天津职业教育信创产教联盟等4个区域行业联盟组织，技术服务创新实现经济效益超1.8亿元，参与编写的"AI教育研究报告"入选第六届世界智能大会前沿成果。数字工匠工坊研发的北斗系统GBAS设备获得8项专利，首次在国产大飞机成功测试，性能达到国际先进水平；参与研发的ONE数字扫描系统应用于"嫦娥五号"探月工程，将月面复原效率提升15倍。基于全场景学习平台开发的相关应用，由超星平台推广至2500余所高校使用。

(四) 成果推广国内示范，标准输出国际引领

承办世界职业技术教育发展大会"职业教育数字化转型发展论坛"，教育部怀进鹏部长调研并听取工作汇报，对学校数字化转型实践成果给予高度评价，数字化转型成果被教育部采用、上报，并在"全国数字化产教融合峰会"等论坛上分享。全国150多所院校来访、考察与交流，河北石油职业技术大学、兰州职业技术学院等多所京津冀协同、东西协作院校成功复制经验。学院主持、参与制定世界技能职业标准WSOS、国际化专业教学标准等12项，成为日本、德国等20余个国家借鉴的"金标准"；建成俄罗斯鲁班工坊，开展5G培训，助力中国标准、装备"走出去"。数字化转型经验成果在CSSCI期刊发表论文22篇，被《新闻联播》、人民网等权威媒体报道120余次。

【成果完成单位】

成果第一完成单位天津电子信息职业技术学院携手天津市口腔医院、天津大学、华为技术有限公司、北京世纪超星信息技术发展有限责任公司联合申报的"推进数字化转型，重塑职业院校教育生态的创新与实践"荣获2022年职业教育国家级教学成果奖二等奖、2022年天津市职业教育教学成果奖特等奖。

基于"四个合作"的天津卫生职业教育集团发展模式创新与实践

天津医学高等专科学校　等

该成果通过创新职业教育集团实体化运作理念，创建招生、培养、就业一体化人才服务模式，创立产教融合可持续发展的路径，打造政、产、学、研、用紧密衔接的人才培养链条，项目化管理、实体化运作，形成了基于"四个合作"的天津卫生职业教育集团发展模式。该成果在职业教育集团发展理论上有重大创新，推动教育链与产业链、创新链的深度融合，对职业教育教学改革实践具有重大示范作用。

一、成果简介

2016年，针对国内大部分职业教育集团存在的结构松散，缺乏有效治理，医教协同、共育人才的机制有待进一步深化，基层卫生技术技能人才招生、培养、就业联动不足，产教融合可持续发展的路径有待进一步探索的问题，成果团队依托天津市提升办学能力建设等项目，以合作教育理论和系统整体性理论为指导，将原天津卫生职业教育管理委员会和京津冀卫生职业教育协同发展联盟的功能进行整合，升级为包括38家理事单位的天津卫生职业教育集团。集团注意加强内部治理结构和运行机制建设，打造政、产、学、研、用紧密衔接的人才培养链条，项目化管理、实体化运作，形成了基于"四个合作"的天津卫生职业教育集团发展模式。

合作治理：集团将卫生健康产业发展与专业发展同步规划，以产业学院作为实体化运行基础单位纳入集团管理，各产业学院合作方(企业、学校) 共同组建集团理事会，与监事会(行业) 和集团指导委员会(政府) 共同构建"政府统筹、行业指导、校企合作"的集团化治理体系。

合作育人：集团指导委员会与天津市卫健委将医疗卫生机构的教育功能和职业教育参与度、支持度等指标纳入医学中心、区域性医疗中心的遴选、复评、等级评审与绩效考核指标体系，推动教学内容与临床内容相统一、专业学习与思政教育相融合，形成"医教协同、德技并修、教学相长"的师生共育机制。

合作就业：集团依托医联体架构，三甲医院牵头组织教学，基层医院(诊所)建立准就业实习基地，直通基层岗位，政府对学徒制培养、实习、就业进行认定和补贴，形成"按需定招、学徒培养、精准就业"的人才服务模式。

合作发展：集团为产业学院发展聚集政、行、企、校、研各方资源，在集团化办学的平台上构建产教多边、多项合作，人才培养与技术技能创新服务成果通过市场化运营，使产学合作双赢，形成"统一规划、多方集聚、面向市场"的产教融合可持续发展的路径。

该成果投入实践四年多来，集团建设了与区域卫生技术人才需求紧密契合的鹤童长照学院等9个产业学院，推进全国首个健康照护师学院和全球首个中医技术鲁班工坊建设，主持65项健康技术标准/教学标准建设，培养、培训40余万人。集团入选国家首批示范性职业教育集团(联盟)培育单位，下属天津天堰科技股份有限公司入选国家级产教融合型企业。集团优质产教资源成果转化并用于东西部协作、乡村振兴等工作，带动同类院校200余家，惠及百万余人次，被各类媒体报道35次。团队以该成果为重要参考，主持起草《天津市职业教育集团建设指导意见》。

二、成果实践做法

(一) 合作治理，构建了"政府统筹、行业指导、校企合作"的集团化治理体系

集团将卫生健康产业发展与专业发展同步规划，集团指导委员会(天津市卫生健康委员会会同天津市人力资源和社会保障局、天津市发展和改革委员会等部门)结合天津基层卫生服务紧缺人才需求，鼓励、支持行业领军医院、企业与学校共建9个健康产业学院，将产业学院作为实体化运行基础单位纳入集团管理。各产业学院合作方(企业、学校)共同组建集团理事会，在集团监事会(行业/学会)指导下，通过共建校内外实训基地，共育专兼一体教学团队，共建岗课融合标准、资源，共享人才培养和技术开发成果，形成产学合作实体，对内独立运转，对外纳入集团统一监督管理，形成人才培养合力。与监事会(行业)和集团指导委员会(政府)共同构建"政府统筹、行业指导、校企合作"的集团化治理体系。例如对接健康产业、养老服务业发展需求，针对同时具备护理、中医、营养相关知识的复合型健康照护人才供给不足，健康照护师等新职业难以落地的问题，在市领导的大力支持下，集团决策层各部门通力配合，将专业群发展与卫生行业人才需求同步规划，护理、中医、营养等相关专业依据行业需要组建护理专业群，与中国研究型医院学会、天津市护理质控中心、天津市第四中心医院、泰达国际心血管病医院及相关行业协会、培训机构、企业通力合作，共建全国首个健康照护师学院，将健康照护人才培养培训、师资队伍、基地建设等纳入行业统筹管理，形成管理、教学、资源融合的命运共同体。学院以"健康照护研究中心、健康照护人才培养基地、健康照护培训与服务平台"建设为抓手，

统筹推进健康照护师新职业落地，形成标准化、规范化、品牌化的健康照护人才培养模式，助力健康天津建设。

(二) 合作育人，形成了"医教协同、德技并修、教学相长"的师生共育机制

集团指导委员会天津市卫健委将医疗卫生机构的教育功能和职业教育参与度、支持度等指标纳入医学中心、区域性医疗中心的遴选、复评、等级评审与绩效考核指标体系；合作医院(企业)将教学工作量与临床工作量互认、医生(技师)教学业绩纳入职称、绩效评价，推动教学基地与临床基地相统一、教学师资与临床专家相统一、教学内容与临床内容相统一、专业学习与思政教育相融合，形成"医教协同、德技并修、教学相长"的师生共育机制。

集团聘请国家科技进步奖获得者刘洪臣教授、南丁格尔奖章获得者陈荣秀教授、国医大师石学敏院士等行业顶尖专家出任客座教授，指导专兼一体教学团队开发教学标准，实施课程改革，建设虚拟仿真资源和新形态教材。将思政教育融入专业教育，将基层卫生服务的要求转化为专业教学模块的学习目标，老师做中教、学生做中学。学生早临床、早实践，在基层卫生服务中锤炼品格，提高发现问题、探究问题、解决问题的岗位创新能力，不仅获得了与就业岗位需求紧密对接的专业知识，而且培养了在基层卫生服务岗位解决问题的思维能力。专兼职教师得到顶尖专家指导，优化了教学的标准化和规范化设计，促进了专业水平提升，教学相长。

(三) 合作就业，形成了"按需定招、学徒培养、精准就业"的人才服务模式

医改政策的重要内容是强基层，需要大量高质量的技术技能人才。基层卫生服务机构多，但每一家规模都不大，水平相对较低，不具备独立培养的条件。集团针对基层卫生服务"小诊所、大集群"的特点，发挥政府的统筹、协调作用，依托医联体(区域顶尖医院牵头对应基层各卫生服务机构，双向转诊)的架构，赋予人才培养职能。三甲医院牵头组织教学，基层医院(诊所)建立准就业实习基地，直通基层岗位，政府对学徒制培养、实习、就业进行认定和补贴，形成"按需定招、学徒培养、精准就业"的人才服务模式。

例如天津市口腔医院与学校共建口腔产业学院，对接基层口腔岗位需求，培养口腔医学、口腔护理、口腔医学技术专业人才，校院双方共同投入，医院成立教学办公室，各科室主任担任教研室主任，理实一体，椅旁教学，聘请岗位技术能手、好医生、好护士加入教学团队，将专业教育与思政教育相结合，满足学生成长为职业人过程中"识岗—跟岗—顶岗—胜岗"的需要，建立"联合培养+职通未来"计划。在第6学期，依托医联体架构，各诊所、基层诊疗机构对接学生准就业实习基地，建立就业直通车，借助领军医院培养的高质量技术技能人才，带动基层医疗卫生水平提升。

(四) 合作发展，形成了"统一规划、多方集聚、面向市场"的产教融合可持续发展的路径

集团决策层加强统筹协调机制建设，一方面为产业学院发展创造政策支持等良好的外部环境，另一方面聚集政、行、企、校、研各方资源，形成人才培养合力；集团职能层(秘书处)加强评价反馈机制建设，一方面规范产业学院管理，另一方面针对优质项目在集团化办学的平台上构建产教多边、多项合作机制，将人才培养与技术技能创新服务成果通过市场化运营进行转化，实现产学合作双赢；集团执行层加强共建共享机制建设，对内成为相对独立的二级办学实体，对外作为独立运营主体，整体承担集团项目，责任共担、利益共享。集团内部形成"统一规划、多方集聚、面向市场"的产教融合可持续发展的路径。

在集团化办学的多边合作平台上，通过共同体、联盟、协作体、鲁班工坊等平台与国内外院校对接，输出并转化优质资源，不断扩大企业的经济、社会效益，进而获得更多的政府支持。2019年12月，天津市在马里共和国设立全球首个中医技术鲁班工坊，集团中医技术国际产业学院勇挑重担，集聚慧医谷中医药科技(天津)股份有限公司、天津市中医药研究院附属医院、天津市红星职业中等专业学校等资源，结合马里国情、民情，将中医先进技术标准、产品标准、医疗器械标准和服务标准融入教学，形成适合非洲本地的教学模式和教学内容，为马里青年提供接受中医职业技能培训的机会，被马里高等教育部部长法芒塔称赞为"中马建交60周年最好的礼物"。

三、成果创新点

(一) 创新了职业教育集团实体化运行理念

天津卫生职业教育集团以实体化运行为目标，通过项目化管理手段，以产业学院作为实施载体，致力于培养天津市基层卫生服务紧缺人才，通过校院(企)共建产业学院推动职业教育集团的实体化办学。

优化产业学院的组织与管理。在内部管理方面，产业学院设有院务委员会，负责对人、财、物进行自主管理，确保学院的日常运营高效、透明。在外部管理方面，产业学院作为集团执行层的一部分，纳入集团的整体统筹管理体系。集团通过加强执行层(产业学院)的共建共享机制建设，确保产业学院在资源利用和管理上的协同效应。

完善集团的多层次管理机制。天津卫生职业教育集团的管理架构主要分为执行层、职能层和决策层3部分：执行层(产业学院)负责具体项目的实施和管理。通过共建共享机制，产业学院能够最大限度地利用集团提供的资源和支持；职能层(秘书处)负责对各项目进行评价和反馈。秘书处通过定期评估和反馈，确保产业学院的运营符合集团的整体战略和目标；决策层(理事会、监事会、集团指导委员会)负责整体战略的制定和协调。通过统

筹协调机制，决策层能够有效整合各方资源，确保集团的长远发展和各项目的成功实施。

通过多方参与、优势互补和资源共享，天津卫生职业教育集团形成了合作治理、合作育人、合作就业和合作发展的良性循环。产业学院在集团的统筹管理下，实现了各方资源的有机结合和高效利用，培养了一批又一批符合市场需求的高素质人才。天津卫生职业教育集团的成功经验表明，实体化运行和项目化管理是推动职业教育集团化办学的重要手段。通过产业学院这一载体，集团不仅实现了资源的高效整合和利用，还在人才培养、就业促进和产学研结合方面取得了显著成效。其理论成果"职业教育集团实体化办学的治理结构和运行机制创新"在核心期刊《中国职业技术教育》上发表。

(二) 创建了招生、培养、就业一体化人才服务模式

针对基层卫生服务机构规模小、集群大的特点，天津卫生职业教育集团采取了一系列创新举措，针对不同岗位集群需求，定制并开发了招生、培养、就业一体化方案，以满足基层卫生服务的紧缺人才需求。集团特别针对基层口腔助理医生、医疗护理员、健康照护师等岗位，推出了多项具体的实施方案，确保各类卫生服务人员的培养计划与市场需求紧密结合。

为了推动健康照护师这一新职业的落地，在市领导的大力支持下，天津卫生职业教育集团决策层统筹协调，推动天津市第四中心医院和泰达国际心血管病医院共同建立了健康照护师学院。这一学院的成立标志着天津市在医疗护理员队伍规范化建设方面迈出了重要一步。

在健康照护师学院的建设过程中，护理学会的专家们积极参与，指导专兼职教师团队开发了模块化的教学资源。这些教学资源不仅涵盖了健康照护师所需的基本理论和技能，还特别设计了针对在岗人员的床旁教学环节。教学内容根据学员的基础和就业岗位需求进行了细化，确保每个学员都能得到个性化的培养和指导。

天津卫生职业教育集团通过与天津市人才服务中心合作，针对不同卫生服务机构的需求，提供了精准的人才派遣服务。天津市人才服务中心负责对接各类卫生服务机构，根据需求进行人才派遣，实现了从招生、培养到就业的一站式服务。这一模式不仅提高了人才培养的效率，也确保了学员完成培训后能够顺利进入职场，为基层卫生服务机构输送了大量合格的健康照护师和医疗护理员。"天津：全国首个健康照护师学院揭牌"在《中国教育报》显著位置刊登，并在"学习强国"学习平台转载，受到广泛关注。

(三) 创立了产教融合可持续发展的路径

通过集团项目化管理，天津卫生职业教育集团突破了传统校企合作"一对一"的小格局，整合政、行、医、企、校、研多方资源，形成了多边、多项合作的大格局。这一创新举措不仅提升了合作层次和水平，还为多方共赢和可持续发展提供了坚实保障。

在新的合作模式下，医院和企业不仅能够获得优秀的毕业生，还能够作为集团项目

的一部分，面向整个行业开展人才培养、师资培训和技术服务等工作。这种多边合作的格局，使得优质建设成果能够进一步对接国内外院校参与的课程建设联盟、鲁班工坊和东西部协作体等项目，推动跨区域合作。在东西部协作、京津冀协同发展和乡村振兴等国家战略中，天津卫生职业教育集团将优质教育资源进行转化和应用，取得了显著成效。通过与各地院校和医疗机构的合作，集团成功地推动了优质教育资源在基层医疗服务中的应用，提升了基层医疗服务水平，促进了区域间的教育和医疗资源共享。

新的合作模式实现了医院、企业、学校、教师和学生的多方共赢。医院和企业获得了专业技能过硬的毕业生，学校和教师得到了优质的教学资源和实践平台，学生则在实际操作中提升了职业技能和就业竞争力。通过这些合作，集团不仅促进了各方的共同发展，还为职业教育的可持续发展提供了保障。天津卫生职业教育集团的创新实践得到了广泛认可和赞誉。《天津教育报》在部市共建标杆成果专版中，以"党建领航创新建立帮扶机制多元合作精准提升基层医疗水平"为题，对集团的成功经验进行了整版报道。这一报道不仅展示了集团在党建引领下的创新成果，也为其他职业教育集团提供了宝贵的经验和参考。

四、成果推广与应用效果

通过四年多的实践，天津卫生职业教育集团基于"四个合作"模式，成功整合了政府、行业、医疗、企业、学校和科研等各方资源，准确把握市场需求，调整和优化教育资源配置，推进教育链与产业链、创新链的深度融合，取得突出成效。

(一) 人才培养质量稳步提升

集团共提供了5980个工学结合岗位，这些岗位提供给集团成员院校的学生，使学生在校期间就能接触到真实的工作环境，进行实际操作和实践训练，积累宝贵的工作经验。这些岗位的提供不仅有助于学生职业技能的提升，也为企业和医院输送了大量合格的实习生和员工。集团共提供了2597人次的医院(企业)兼职教师，这些兼职教师将丰富的临床经验和行业知识带入课堂，极大地提升了教学质量和教学内容的实用性。同时，集团还提供了1.6万个就业岗位，为学生提供了广阔的就业空间，保证学生毕业后能够迅速找到合适的工作岗位。就业率与行业人才紧缺情况得到缓解，集团成员院校的整体就业率达到了96.18%。尤其值得一提的是，成果主要完成单位的毕业生在基层医疗卫生机构就业比例从2018届的46.8%上升到2021届的71.1%。数字化口腔修复体制作、健康照护等行业的人才紧缺情况得到了有效缓解。通过不断提供高质量的教育和培训，集团在培养行业紧缺人才方面发挥了重要作用。与此同时，学生的职业道德、实践技能和创新能力也得到了稳步提升。学生在各类技能大赛中表现优异，获得了国家级奖项13项，创新创业大赛国家级奖项2项，省级奖项103项。这些奖项不仅是对学生个人能力的认可，也反映了集团在培养高素质人才方面的成功。在新冠疫情期间，近千名在校生和毕业生主动参与核酸检测、援鄂、援沪、援琼等工作，涌现出了一批典型人物，如毕业生郭珺和在校生袁浩等，他们的事迹受到了《中国教育报》《天津日报》等媒体的广泛报道，彰显了集团学生强大的社会责任感和优秀的专业素养。

(二) 教师教学科研能力不断增强

专兼教师组建创新团队，共研标准(方案)65个、共建课程54门，这些标准和课程的制定不仅规范了教学内容，确保了教学的科学性和前瞻性，还为学生提供了多样化的学习材料。同时，专兼教师共建了4万余条教学资源(包括虚拟仿真资源)，立项国家级虚拟仿真实训基地建设项目，使得教学更加生动、直观，学生能够在虚拟环境中进行实践操作，提高了学习效果和实践能力。教师们还利用专业知识深度参与企业技术开发和产品研发，不断增强科技创新能力。通过与企业的紧密合作，教师团队的创新成果被广泛应用于企业的技术升级和产品开发，为企业带来了可观的经济收益，教师团队获得了13项国家专利和20项软件著作权，为企业创造了3406万元的收益。自2017年以来，教师共获得教师教学能力大赛全国一等奖6个，获评国家职业教育教师教学创新团队2个、黄大年式教师团队1个；立项教育部创新行动计划大师工作室1个、"双师型"教师培养培训基地1个、协同创新中心1个。教师们不断提升自身的专业水平和科研能力，将行业、产业的最新进展带到课堂，为学生提供更优质的教育服务。

(三) 社会服务成效再创新高

集团统筹产业学院的优质基地资源、专家资源和教学资源，面向社会开放运营。天津市全科医学中心、继续医学教育中心和基层质控中心落户集团，为社会提供了高质量的医疗培训和服务。近三年来，集团开展质量监控和人员培训34.6万人次。集团面向公众开展的心肺复苏培训项目，连续两年被列为天津民心20条工程之一，共培训各类人群7万余人，大大提升了公众的急救知识和技能，提高了社会整体应对突发事件的能力。通过这些培训，公众的健康素养和应急反应能力得到了显著提升，进一步体现了集团在公共卫生服务中的重要作用。集团与企业共建的虚拟仿真实训基地，获评国家级职业教育示范性虚拟仿真实训基地培育项目，不仅提升了集团的教学水平，还为学生提供了更丰富的实践机会，使他们能够在虚拟环境中进行真实场景的操作练习，大大增强了实际操作能力。天津天堰科技股份有限公司也被评选为国家产教融合型企业。

在提升自身教育教学质量的同时，集团还通过专业协同发展共同体和教学资源建设联盟等平台，向全国特别是中西部地区输出优质的产教资源，高质量的协同发展工作带动了全国200余家同类院校，惠及百万余人次。集团将中医技术产业学院的资源转化为双语和数字化教学资源，在非洲建设了全球第一个中医技术鲁班工坊，为中医药的国际传播和应用做出了积极贡献。

【成果完成单位】

成果第一完成单位天津医学高等专科学校携手鹤童公益养老集团、天津天堰科技股份有限公司、慧医谷中医药科技(天津)股份有限公司联合申报的"基于'四个合作'的天津卫生职业教育集团发展模式创新与实践"荣获2022年职业教育国家级教学成果奖二等奖、2022年天津市职业教育教学成果奖特等奖。

文化引领 平台支撑 机制保障：
新能源教学团队协作共同体建设的探索与实践

天津轻工职业技术学院　等

该成果立足国家"双碳"目标和高职新能源类专业现状与发展需求，依托国家级新能源类专业教学资源库组建协作共同体，以共研、共建、共享、共用、共赢"五共"为理念，从制度、组织、运行三个层面构建了"文化引领、平台支撑、机制保障"共同体建设新模式，创建了"L+T+t"的共同体组织新生态，搭建了"六融通"的共同体实践新路径。该成果在理论研究上有重大创新，在全国创新团队、协作共同体中广泛应用，具有可复制、可借鉴、可推广的价值。

一、成果简介

(一) 成果背景

新能源是推进我国能源结构转型、提升国家能源安全水平和实现"双碳"目标的重要战略性新兴产业。截至2019年底，中国可再生能源发电总装机容量7.9亿千瓦，约占全球总装机容量的30%；光伏发电设备制造形成了完整的产业链，技术水平和制造规模位居世界前列，光伏组件产量占全球总产量的2/3，光伏产品出口到200多个国家及地区。在我国新能源产业实现跨越式发展的同时，技术技能人才供给不足问题日益凸显，高职院校应势而为开设新能源类专业，着力强化专业师资队伍建设。

2012年以来，国家先后印发了《关于加强教师队伍建设的意见》《关于实施职业院校教师素质提高计划(2017—2020年)的意见》《关于全面深化新时代教师队伍建设改革的意见》等文件，对教师队伍建设提出更高要求。与此同时，教师综合能力不强、校企合作不紧密、优质资源不足等问题成为新能源专业高质量发展的瓶颈。

为了探索新能源专业教师队伍高质量发展路径，解决共同体运行制度保障缺失、团队和教师能力提升渠道不畅、人才培养资源共享不足等主要问题，成果团队聚焦校际、校企协同发展，个人成长与团队发展，专业建设与教学创新等方面，大胆探索、勇于创新。

2015年，依托国家级新能源类专业教学资源库，成果第一完成单位天津轻工职业技术学院联合30家院校企业组建协作共同体(简称"共同体")，以共研、共建、共享、共用、共赢"五共"为理念，构建"文化引领、平台支撑、机制保障"的共同体建设模式，建设以光伏工程技术、风力发电工程技术为核心，汇聚由7个专业组成的新能源专业群，打造高水平"双师型"教师队伍，服务国家新能源产业发展。

2018年5月，随着国家优质校项目推进，首个以专业群命名的新能源类资源库通过验收，共同体聚焦校企深度融合、教师能力素质提升、教学创新团队建设、协作机制创新等，研制标准、构建体系、开发教材、协同教研、赋能专业，构建了共同体建设方案。方案的实施为全国364个创新团队和53个共同体建设提供了可复制的经验，并发挥了示范作用。这些共同体已经成为国家职业教育一流师资的先锋队，由"一枝独秀"发展为"百花齐放"。

文化引领。按照理论研究—建章立制—凝练文化—指导实践的流程，建立组织章程、评价标准、运行机制等制度体系，以党建为抓手，坚持师德师风第一标准，注重德技双馨，坚守工匠精神，形成政治勇担当、教学能创新、行业精服务、团队善协作的共同体文化，引导成员同心同向同行，激活团队内生动力。

平台支撑。深化校际、校企命运共同体建设，搭建"技术技能、虚拟教研、教学资源、课题研究、专家智库"五平台：技术技能创新平台，校企共同开展产学研创活动；虚拟教研室，开展跨区域教研活动；数字化教学资源平台，服务教育教学与企业培训；课题研究平台，提升团队教育教学研究能力；名师名匠名家智库平台，引领、指导团队高质量发展。

机制保障。围绕新能源专业发展，构建"L+T+t"组织生态。成果第一完成单位领衔(Leader)，共同体发起单位为核心层(Team)，吸收其他教学团队和相关企业为紧密层(team)，依据共同体章程，建立组织决策、沟通协调、成果共享、评价激励、创新发展五大机制，推动教学团队协同创新，把共同体打造成新能源领域的行业联盟。

该成果在理论和实践层面形成创新，经5年多的实践与推广，共同体单位获评全国黄大年式教师团队2个、国家教师教学创新团队10个；形成团队评价标准1套、参与制(修)订国家标准28个、出版教材66部；多次在全国创新团队建设大会上做典型发言，向全国共同体推广。《中国教育报》以"协同创新又谱新曲 团队建设再铸华章"为题对该成果进行报道。

二、成果实践做法

(一) 建立协作共同体有效运行的制度体系，解决共同体协作运行缺乏制度保障的问题

共同体由多个院校和企业等不同利益主体组成，各主体都有各自的利益诉求和价值观，为了确保共同体能够高效、规范地运作和发展，共同体成员在协商的基础上共同参与建立了包括《共同体章程》《教师教学创新团队考核评价》《教师专业发展能力评价》《双师型

教师认定与管理办法》《教学创新团队建设评价标准》等制度在内的制度体系。此外，为了加强组织间的协调与管理，创新团队协作共同体成立管理委员会，该委员会的职责之一即为基于高质量发展的要求，横向解决成员间的共性问题。委员会下设课题研究、产教融合、课程与教材建设、标准及评价、模块化教学5个分委会，各司其职负责各自领域的具体事务，并在专家咨询委员会的协助下进行决策和执行，提升了共同体的整体效能。

共同体的管理与运行在决策建立、框架建构、沟通协调、成员约束、协同发展等多个层面进行了规范，建立了创新团队建设及评价指标体系，构建了包括党的领导、团队建设规划与保障、团队建设做法与创新、团队建设成效及产出、团队建设特色与推广5个一级指标，以及20个二级指标和60个三级指标的评价体系。通过对团队进行试评，成绩均在85分以上，显示出评价体系信效度良好。

通过建立创新团队协作共同体有效运行的制度体系，解决了共同体运行缺乏制度保障的问题。这一过程中，既强调团队成员间的相互支持与合作，又注重对团队成效的量化评估，确保了创新活动的实效性。

(二) 搭建共同体高质量发展的集成平台，解决团队建设和教师能力提升渠道不畅的问题

在"五共"理念指导下，搭建了"技术技能、虚拟教研、教学资源、课题研究、专家智库"五平台。

技术技能创新平台。 在共同体的框架下，通过校际和校企之间的紧密合作，校企联合建立多个产学研用创基地，共同开展技术攻关项目，解决新能源领域的关键技术问题，助推技术突破和产业转型升级；共同体内校企合作建立多个产学研用创基地，共同开发全国及国际职业技能赛项并承办全国及国际职业技能大赛，共同做好技术服务和科研攻关。

虚拟教研室。 虚拟教研室是创新团队协作共同体的关键模块之一。充分利用现代信息技术等手段，跨越学校、地域、时空，建立项目式或模块化课程虚拟教研室，突破传统教研活动中的时空限制，鼓励教师们开展模块化课程和项目式教学集体备课，共同研讨教学方案、共享教研成果，促进了教学经验的交流和教学策略的优化，助推了教学方法和教学内容的创新，加强了教师之间的交流与合作。

数字化教学资源平台。 校企合作推动混合式教学，建设资源合作共建、课程学分互认、模块化教学实施的优质专业教学资源库。开发模块化课程、工作手册式教材等新型教学资源，提高教学资源运用的广泛性和多样性；推动学分互认，增强了教育行为的灵活性和包容性；通过线上数字资源和线下教学活动的联动运用，有效为教师和学生提供丰富的教学材料和支持，提高了教学设计和实施的效果以及学生的学习效率和质量。

课题研究平台。 坚持优势互补、人员共用的原则，通过校际、校企之间的紧密合作，主体共研共用，共同参与研究项目，实现了资源的高效整合，促进了研究成果的共享，推动了以研究为导向的教学和建设机制的形成。在以研促建、以研促教中，各主体能够充分发挥自身在特定领域的研究优势，共同解决新能源专业发展中遇到的挑战。

名师名匠名家智库平台。通过名师引领、专家指导、名匠示范、基地培训，分层分类进行评价指导，创新团队发展，打造了一批德技双馨的高素质双师型教师团队。建立起名师、专家智库引领机制，指导国家级职教团队课题研究与实践，跨界融合赋能团队发展。

(三) 依托资源库建设实现资源共建共享，解决共同体资源供给不足的问题

国家级新能源类专业教学资源库以光伏、风电两个专业为主体，辐射新能源装备技术、太阳能光热技术与应用等N个专业，形成了"2+N"的专业群建设模式，提供"行业中心、专业中心、资源中心、职业培训、教学团队、新能源博物馆、创新创业、鲁班工坊"八大育人功能。

加强教学、课程、实训基地标准建设。充分发挥协作共同体的力量，形成团队评价标准1套，制(修)订国家标准28个，包括组织制定新能源国家专业教学标准、专业群培养方案、课程标准、实训基地标准等，参与"1+X"证书标准开发，研制世界职业院校技能大赛、全国职业院校技能大赛赛项标准，引领新能源专业群建设发展。依托印度、埃及鲁班工坊，开发鲁班工坊新能源发电工程类专业、光伏工程技术专业、新能源装备技术专业的国际化标准、课程标准、培训大纲及配套双语教学资源。

加速课程建设。校行企共同开发理实一体化、模块化课程，引入行业企业优质工程案例，将企业的新技术、新工艺、新规范纳入课程标准和教学内容，将职业技能等级标准等有关内容融入课程教学，为"课堂革命"提供优质教学资源；校企合作共建20门标准化课程，25门企业培训、国际交流等个性化课程，实施"岗课赛证"立体融通的人才培养模式。

加快校企合作开发教材。累计出版教材66部，校企合作开发18门课程的互动式电子教材，出版配套二维码教材，其中4本入选"十三五"国家规划教材，并开发新形态教材及云教材12部。开发《新能源发电技术与利用》等新形态教材、《风光互补发电系统安装与调试》等国际化双语教材，服务职业教育出海。

加大新能源类教学资源库建设。适应数字经济和教育数字化的要求，开发覆盖产业、行业、企业、职业和专业的虚拟仿真、动画、视频等资源，充实并完善具备能教、辅学、实训、培训、管理、评价六大功能的共享型新能源类教学资源库，开展资源库院校之间学分互认，实施模块化教学，满足教师、学生、企业用户、社会人员四类人群个性化使用需求，为"课堂革命"提供有效教学资源支撑。资源总量达到33 600余条，2022年资源库升级改进项目通过验收。截至目前，资源库平台注册用户达6.9万余人。

三、成果创新点

(一) 提出"文化引领、平台支撑、机制保障"的共同体建设新模式

新能源在优化国家能源结构、提升能源安全，实现"双碳"目标方面具有重大战略意

义。2010年，新能源产业进入跨越式发展阶段，技术技能人才供给不足问题日益凸显。高职院校顺势而为开设新能源类专业，但教师综合能力不强、校企合作不紧密、优质资源不足等问题成为专业高质量发展的瓶颈。新能源与环保技术专业领域团队共同体，以共研、共建、共享、共用、共赢"五共"为理念，构建"文化引领、平台支撑、机制保障"共同体建设模式。该成果梳理了共生、协同等相关理论，认为共同体是由各成员单位按照共生理论因子和要素组成的共生组织，在共生机制下产生共同的目标，以聚合的形式发挥共生组织的功能；同时，共同体在内部序参量(教师教学团队建设的内部动能)和控制参量(教师教学团队建设的外部条件)作用下产生协同效应，进一步放大了共生体的功能和效应。共同体在协同创新中形成教师教学团队成长的良好生态，在共生与协同作用下产生追赶和拉动效应，使教师团队能力快速提升。基于这些理论，该成果建立了一系列推动共同体发展的制度和文化，为共同体建设提供了理念上和制度上的保障，探索出可复制、可借鉴的范式。**文化引领**是共同体建设的精神内核，利用共生、协同等理论，建立了制度体系，通过建立系列制度铸牢共同体意识，确保团队相互信任、相互尊重，协同共进，形成了政治勇担当、教学能创新、行业精服务、团队善协作等特有的共同体文化。**平台支撑**是共同体运行的支持系统，搭建技术技能创新平台，校企共同开展产学研创活动，建立虚拟教研室，开展跨区域教研活动，搭建数字化教学资源平台，服务教育教学与企业培训，搭建课题研究平台，提升团队教育教学研究能力，打造名师名匠名家智库平台，引领、指导团队高质量发展。通过搭建五平台，促进院校间、校企间、教师间的协作与合作，为各教学团队和教师创新搭建合作平台。**机制保障**是共同体发展的内在动力，"L+T+t"组织生态充分发挥共同体各团队的创新资源集聚优势，通过组织决策、沟通协调、成果共享、评价激励、创新发展五大机制，解决协作过程中的难题，推动教学团队协同创新，保障团队成员朝着一个目标努力，确保共同体有效运行。以上三者从宏观制度、中观组织、微观运行层面进行模型构建，形成了首个在全国职业院校有影响力的新能源共同体建设新模式(见图1)。

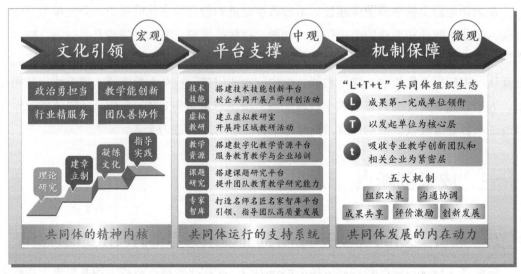

图1 "文化引领、平台支撑、机制保障"的新能源共同体建设新模式

(二) 创建了"L+T+t"的共同体组织新生态

共同体是由多所学校和众多企业组成，必须建立一套协调、灵活、高效的运行机制。该成果依托实践共同体、组织生态学相关理论，采用能进能出、能上能下的动态调整机制不断优化成员结构，为共同体合作奠定坚实的组织基础。以优质教育教学资源建设为载体，以新能源教学创新团队发起成员为核心层，不断吸收专业教学创新团队和相关企业形成紧密层，扩大共同体规模和实力，构建了"L+T+t"组织生态，即成果第一完成单位天津轻工职业技术学院领衔，共同体发起单位为核心层，吸收其他教学团队和相关企业为紧密层。产教融合、多方联动、建章立制、达成共识，规范成员单位的责任与义务、明确各自的分工与任务，构建了纵向贯通、横向融通的制度体系，创建共同体运行、发展、评价的标准体系，进而形成具有共同价值观的团队文化。在团队文化引领下，共同体不断放大聚合、博采众长、起到辐射带动的作用，在师德师风践行、教育教学改革、专业能力提升、技术技能积累、"1+X"证书实施、高水平技能竞赛和模块化课程开发、鲁班工坊建设等方面取得创新性成果，形成了校际校企组网融通、互促共进、协同发展的共同体组织新生态(见图2)。

图2 "L+T+t"的共同体组织新生态

(三) 搭建了"六融通"的共同体实践新路径

建立相互协作的机制是保障协作共同体健康发展的重要条件。共同体在包容差异的同时把差异转化为合作的动力，秉承认同、共识和默契的价值观，建立了"六融通"的实践路径，即目标融通、制度融通、人员融通、技术融通、资源融通、文化融通，成为全国共同体创新实践新标杆(见图3)。共同体落实立德树人根本任务，深化产教融合、校企合作，推动"三教"改革，开展课堂革命，培养创新型技术技能人才，实现目标融通；在共同体框架下，以共同体制度体系为纽带，团队成员共商共建，建立校际、校企命运共同体，激励团队及成员协同创新，实现制度融通；以"共用+共育"模式有效提升师资队伍教学和科研创新能力，通过院校教师挂职锻炼、企业人员兼职，建立互研、互学、互助的协同机制，推动校际间、校企间人员双向交流、相互聘用、双重身份、双岗一体，实现人员融通；校企共建产学研用创实践基地，以基地为载体实现行业领先技术的交流与分享，联合技术攻关解决企业难题，将新技术、新工艺、新规范融入教学，促进产业经验和专业教育融合，实现技术融通；依托国家级教学资源库，将标准、课程、竞赛、证书等优质资源进行集成，建用结合，共同推广，实现资源融通；以共同体团队文化为引领，坚持师德师风第一标准，通过党建共建、文化共建等实践活动，助力团队成员在理念、价值、情感等方面形成共识，同心同德形成凝聚力，实现"文化融通"。

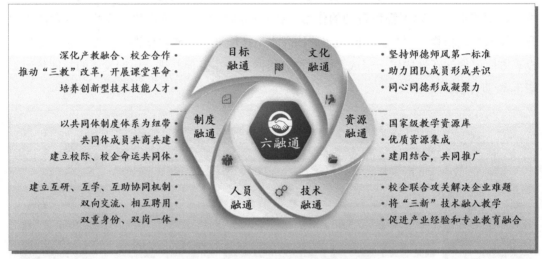

图3 "六融通"的共同体实践新路径

四、成果推广与应用效果

(一) 团队建设能力和教师专业能力全面发展

成果实施以来，共同体单位获批国家"双高"校10所、优质校10所，教师发展指数优秀院校3所，国家级教师教学创新团队10个，教育部首批创新团队建设典型案例2个；获黄炎培杰出教师、教学名师、技能大师等荣誉称号40余人，专业品牌效应凸显。教学研究成果丰硕，坚持边研究边实践，共同体单位主持国家级职教创新团队、团队共同体系列专题课题14项，省部级课题60余项；共同体团队成员参与制定(或修订)国家专业教学标准28套、国际化专业教学标准3个，发表高水平论文60余篇，出版专著3部，获专利、软件著作权200余项；在省部级及以上教学能力大赛中获奖100余人次(其中国家级37人次)，微课大赛获奖50余人次。服务企业成效显著，共同体成员进一步深化校企合作，联合企业开展技术服务项目60余项,技术服务到款额达到700余万元;校企共研碳中和新能源领域教学展示系统、风电机组控制虚拟仿真系统参展第五届世界智能大会和首届世界职业技术教育发展大会。共同体联合天津圣威科技发展有限公司研制开发的AI新能源网联车已在泰国、印度等5个鲁班工坊应用并形成配套的虚拟仿真双语教学资源,纳入教学资源库。

(二) 高质量教学资源不断丰富

共同体建成首个国家级新能源类专业教学资源库,国家级新能源类专业教学资源库以光伏、风电两个专业为主体,辐射新能源装备技术、太阳能光热技术与应用等N个专业,形成了"2+N"的专业群建设模式,建成行业中心、专业中心、资源中心、职业培训、教学团队、新能源博物馆、创新创业、鲁班工坊八大中心。研究并制定了共同体通用的专业能力模块化课程设置方案,积极引入行业企业优质课程,及时将新技术、新工艺、新规范纳入课程标准和教学内容,将职业技能等级标准等有关内容融入课程教学,建设智能化教学支持环境下的教学资源;组织团队教师集体备课、协同教研,规范教案、教材的编写,做好线上线下混合式教学组织实施,推动课堂教学革命。使用资源库的院校之间开展学分互认,实施模块化教学,满足教师、学生、企业用户、社会人员四类人群个性使用需求。校企共建优质教学资源337 00余条,用户涉及院校500余所、企业500余家,人数达7万余人。通过优质资源共建共享,学生技能显著提升,高效助推"三教"改革。坚持标准先行,校企共研国际化、国家专业标准,制定(或修订)30余套。校企共同开发在线课程69门(省部级及以上在线课程、思政课程25门)、数字教材30部,出版教材66部(国规教材12部、双语教材2部),发行量30余万册。

(三) 专业人才培养质量显著提升

共同体单位注重将创新创业教育融入人才培养全过程,以教师专业能力提升反哺教学质量提升,按照共同体"六融通"路径实施,持续推进专业设置与产业需求对接、课程内容与职业标准对接、教学过程与生产过程对接,学生技能水平显著提升,竞赛成绩优异。学生在全国职业院校技能竞赛中获奖100余人次,国家级创新创业大赛获奖30余人次,金砖国家技能技术创新大赛新型碳中和能源管控技术及应用赛项获奖19人次(一等奖7人次),首届世界职业院校技能大赛碳中和可再生能源工程技术赛项获奖12人次(金牌4人次),其中,共同体单位通过中外选手联合组队的方式,参加首届世界职业院校技能大赛碳中和可再生能源工程技术赛项,获得金、银牌各1枚。共同体单位与企业共建产业学院,探索现代学徒制育人模式,有效提升人才培养质量。团队建设和高质量教学资源建设有效提升了人才培养质量,第三方机构麦可思调研显示企业对毕业生满意度高,就业质量核心指标均居全国同类专业前列,就业率达95%以上,2019年技能大赛选手李瑞以年薪18万元被中职学校录用,实现高质量就业。

(四) 国内外社会影响力不断扩大

共同体团队成员通过线上线下进行岗课赛证、"三教"改革及国际交流等内容的交流与分享，辐射并带动包括和田职业技术学院、西藏昌都职业技术学校在内的国内院校及境外鲁班工坊合作院校，影响人数达上万人次。服务"一带一路"倡议，培训印度、埃及鲁班工坊外籍教师及境外企业员工600余人。在全国职业教育师资队伍建设汇报会做典型发言4次，在津门师德巡讲等10余场会议上发言，对全国10余个协作共同体进行指导，受益教师11 000余人；成果模式被30余家院校、企业采纳并应用。其中，2019年成果第一完成人在全国职业教育师资队伍建设汇报会上做题为"守正创新 增值赋能 协同发展——团队教师双师能力建设"的典型发言，为全国364个创新团队和53个共同体提供指导，发挥示范作用。团队为企业开展技术服务100余项，尤其是与企业共研的"碳中和新能源领域教学科研系统"参展第五届世界智能大会和首届世界职业技术教育发展大会，解决了新能源就地消纳问题；团队与企业共研的"集新能源与智能控制技术于一体的无人驾驶车"已在5个海外鲁班工坊应用并参展首届世界职业技术教育发展大会，扩大了校企知名度和影响力；世界职业技术教育发展大会期间，成果第一完成单位向教育部、天津市主要领导就共同体建设成效进行了详细汇报。成果被《中国教育报》、新华网、人民网等多家主流媒体报道50余次，为推动全国高水平师资队伍建设积累了可复制、可借鉴的实践经验。2022年，《中国教育报》以"协同创新又谱新曲 团队建设再铸华章"为题，对共同体建设成果进行报道。

【成果完成单位】

成果第一完成单位天津轻工职业技术学院携手酒泉职业技术学院、重庆电力高等专科学校、湖南电气职业技术学院、陕西科技大学、天津圣纳科技有限公司、江苏伟创晶智能科技有限公司联合申报的"文化引领 平台支撑 机制保障：新能源教学团队协作共同体建设的探索与实践"荣获2022年天津市职业教育教学成果奖特等奖。

理论赋能、协同支撑、行动研究、评价引领的职教教师教科研能力提升天津模式

天津职业技术师范大学　等

该成果聚焦职业教育教师教科研能力薄弱和可持续发展动力不足等问题，深度研究职教教师教科研能力培养和生成规律，形成能够有效提升教师教科研能力和系统化总结职教发展成果相结合的实践模式，开发与构建教科研能力评价指导体系，从理论赋能、协同支撑、行动研究、评价引领四个方面发力，有力提升了一大批职教教师的教科研能力，培育了一大批优秀的职教一线教科研工作者，产出了一批重要理论成果，助力天津市建成"现代职业教育的教科研高地"。该成果符合职业教育规律，在全国形成了较大的影响力，具有很好的参考价值和推广意义。

一、成果简介

习近平总书记指出，要遵循教育规律和教师成长发展规律，全面提升教师素质能力。优质的教科研能力既是职业院校教师专业能力的关键要素，也是促进教师专业能力持续发展的根本原因，更是持续深化职业教育教学改革、提升人才培养质量的"元动力"。天津在与教育部共建首个"国家职业教育改革创新示范区"、唯一的"国家现代职业教育改革创新示范区"和"新时代职业教育创新发展标杆"期间，形成理论赋能、协同支撑、行动研究、评价引领的系统提升职教教师教科研能力的天津模式并加以广泛应用(见图1)。特别是从 2016 年开始，集中解决对系统性、大范围提升一线教师教科研能力的规律把握欠清晰、精准，区域系统性、大范围提升一线教师教科研能力的有效实践路径欠缺，一线教师聚焦教育教学关键主题开展教科研的主动意识和实践能力不足等问题，加快落实成果的应用，较好地形成提升教师教科研能力和产出职教重要成果有机结合的双赢格局。

理论赋能：深度融汇国内外职教教师专业化理论，通过主持完成的多项重大课题对其进行实践性转化，确定构建教科研协同支撑体系、组织教师开展有效行动研究、立足教师需求诊断完善提升路径是区域系统性、大范围提升一线教师教科研能力的具有规律性的根本模式。

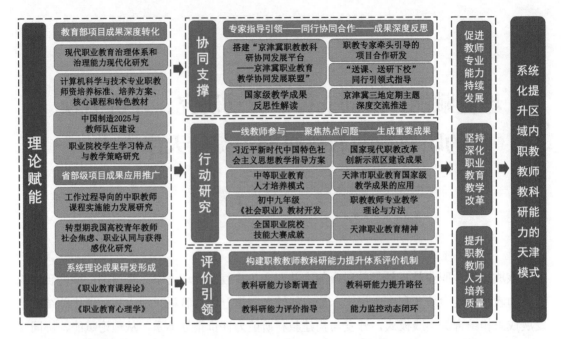

图1 理论赋能、协同支撑、行动研究、评价引领的系统提升职教教师教科研能力的天津模式

协同支撑：天津市职教教科研管理部门与职业技术师范大学、职业院校协同探索建立了顶层规划、专家引导、行动研究、成果推广、诊断改进的系统化工作体系，有效提升了全市职业院校教师教科研能力，并据此深化构建"两院四中心"平台；同步建立京津冀地区线上线下协同教研交流机制，京津冀地区逾8万名教师直接受益。

行动研究：专家牵头指导一线教师聚焦教育教学关键问题和实践探索成果，进行较大范围的合作研究，让教师成为教科研主体，并持续关注职教改革，培养善于实践反思、产出有效成果的能力，达到职教教师教科研能力提升与区域教科研成果涌现的双赢成效。2016年6月以来，天津市近400位一线教师作为研究主体直接参与职教重大教科研项目研发，聚焦国家职教试验区、示范区及标杆城市建设成果完成著作10多部、学术论文200余篇，形成的决策咨询报告成为《教育部与天津市共建新时代职教创新发展标杆方案》的基础文本，得到教育部和天津市肯定。

评价引领：面向一线教师实施大范围诊断评价，建立一线教师教科研能力提升体系的反馈机制，基于教师动态需求持续完善提升路径。

该成果被天津市教科规划立项为教学成果奖重点培育项目，获"全国教材建设先进个人"等国家级、省部级奖项50余项。成果主要完成单位荣获2019年"全国教育系统先进集体"称号，作为关键力量支撑"世界职业技术教育发展大会"和"世界职业院校技能大赛"成功举办，承办并通过"全球职业教育青年教师发展论坛"发布相关内容产生国际影响。"学习强国"平台、《人民日报》、《中国教育报》、新华网等国家权威媒体对成果及相关活动进行了广泛报道，产生了广泛影响。

二、成果实践做法

(一) 完成理论的实践性转化，确定提升一线教师教科研能力的根本路径

基于教师专业化发展理论，深入研究职教教师教科研能力培养和生成的规律，研发职教教师教科研能力提升的方法和路径，构建以科学理论为基础的职教教师教科研能力提升模式(见图2)。

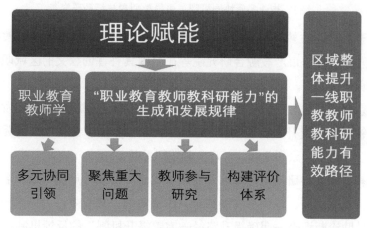

图2　理论赋能：实现理论成果的实践性转化

全面转化教育部哲学社会科学研究重大攻关项目"现代职业教育治理体系和治理能力现代化研究"、教育部和财政部职教教师素质提升计划重大项目"计算机科学与技术专业职教师资培养标准、培养方案、核心课程和特色教材"、全国教科规划国家重点项目"职业教育人才培养模式的国际比较研究"、教育部教师司委托项目"中国制造2025与教师队伍建设"和教育部职业技术教育中心研究所(现教育部职业教育发展中心)委托项目"职业院校学生学习特点与教学策略研究"等18项课题成果，并完成《职业教育教师专业化发展的理论与实践》《计算机专业教学理论与方法》等多部著作和系列学术论文，阐明提升一线教师教科研能力的基本规律，揭示"多元协同引领、聚焦重大问题、教师行动研究、构建评价体系"的有效路径。

(二) 构建有效的协同支撑体系，形成常态化、系统性、大范围实践样态

2016年以来，职教教科研管理部门协同职教教师培养院校，面向全市职业院校持续开展系统性、常态化的送课下校、送研下校，学科教研，国赛资源转化指导，"1+X"证书培训资源开发指导等持续性教学示范与专家指导活动，年均助力近万名一线教师提升教科研能力(见图3)。

图3 构建多元协同机制，引导教师参与行动研究

天津市基于上述职教教科研基础，于2021年9月14日依托天津市教科院成立天津市职业教育研究院、天津市产教融合研究院等在全国具有首创意义的区域职教"两院四中心"职教教科研平台。

牵头协同京津冀职教教科研管理部门成立"京津冀职业院校教学协同发展联盟"，搭建三地示范引领和协同提升平台。2018—2022年，连续举办5届"京津冀职业教育教学协同发展论坛"，约200余所学校、8万余名教师受益。

开发"职教教师教科研能力与职业发展现状调查"问卷并施测，逾千名教师作答并认为"增加培训、专家引领、理论与实践结合、注重实效"最有效，为模式推行及改进提供依据，形成"借助诊断调查—明确提升路径—完善提升机制"的反馈机制。

(三) 组织一线教师开展行动研究，打造提升能力和产出成果的双赢格局

根据职教教师教科研能力生成规律，探索了以行动研究为主的区域内职教教师的教科研能力提升路径(见图4)。

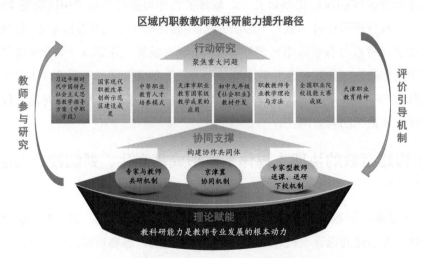

图4 区域内职教教师教科研能力提升路径

以日常教育教学问题研究为抓手，促进新手教师向骨干教师发展。根据新手教师教科

研工作和能力的实际情况，通过送课下校、送研下校等方式，持续提升新手职教教师的教科研能力。

以重大关键问题的研究为抓手，促进骨干教师向专家型教师发展。2016年以来，组织400余名一线教师进行有效的教科研工作，构建起大范围、有组织的教科研团队，产生多项重要成果。

(1) 聚焦新思想完成《习近平新时代中国特色社会主义思想教学指导方案(中职)》，供全市使用，全市多位一线教师参加研究。

(2) 聚焦职教京津冀协同与东西部协作出版20余万字著作《协同与协作：职业教育的京津冀协同与东西部协作实录》，多位京津冀职业教育教研人员合作完成。

(3) 聚焦国家职教示范区建设成果和中高职教育教学实践出版《现代职业教育探索》(分10个方面介绍天津作为国家职业教育示范区的建设经验，汇集了全方位的职业教育教学发展成果)、《现代中等职业教育人才培养模式构建研究》和《天津高等职业教育发展研究》3部著作，总计120余万字。上述3项研究成果涉及职业教育教学发展的各个方面，参研人员将近200位。

(4) 聚焦国家级教学成果转化，出版由29个天津获奖团队参研的著作《天津市职业教育国家级教学成果应用研究》，参研人数达300余人。

(5) 聚焦职普融通，完成九年级地方教材《社会职业》，总发行量超50万套，由职教科研机构、职教教师培养机构、普通高校和一线教师协同完成。

(6) 聚焦天津职教精神，先后组织全市职业院校一线教师在《天津教育》《天津教育报》上发表近50篇文章，系统总结了天津职业教育砥砺奋进的精神与价值追求。

(7) 聚焦全国职业院校技能大赛举办历程，完成《全国职业院校技能大赛成就》的总结报告，并报教育部职业技术教育中心研究所(现教育部职业教育发展中心)，有10余位一线教师参与报告的撰写。

一线教师作为研究主体，将研究和教育教学工作相统一，在实践与反思中有效提升教科研能力。不仅使一线教师养成关注职教改革实践的习惯，而且实现将研究成果应用于实践，持续推动职业教育"三教"改革的目的。

三、成果创新点

(一) 理论创新：揭示在较大范围内提升教师教科研能力的基本原理

通过《职业教育教师专业化发展的理论与实践》《计算机专业教学理论与方法》《职业教育教师培养制度与机制创新》等著作实现了理论与实践的转化、融通，针对推进国家现代职教示范区和新时代职教创新发展标杆建设对一线教师教科研能力提升的需求，在《论新时代职教教师教科研能力提升的价值、困境与策略》等系列学术论文中明确提出职教教师教科研能力提升的内在逻辑与实践路径，构建理论架构，有效揭示新时代区域提升职教教师教科研能力的基本规律。

(二) 实践创新：构建有效、可行地提升教师教科研能力的实践范式

区域内职教教科研管理部门和职教教师培养培训院校坚持在协作共同体中，通过专家引领指导、聚焦重大问题开展较大规模的合作互动式教科研行动研究，是对当前教师专业发展前沿理论的创新实践转化。实践证明这是提升一线职教教师教科研能力的有效路径。成果实施中，结合区域优势，积极构建起的京津冀协同机制，专家型教师送研下校、送课下校机制，专家与教师共研机制等逐层递进的系统化路径被证明富有成效；精心选择区域职业教育发展的重大课题、关键问题和典型经验进行研究与总结，既营造了整体提升区域内职教教师教科研能力的有效机制与良好氛围，又有的放矢地产生了一大批体现天津职业教育发展重要成就的有效成果；探索并构建的"借助诊断调查—明确提升路径—实施评价指导"机制为整个模式提供了动态化反馈和改进机制，是对教师专业发展评价的一种有效、创新的做法。

(三) 成果创新：生成体系化的教科研成果，体现鲜明的本土话语

大规模协同区域一线教师共研的教科研成果具有明显创新性。《习近平新时代中国特色社会主义思想教学指导方案(中职)》是我国首部中职教师开展新思想教学的指导用书；《现代职业教育探索》《现代中等职业教育人才培养模式构建研究》《协同与协作：职业教育的京津冀协同与东西部协作实录》和《天津高等职业教育发展研究》等总计150余万字的著作是对天津作为国家职教试验区、示范区15年建设成果的系统化梳理与总结，对于总结经验、推广成果和透视天津职教现象不可或缺；《天津市职业教育国家级教学成果应用研究》是国内首部职教国家级教学成果转化的著作；《社会职业》是我国首部面向初三学生介绍社会职业的教材；《全国职业院校技能大赛成就总结》系首份总结大赛成就的报告；多篇文章发表于《光明日报》《中国教育报》并产生了重要影响；牵头人的主要观点被《人民日报》等署名引用，等等。

四、成果推广与应用效果

(一) 天津层面：教师教科研能力提升显著且成果量大质优

2016年6月以来，构建的职教教科研提升系统和运行机制使京津冀三地数万名教师受益，覆盖天津中高职院校并使年均近万名教师受益；近400位一线教师直接参与重大教科研项目，聚焦天津15年国家职教试验区、示范区建设成果完成教科研著作10余部、学术论文200余篇等；被"学习强国"平台、《中国教育报》、新华网、《天津日报》等转载或报道20余

次;形成的咨询报告是《教育部与天津市共建新时代职教创新发展标杆方案》的基础文本。

成果第一完成人在任期间,原天津市教委职教中心(现天津教科院职教研究中心)于2019年获评"全国教育系统先进集体"。成果完成人及一线参研教师获得"全国教材建设先进个人"等国家级和省部级奖项多项。

鉴于成果的重要影响,2021年12月,天津市教委批准天津职业技术师范大学设立"天津市职业教育'工匠之师'研究中心",并获批为"教育部普通高校人文社会科学重点研究基地北京师范大学教师教育研究中心职教教师研究分中心"。

(二) 京津冀层面:三地教师教科研协同广泛、深入

2018年起,牵头组建京津冀职业教育教学协同发展联盟并定期举办论坛,协同促进教科研成果交流。截至2022年,共举办5次联盟学术报告会,深入分享职教教科研成果和经验,受益校超过200所,受益教师数万名。其中,2018年线下与会者达300余人,2020年在线参会者超过2.31万人。2018年5月9日,通过举办京津冀职业院校思政课程教育成果交流展示活动推动京津冀职业院校思想政治课程教育教学工作协同发展,分享京津冀三地思想政治课程改革成果。《协同与协作:职业教育的京津冀协同与东西部协作实录》一书真实记录了三地职教协同与协作的重要成果。上述工作被《天津日报》《中国教育报》新华网等媒体广泛报道。

(三) 全国层面:职教教科研能力提升模式卓有影响

天津建设职教教科研高地经验报天津市和教育部相关领导审阅认可,成为部市共建职教标杆的重要基础。

《中国教育报》于2021年8月10日头版报道《津门逐浪高——天津打造现代职业教育体系透视(下)》,充分肯定了"天津探索形成的'政、行、企、校、研'五方携手共促职教发展机制",以及"研究机构支撑、服务,五方权责清晰、定位明确"的重要经验,被教育部网站全文转载。《天津日报》于2020年11月6日整版发布专文对天津"积极建设现代职业教育的教科研高地"进行全面肯定,共产党员网等重要网站全文转载。《中国职业技术教育》系统推广本教学成果核心内容。相关报道和文章被共产党员网、天津市教委网站、腾讯网、"学习强国"平台、中国教育在线和教育部官网全文转载,在全国范围内产生广泛影响。

成果完成单位是世界职业技术教育发展大会、世界职业院校技能大赛成功举办的关键主力,承办并通过"全球职业教育青年教师发展论坛"发布本成果相关内容。

【成果完成单位】

成果第一完成单位天津职业技术师范大学携手天津市教育科学研究院、天津大学、天津体育学院联合申报的"理论赋能、协同支撑、行动研究、评价引领的职教教师教科研能力提升天津模式"荣获2022年天津市职业教育教学成果奖特等奖。

"强基创新、多元育人"
——汽车运用与维修专业转型升级的探索与实践

天津市劳动经济学校

该成果依托"能力本位""终身学习"教育理论，以满足我国汽车产业全方位变革下技能工匠人才需求为主线，秉持专业教育与素质教育融合，教学标准与职业标准融合，构建了技能人才动态培养机制、教学资源随动保障机制和立足学生可持续发展的灵动增值评价机制，系统设计了"一主线、两融合、三机制"汽车运用与维修专业转型升级建设体系，首创"双线并行、三阶递进、六步提升"教学模式，创新"双课堂联动、赛创并举"可持续发展育人生态。该成果向全国10余所职业院校推广并得到应用，惠及学生5万余名，惠及企业200余家，人才培养质量、教育教学能力、专业综合实力提升成效明显，具有重大应用和推广价值。

一、成果简介

为贯彻《国务院关于大力发展职业教育的决定》，以及天津市出台的《国家职业教育改革试验区建设实施方案》提出的"实施汽车运用与维修专业领域技能型紧缺人才培养培训工程"，学校实施了汽车运用与维修专业内涵建设工程。

该成果始于2009年校企合作共建市级科技支撑计划重点项目实验室，形成于2012年"国家中等职业教育改革发展示范学校建设计划项目"，实践于"天津市中等职业教育示范学校建设项目""汽车维修国家级高技能人才培训基地""天津市中等职业学校提升办学能力建设项目""汽车运用与维修专业'1+X'证书制度试点建设""新能源汽车检测与维修国家级高技能人才培训基地建设"等项目，并通过"基于'中国制造2025'中职院校新能源汽车专业与实训中心建设研究""'1+X'证书制度背景下基于新能源汽车行业需求的课程体系设计与实践"等4项省部级课题研究持续提升，秉持"强基创新、多元育人"发展理念，凝练的"一主线、两融合、三机制"新时代汽车运用与维修专业转型升级体系(见图1)得到广泛应用和推广。

图1 "一主线、两融合、三机制"新时代汽车运用与维修专业转型升级体系

该成果以习近平总书记关于职业教育的重要指示为指导，坚持落实立德树人根本任务，以培养德智体美劳全面发展的新时代汽车维修技能工匠为己任，以能力本位、终身学习教育理论为依托，针对汽车技术迭代加速引起的教育规律与技术发展规律的时差问题，创新性地提出了以满足我国汽车产业全方位变革下技能工匠人才需求为主线，秉持专业教育与素质教育融合，教学标准与职业标准融合，构建了以"随势而动"为方针，以"五维发展"为抓手，行企校研多方协同育人的技能人才动态培养机制；针对教学资源建设与课堂教学同步改革的应变问题，构建了"校企联动、双师合力、以智赋能"的教学资源随动保障机制；针对校企合作与学生发展评价的导向问题，构建了立足学生可持续发展的"三阶四元五素"灵动增值评价机制。通过三个机制的协调运行，助力专业转型升级建设的实施，保障汽车运用与维修专业和汽车维修技能人才培养的高质量发展。

成果实施10年来，驱动专业高质量发展，惠及本校学生1万余人，实现人才培养质量、教育教学能力、专业综合实力的三大提升。学生获得省部级以上技能大赛奖93项，就业率95%以上，专业对口率达到100%，用人单位满意度96%以上；专业教师获得省部级技能大赛奖51项，教学能力大赛奖18项，4名教师获得省部级技术能手称号；专业成为市级骨干专业、市级优质专业，建成2个国家级高技能人才培训基地，开展年均15 000余人次的社会培训。

二、成果实践做法

(一) 教学改革

1. 人才培养方案修订

随着汽车产业的快速迭代升级，修订了汽车运用与维修专业的人才培养方案，加强实践环节，培养学生的动手能力。改变以教师为主体的传统教学模式，完成从"教师如何教会"到"学生如何学会"的教学思维转换，激发学生的求知欲望。

2. 课程标准修订

根据岗位的需求，修订了课程标准。课程标准以就业为导向，建立与行业岗位的良好衔接机制，分析岗位的工作任务，关注学生职业能力的培养，增强学生的职业素养。

3. 线上线下教学双线衔接

通过线上线下教学双线衔接，积极实践创新型教学模式，融入新技术、新工艺、新方法、新标准，教学效果良好。

4. 二课堂活动实践效果

学校注重对学生综合素质的培养，构建"双课堂联动，赛创并举"教育体系，通过一课堂完成知识理论和技能教育，二课堂开展汽修技能社团及创新创业社团活动，让更多对汽车感兴趣、对创新创业有想法的学生参与二课堂，建立学生可持续发展档案，促进学生全面发展。

5. 实训基地建设

基于项目和专业建设，打造了"服务课程、虚实结合、智能教学"的实训基地，创建了人机交互式智能教学环境，提高了教学效率。

6. 学生评价

针对校企合作与学生发展评价的导向问题，构建了立足学生可持续发展的"三阶四元五素"灵动增值评价机制，形成入校、在学、就业"三阶"评价，针对每个学生，每学年都会输出一份学生成长评估五维雷达图。依据评价结果，学生可了解自身优势与不足，明确努力方向；教师可了解学生的学习状态，优化教学策略；企业可了解学生的综合素质，帮助学生规划职业生涯；家长可了解学生的学习生涯表现，配合学校，让评价回归育人本位；学校进一步修订人才培养方案和课程标准，从而满足汽车技术快速迭代背景下，汽车产业对创新型技能工匠的需求。

7. 学生对课程改革效果进行评价

学校秉持以学生为主体，落实立德树人根本任务，学期课程结束，学生参与课程改革效果评价，帮助教师反思教学过程，优化教学设计。

(二) 师资培养

1. 师资培训

通过专业理论培训，提高教师教学水平，采取企业实践和专项培训走出去的方式，提高教师的实践能力，从而实现理论水平和实践能力双提升。近四年参加各级各类培训100余人次，其中国家级培训50人次，分别获得高级技师职业资格证书、电工上岗证、新能源汽车高压电技师证书及"1+X"考评员证书等。

2. 新老教师结对子

学校通过新老教师结对子的方式培养年轻教师，同时促进老教师与时俱进。

3. 教师研发能力

教师在专业教学的同时，利用业余时间进行创新探索，获得实用型专利5项、软件著作权2项，与企业合作进行教学设备的技术革新2项，在服务教学的同时，为企业带来经济效益。

4. 教学资源开发

为进一步提高信息化教学水平，教师根据学情及学校现有教学条件，开发六大类教学资源并将其运用到教育教学过程中，有效提升了学生学习的积极性，应用和推广效果良好，受到一致好评。

依托项目建设，打造了数字化教学平台，满足了线上线下教学需求，实现了双线协同共赢，同时为社会、企业人员提供专业培训和技能培训，推动了经济社会发展。

随着新能源汽车保有量的不断提升，2017年调整人才培养方案，将"新能源汽车维护与保养"列为汽车运用与维修专业的拓展课程。2018年，学校汽车工程系开始一体化课程教学改革，组建教学团队，进行企业调研，梳理并重构课程内容，开发课程资源，结合学情和学校实际实训条件，有机融入思政教育，设计教学环节和教学活动，有效解决了"学生不想学，教师不好教"的问题，以学生为主体，充分调动了学生主动学习的积极性，课堂效率大大提高，学生综合素养不断提升。2019年，通过"天津市中等职业学校提升办学能力建设项目"打造了信息化智慧课堂，同时建立线上资源；2020年，开始在校内进行混合式教学，教师布置任务，学生课前在平台上进行自学自测，教师通过平台数据了解学生对知识的掌握情况；2021年，在学校教务处统一要求下，学校全部课程在学习通超星平台上线，新冠肺炎疫情期间，有效利用平台进行线上教学，后期通过创优赋能进一步拓展课程资源，如虚拟仿真软件、理论微课视频等。2023年，新能源汽车运用与维修专业资源库被评为天津市职业教育专业教学资源库，同时被推广、共享给京津冀及西藏等地区的职业院校，应用效果良好，得到了一致好评。2023年，该专业在慕课平台建设课程并开课，有效解决了教学内容单一、体验感缺乏等问题，选课人数达到了1000余人，累计互动700次，选课学生全部完成学习并通过考核。

5. 教师学历提升

学校高度重视教师能力培养，鼓励青年教师继续教育，30余人获得硕士研究生学历，帮助青年教师掌握扎实的教学基本功、专业知识，提高教师的教育理论修养，使其具备一定的教科研能力，能够独当一面，胜任职业教育教学工作，具备教育管理能力。

(三) 校企合作

构建"人才共育、资源共享、学研共进"的校企合作模式，经过10余年实施与改革，提升了汽车运用与维修专业的知名度和影响力，实现了学校高质量育人、毕业生高质量就业、企业收获高质量人才的三方共赢。

共建专业与课程，学校与企业共同制订专业培养计划，开发能够满足行业需求的课程，确保学生所学知识与实际应用紧密结合。人才共育与师资培训相结合，企业参与学校的教学过程，为学生提供实习实训机会，学校也为企业员工提供培训服务，这种合作模式有助于提升学生的实践能力和职业素养，加强企业员工的专业素养和技能水平。校企合作不仅关注教育教学改革，还致力于推动科技成果的转化和应用。学校与企业共同开展科研项目，将研究成果转化为实际生产力，实现产学研一体化发展。提高教学质量和水平，校企合作有助于学校将教学与实践相结合，提高学生的实际应用能力。同时，企业参与教学过程也有助于学校了解行业发展趋势和市场需求，及时调整教学内容和方式。

三、成果创新点

(一) 系统设计了汽车运用与维修专业转型升级体系

从过程论的角度体现"对接"，确立了多方协同动态人才培养教学标准和途径，按照"专业与产业、职业岗位对接，专业课程内容与职业标准对接，教学过程与生产过程对接，学历证书与职业资格证书对接，职业教育与终身学习对接"的要求，做到精准定位、全程培养；从系统论的角度出发，体现"同步"原则，完善实训基地、师资团队、课程资源等要素的随动保障机制，并按照"实训室与专业课程相对应、实训设备与教学内容相对应、实训环境与教学模式相对应"的原则建设校内实训基地，按照"能力提升、转型培养、人才引进、教研并进"的思路培养师资，按照服务课程的原则开发资源，奠定专业方向拓展和教学改革的根基，强化专业与课程的内涵建设；从方法论的角度体现"引领"，构建学生可持续发展灵动增值评价机制，以大数据技术为支撑，多种评价方式相结合，形成全面、完整的教学反馈和学习效果评价闭环，为人才培养途径和模式提供了标准与依据。

(二) 首创"双线并行、三阶递进、六步提升"教学模式

教学模式改革以教学资源动态调整为前提，提升了课程内容与实训设备契合度，保证教、训一致，引入生产一线维修设备，做到学、用一致，将虚拟仿真软件、实体实物、信息化资源、多媒体设备整合，实现交互式智能教学，保障教学模式实施。教师主导短视

频、活页式教材等资源的开发，强化师生互动与项目化教学，全面培养学生的工作思维和职业素养。通过线上学习、课堂互动、项目实施、答疑解惑等环节达成教学目标，融合线上线下"双线并行"教学过程，拓展教学空间；以课前、课中、课后"三段递进"阶梯式教学路径，实现知识内化、能力建构和素养养成；秉承"乐思、乐学、乐练、乐享"教学理念，按照"资讯、计划、决策、实施、检查、评估"进行六步提升，创设教学情境，小组合作探究新知，虚实结合训练技能，定岗定责强管理，自评互评看成效，形成良好学习氛围，促进学生综合素质提升。

(三) 创新"双课堂联动、赛创并举"可持续发展育人生态

在行业、企业、学校、研究院所多方合作下，落实立德树人根本任务，以学生的健康成长和未来发展为目标，将校企合作贯穿人才培养全过程，从思想品德、专业知识、实践技能、审美鉴赏、创新劳动五个维度出发，联动一课堂专业教育与二课堂社团活动，尊重学生的主动性，共抓专业技能竞技与创新创业大赛，验证学习效果。同时，立足学生可持续发展，遵循正向激励、客观评价、全面评价理念，实施增值评价机制，充分考虑学生个体差异，关注学生点滴成长，彻底摒弃唯分数论的评价模式，激励学生求学上进，正确看待自己，见证自身成长，引导学生开发自身潜能，明确目标追求，培养终身学习的良好习惯和能力，实现学生的可持续发展。

(四) 服务产业升级，对接岗位技能——中职汽车运用与维修专业技能人才培养模式创新

1. 探索课程思政，助推课程改革

为进一步服务产业升级，天津市劳动经济学校汽车工程系对接岗位技能，创新人才培养模式，更新教学理念，推进教学改革，推行"145"教学模式，构建"四融合"育人模式，深化评价机制，通过几年的实践，建设了一支高水平"工匠名师"队伍，培养了一批高技能、高素质的技能人才。

习近平总书记在全国高校思想政治工作会议中强调，要用好课堂教学这个主渠道，各类课程都要与思想政治理论课同向同行，形成协同效应。天津市劳动经济学校认真践行习近平总书记重要讲话精神，聚焦立德树人根本任务，传承红色基因，在教学改革中逐步深化对课程思政的认识，不断推动学校思政教育与专业教育的融合。学校汽车工程系致力于以课程思政推动专业教学改革，在教学设计过程中，充分挖掘专业课程中蕴含的思政元素，从专业知识技能提升和价值观塑造两个维度出发，探索两者有机融合的一体化教学模式改革。确定思政目标，做到有的放矢，挖掘典型任务，渗透思政元素，以"汽车电控发动机维修"为例，将教学内容划分为6个教学模块、22个任务点，通过集体备课教研，修订课程标准，制定标准化教案、课件、工单模板，以及教学微视频拍摄标准。在思政课教师指导下，结合专业特点挖掘80余个劳动教育、工匠精神和职业规范等思政元素，经意识

形态审核后，梳理68个思政教学资源用于教学，同时该课程被评为天津市中职学校课程思政培育课程。

2. 推行"145"教学模式，助力技能提升

天津市劳动经济学校汽车工程系在实践中形成了"145"教学模式，即以"学习通平台"为依托，进行课前任务发布、学生学习反馈，同时可进行课堂活动管理，实现教学、学习、考试、管理、评价等功能。采用自主、合作、探究、反馈的教学形式，充分利用仿真软件、教学资源、思维导图、希沃白板、教辅工单等，有效达成知识、技能、素养三维目标。

3. 构建"四融合"育人模式，服务产业升级

依据协同理论，家、校、企三个主体围绕共同的育人目标，在协作过程中进行资源整合、融通合作、协力共事、共同发力、共同发展、共同受益，形成深度融合的教育共同体。家、校、企"三元"主体围绕人才培养目标在社会责任意识的推动下合力运行，构建"专业+产业""课程+岗位""课堂+车间""教师+师傅"四融合育人的紧密型教育模式。通过推进"岗课赛证"人才培养模式改革，课程教学中融入技能大赛、岗位技能竞赛的内容，通过分段、分层教学，实现了人才培养与企业需求的精准对接。近年来，学校汽车工程系学生通过了汽车运用与维修"1+X"考试初级认证及汽车维修工初、中级考核，实行进阶式培养、个性化学习。

四、成果推广与应用效果

(一) 人才培养质量显著提升，学生可持续发展能力突出

学生课前完成线上教学任务，自主学习能力有效提升，课前任务点击率达到97%；课中通过合作探究、角色扮演及虚实融合，有效提升实践能力；课后通过知识拓展，有效实现知识迁移。相比传统课堂，成绩显著提高。学生利用虚拟仿真软件、汽车整车，模拟真实工作场景，有效提高学生实践操作的积极性，从个别小组成员无事做到小组成员之间有效协调、互教互学，实现了"质"的跨越。学生通过思政案例、企业案例进行课前导入，大幅度提升职业敬畏感，显著降低实践操作中的失误率，实训耗损率减少了43%，平台学习点击率提高了60%，作业平均优良率达到了90%。

学生具有良好的综合素质和创新能力。学生获得省部级以上奖项93项，获得中等职业教育国家奖学金26人次，获得"市级优秀学生""市级三好学生"称号113人次，27个班级获评市级优秀班集体。创新创效社团的学生结合地域特点设计"云养萝"沙窝萝卜大棚认养项目，获得第十七届"振兴杯"全国青年职业技能大赛创新创效专项赛铜奖。

激发当代学生的驱动力，促进智慧学习生态构建。充分分析当代职业院校学生的学习习惯及其与学习动机的关系，激发学生的学习驱动力，在视频、动画、仿真等资源的基础

上，应用扫图、扫码等先进信息化技术，解决新能源汽车维护与保养教学中成本高、风险大等问题，让线上线下教育场景更加丰富、生动，实现平台、软件、资源、工具的无缝集成，促进智慧学习生态的构建。

学生具有良好的可持续发展能力。毕业生进入汽车销售服务企业从事汽车维修、售后服务接待、汽车销售等工作，订单班学生进入北京福田戴姆勒维修站从事商用车维修工作，良好的综合素质获得用人单位的认可与好评，企业满意度96%以上。部分学生选择自主创业或升入高等职业院校深造，10余人创办汽车维修企业。2022年，1名毕业生登上世界职业院校技能大赛领奖台，获得汽车技术赛项金牌。

(二) 师资水平显著提升，"三教"改革结出累累硕果

教师具有较强的教学和实践能力，在教学能力大赛和职业技能大赛中屡获佳绩，获省部级以上奖项69项。4名教师应邀参加中央电视台职业教育公开课录制，4名教师获得省部级技术能手荣誉称号。

历经多年改革探索与创新，已形成"多元四融三层"评价模式。秉承以人为本的理念，尊重个体差异，采用小组自评、组间互评、教师评价的多元评价方式，依据多维度的评价内容(知行合一、德技并修、赛训结合、校企双评)，主、客观相结合，形成课前、课中、课后三层评价。根据课堂表现进行主观评价，利用平台数据进行客观评价，通过各环节及时性评价全程监控学生学习状态，探索增值评价，形成全过程评价，为教师掌控教学过程、分析教学效果、调整教学策略提供依据。

教师具有良好的开发与创新能力，开发"汽车底盘构造与维修""汽车电控发动机维修"等一体化专业课程6门；发表论文60篇，出版专业教材5本，开发活页式教材11本，完成省部级课题4项、重点课题1项，获得课题研究省部级一等奖2项；与企业合作构建汽车运用与维修专业教学资源库，开发六大类信息化资源；发明"新能源汽车专用后视镜"等实用新型专利5项，获得软件著作权2项，研发教学设备技术革新2项。

加强"工匠名师"的培养，提高教师的专业技术、创新能力，一是鼓励教师积极参与技能大赛，以赛促学，提高技能本领，更好地指导学生；二是选派教师参加国培，提高专业理论和教学能力；三是选派教师参加企业实践，了解行业岗位需求，提高实践能力；四是将创新与课改紧密结合，提高教师对课改的参与度，将创新教育贯穿教学全过程，提高教师的创新意识和创新能力。

(三) 专业综合实力显著提升，引领、示范和辐射作用明显

课程平台能够保障课程运行的信息安全与各类数据监管，为校内外学习者提供了较稳定的信息化学习环境。各类教学资源应用充分，活跃用户数占课程注册使用人数的比例较高。课程平台满足开放用户身份数据、课程访问数据、学习行为数据及相关运行数据等监管要求，持续关注课程的线上运行情况，通过对学生学习全过程的考核，重点培养学生的

能力，有效杜绝了学生刷课、替课、刷考、替考等行为。

课程线上线下混合式教学模式效果显著，具有复制和推广价值，教师基于平台实施网络化教学，用信息技术改造传统教学，促进现代职业教育与教育教学深度融合，实现了线上线下混合教育与翻转课堂教学，提高教学水平，提高课堂教学的有效性，受益学校和企业20余家，受益人数达上千人。

助力职业技能大赛，服务经济社会发展。学校连续3年承办省部级一类技能竞赛，承担天津代表队的集训任务，助力天津获得国赛金牌1枚、一等奖1个、三等奖5个、优胜奖3个，最佳组织奖1个。依托实训基地，主动承担社会责任，年均开展技能培训15 000余人次。

教学成果在全国推广，合作院校给予高度赞誉。学校成为京津冀交通服务产教联盟副主任单位，与天津汽车维修检测行业协会共同搭建天津职业院校汽车专业校企合作招生就业工作平台，每年提供800余个实习就业岗位，为学生实习、就业保驾护航。2019年，学校获得天津市财政专项资金570余万元，建设新能源汽车智能教学实训中心。成果向全国10余所中高职院校推广、应用，专业转型升级的可行性、人才培养模式的适用性、教学与评价模式的有效性得以充分验证，惠及学生5万余名，惠及企业200余家。成果被中国教育电视台、《人民日报》《中国教育报》等8家媒体报道。

【成果完成单位】

成果第一完成单位天津市劳动经济学校申报的"'强基创新、多元育人'——汽车运用与维修专业转型升级的探索与实践"荣获2022年天津市职业教育教学成果奖特等奖。

多平台构建 教产同行 双向赋能
——职业教育国际交流合作模式创新的探索与实践

天津轻工职业技术学院 等

该成果针对职业教育国际交流合作模式在全方位、宽领域、多层次方面的欠缺，形成以"多平台构建"为基础，以"教产同行"为根本路径，以"双向赋能"为发展机制的具有职业教育类型特色的国际交流合作模式创新，推动了职业教育国际交流合作多方位、多领域、多层次融合发展。该成果拓展了国内职业教育与世界交流合作的通道和领域，实现了双向多主体共赢，在国内、国际得到广泛认可，为我国职业院校的国际交流合作提供了成功范例。

一、成果简介

我国职业教育国际交流合作经历了从"引进来"到"引进来与走出去"并行的过程，形式也趋于多样化，但职业教育国际交流合作模式还不成熟，在全方位、宽领域、多层次方面还有欠缺。天津轻工职业技术学院经过国家骨干校、天津市提升办学能力项目建设，在国际交流合作方面做了长期、有益的探索与实践，形成了"多平台构建 教产同行 双向赋能——职业教育国际交流合作模式创新"成果，成果形式为国际化项目实施方案。2016年至今，开展了成果的实践检验，取得了显著成效。2019年，天津轻工职业技术学院成为中国特色高水平高职学院和专业建设计划建设单位。

"多平台构建"是职业教育国际交流合作的基础和桥梁。学院与政府有关部门、国内外企业、外方院校及社会组织先后搭建了六大类平台：先进技术协同创新平台、专业建设与资源开发平台、师生互动互访平台、职业技能竞赛平台、论坛会议交流平台、文化交流互鉴平台，不同类型的平台推动了职业教育国际交流合作多方位、多领域、多层次融合发展。

"教产同行"是职业教育国际交流合作的鲜明特色和根本路径。学院与企业"携手出海、教随产出、教产同行"，牵手埃及泰达特区开发公司、山东豪迈集团等在"一带一路"共建国家协同合作，解决企业在海外发展时本土技术技能人才短缺的问题，提升职业教育的国际影响力。同时，与"引进来"外方企业合作，保持同频共振，天津轻工职业技术学院与瑞士GF共建模具产业学院，与德国卡尔蔡司共设新专业，培养高水平技能人才，服务高端产业。

"双向赋能"是职业教育国际交流合作的内生动力，即发展机制。学院在国内、国外两个维度实现了全方位、多主体、多层次合作共享、发展共进：与世界知名外资企业合作，提升人才培养质量和服务企业的能力；与"一带一路"共建国家院校合作，分享国内优质职业教育资源，培训外方师资，提升学院专业、教师团队和国际化办学水平；携手中资企业"走出去"，支持国际产能合作，为当地企业培养高技能人才，提高合作国就业水平，实现了双向、多主体共赢。

通过国际交流合作，学院引进世界先进企业技术，攻关解决精密模具"卡脖子"问题；建设3个海外鲁班工坊；开发多个国际化专业标准和配套的数字教学资源；打造模具和光伏高水平专业(群)；建立瑞士师生海外培训基地，人才培养与国际接轨；举(承)办16次中外高水平论坛；中埃学生携手在2022年世校赛中获得金牌；2022年学院被指定为筹备世界职业技术教育发展联盟执行秘书处。

二、成果实践做法

通过成果的实施，拓展了国内职业教育与世界交流合作的通道和合作领域，开辟了教产协同引进先进技术和设备，与世界分享中国优质职业教育资源，助力中资企业走出去的新路径，实现了双向多主体共赢，为职业教育国际交流合作增添了内生动力。成果经过实践检验，促进了学院专业与资源建设的国际化发展，提升了师资队伍的国际化水平，提高了人才培养质量和服务企业的能力。

"多平台构建"即与政府有关部门、国内外企业、外方院校及社会组织合作搭建各类平台，促进职业教育的国际交流。其中，先进技术协同创新平台致力于引进世界领先企业的技术和设备，共同进行技术技能创新，攻关解决精密仪器"卡脖子"问题。学院借助国际一流的精密加工和检测设备，携手海鸥集团联合打造了国内高职院校首条精密模具智能制造生产线。经过学院模具专业骨干教师、海鸥技术人员及相关企业专家的共同努力，海鸥手表机芯零件加工高速精密级进模具研发成功，第一块应用这套级进模生产的零件组装的海鸥手表成功问世。

专业建设与资源开发平台旨在开发国际化专业标准和国际化数字教学资源，建设高水平专业(群)。依托鲁班工坊建设，学院与印度分享专业教学标准2个，与埃及分享专业教学标准3个，先后开发双语教材13本、课程标准11个。学院的模具设计与制造、光伏工程技术为中国特色高水平专业群。

通过师生互动互访平台与国外院校师生开展交流与学习，培养具有国际视野、通晓国际规则的师资团队，使人才培养与国际接轨。学院先后与德国、新西兰、瑞士、印度、埃及等国家开展深入合作，派教师、学生通过线上交流、出访、论坛等多种形式开展国际交流，拓展师生国际视野。

通过职业技能竞赛交流平台开展国际范围的职业技能竞赛、邀请赛等，进行技术交流，竞技相长。学院依托印度、埃及的鲁班工坊建设，多次开展相关活动。2018年，印度金奈理工学院学生来华参加培训并参加中国的全国职业院校技能大赛，在"风光互补发电系统安装与调试"项目国际邀请赛中荣获优胜奖。2020年1月，天津轻工职业技术学院派学生赴印度与印度金奈理工学院学生联合组队参加印度孟买Techfest智能鼠比赛，取得了印度国内赛第一名和国际赛优胜奖的优异成绩。2022年8月，在首届世界职业院校技能大赛"碳中和可再生能源工程技术"赛项中，中埃两国学生联合备赛，取得赛项金牌。

通过论坛会议平台，以学术会议、论坛的形式推动中外学术及创新交流。学院依托与有关国家的合作，建立中国-新西兰、中国-瑞士职业教育研究中心，主办或承办中新、中印、中埃等职业教育论坛或研讨会，推动中外职业教育交流。

通过文化交流互鉴平台进行留学生培养、留学生文化及体验基地建设、开展中文+职业技能项目等，促进文化互鉴。天津轻工职业技术学院自2017年开始培养学历留学生，承接东南亚国家职业技术教育校长工作坊、乌干达技能培训和工程机械维修项目、非洲高等职业院校管理研修班等高层次国外短期培训。学院的鲁班工坊建设·体验馆被天津市教委认定为天津市外国留学生文化体验基地，现已接待海内外来访者7万余人次。学院依托埃及鲁班工坊建设，开发了《"中文+职业技能"教程(工业篇)》活页式教材、课程标准，开发相关在线课程和典型教学案例库，与鲁班工坊进行有效结合，将中文+职业技能融入埃及鲁班工坊，受到埃及当地政府、学生的欢迎，为埃及当地学生搭建了了解中国技术、中国设备、中国文化的桥梁，教育部副部长陈杰对中文+职业技能项目模式及相关教材给予高度评价。

"教产同行"即学院与企业"携手出海、教随产出、教产同行"。天津轻工职业技术学院先后牵手埃及泰达特区开发公司、山东豪迈集团等在"一带一路"共建国家协同合作，解决企业在海外发展本土技术技能人才短缺的问题，提升职业教育国际影响力。学院两次组织中资企业赴埃及投资推介会，并携手埃及泰达特区开发公司共建埃及鲁班工坊(艾因夏姆斯大学)培训就业基地，开创服务国际产能合作新跨越的使命。豪迈集团、科林集团、力神电池先后找到学院，希望"乘船出海"。

同时，与"引进来"外方企业合作，保持同频共振，学院与瑞士GF共建模具产业学院，与德国卡尔蔡司共设新专业，培养高水平技能人才，服务高端产业。2021年7月2日，天津轻工职业技术学院举办职业等级证书(蔡司CALYPSO基础软件应用)颁发仪式，首届机械工程学院工业产品质量检测技术专业(19级机械产品检测检验专业班)的12名学生不仅取得了首批国内蔡司CALYPSO基础软件应用证书，而且全员通过蔡司考核，实现百分之百就业。

"双向赋能"既是职业教育国际交流合作的内生动力，也是学院国际合作模式能够与企业合作共赢的内核。学院与世界知名企业瑞士GF及德国卡尔蔡司等公司合作，引进先进技术、设备、标准，提升了学院的人才培养质量和服务企业的能力，同时学生进入企业就业、学院为企业提供技术服务，也使得企业受益。学院与"一带一路"共建国家院校合作，分享国内优质职业教育资源，开展师资培训，提升了学院专业国际化水平，培养了一批具有国际胜任力的优质师资；在"走出去"过程中，学院携手中资企业，为中资企业培养了懂中文、精技能的本土化人才；为合作国当地培养高技术技能人才，服务外方本土企业、解决学生就业问题，实现了双向、多主体共赢。

三、成果创新点

(一) 理论应用创新

国际服务贸易理论中的要素禀赋理论是教学成果的理论支撑。根据国际服务贸易理论，教育进出口是服务贸易的一种形式，不仅可以为一国带来经济效益，而且可以加强国家的国际影响力和竞争力。从世界职业教育国际交流合作的沿革看，发达国家均将教育作为国际市场贸易和竞争的主要方面，我国国际交流合作呈现出越来越明显的教育输出需求，但从现状看，存在体系化、系统化、规范化缺失的问题。成果以实施方案的形式表述了职业院校在实施国际交流合作项目的过程中，以构建多平台为基础，践行教产同行、双向赋能，形成了国际服务贸易中的要素禀赋，同时表明了要素之间的关系，以及各要素在提升国际交流合作能力中的作用，使国际交流合作得到理论支撑。

(二) 职业教育国际交流合作模式创新

国内学术界和高职院校关于国际交流合作尚未形成较为成熟的模式，教学成果阐述了以"多平台构建"为基础，以"教产同行"为根本路径，以"双向赋能"为发展机制的具有职业教育类型特色的国际交流合作模式创新。其中，多平台构建是基础和桥梁，拓展国内职业教育与世界交流合作的通道，搭建了广泛交流合作的桥梁；教产同行是职业教育产教融合国际化发展的根本路径，在校际交流合作的基础上拓展了更宽阔的领域，在以设备、标准分享为主的交流合作中提升了职业教育服务企业"走出去"的功能和效用；双向、赋能是在双向多主体共赢的基础上，形成职业教育国际交流合作的内生动力及长效机制，实现可持续发展。

针对职业教育在国际化办学中交流合作形式单一，内容局限于简单的人员交流、留学生培养等现状，天津轻工职业技术学院搭建了"六类平台"，拓展了国际交流合作渠道与方式，解决了职业教育国际交流合作渠道不畅、辐射面不宽的问题。学院与瑞士GF、德国卡尔蔡司等世界知名企业合作，引进先进设备和行业标准，建设精密模具协同创新中心；在新西兰、瑞士等国建立师生海外培训基地，派出教师176人次赴海外交流与学习，引进外国专家20余人次来校讲座，培养国际化师资队伍；建立中新、中瑞、中印职教研究中心，多次承办中外高水平职业教育合作论坛；招收并培养泰国、越南、也门、俄罗斯等国留学生，先后接待约90个国家的使节、代表、教师及学生来访、交流近900人次。

"教产同行"解决了职业教育国际交流合作中如何坚持职业教育根本遵循,发挥特色优势的问题。践行学院首创的"三级贯通"校企合作机制,发挥产教融合和校企合作的优势,一方面引进先进的标准、技术和设备,借鉴企业标准开发专业群相关国际化教学标准,得到国内外行业企业认可,提升了人才培养质量,服务"引进来"企业在中国发展;另一方面协同国内龙头企业"走出去",与世界分享优质职业教育资源,协同企业开拓境外市场,为其培养本土化技术技能人才,助力中国企业与产品在海外落地生根。依托中印、中埃合作项目,培养当地学生900余人,培训当地企业员工760人,满足了"走出去"企业用人需求,提升了国外合作院校学生就业率。

"双向赋能"即多方协同、双向共赢,解决了职业教育国际交流合作发展内生动力不足的问题。在国际交流合作项目建设中,学院国际化专业建设、国际化教学标准制定和课程建设紧紧围绕合作国经济发展和产业需求,为走出去的中资企业培养本土化人才,提高当地就业水平;向合作国提供我国先进的教学设备、设施,改善合作国职业教育的实训条件;中印合作项目服务印度当地5个行业委员会,成果的实践和应用使国内外企业、职业院校和学生获得了双向收益,使职业教育国际交流合作项目具有了持续发展的动力。

(三) 国际合作与研究并行的实践创新

在国际合作过程中,学院开展了一系列国别及职业教育研究,立项并完成了高水平课题,发表了相关论文,出版了专著,研究成果在指导实践的同时形成了影响力。在与新西兰的合作中,学院与新西兰怀卡托理工学院共同建立中新职业教育研究院,开展中新合作办学、中新职业教育比较研究等,促进了市场营销专业国际化发展,并指导留学生培养。与瑞士GF合作成立中瑞职业教育研究中心,开展瑞士现代学徒制研究工作,提升模具专业群国际化水平,引进先进教育理念。

为落实《教育部 天津市人民政府关于深化产教城融合 打造新时代职业教育创新发展标杆的意见》,服务"一带一路"建设,搭建中非职教合作新桥梁,受天津市教育委员会委托,天津轻工职业技术学院发起成立非洲职业教育研究中心。非洲职业教育研究中心于2021年9月揭牌成立,并邀请教育部职业教育发展中心作为指导单位,在相关职业院校和企业的共同参与下,成为中非职业教育合作研究智库,为中非职业教育合作提供经验参考,为非洲职业教育发展贡献中国智慧和中国方案。

非洲职业教育研究中心的首个研究成果《中非职业教育合作研究》(中英双语版),在2022年世界职业技术教育发展大会平行论坛上向世界展示,是职教领域首个系统研究中非职业教育理论和实践的成果。第二部专著《职业教育服务中非产能合作研究》于2023年12月由天津教育出版社出版,并于2024年1月27日在天津举行的"非洲职业教育研究中心全体大会"上正式发布,是迄今为止国内第一本针对中非职业教育服务国际产能合作的系统化研究成果。第三部专著《提升中非职教合作水平研究》将由7家研究单位共同完成,计划2024年完成出版工作。

四、成果推广与应用效果

(一) 应用面广,促进专业与资源建设国际化

天津轻工职业技术学院主持建成国家级新能源类专业教学资源库并通过验收,该资源库用于印度、埃及师资培养,实现了实训教学装备与虚拟仿真教学资源同步建设、同步应用、同步输出。在鲁班工坊建设过程中,学院开发了双语微课、双语视频、PPT、题库、虚拟仿真软件等数字化教学资源,推动鲁班工坊数字化建设,不仅有效冲破了疫情阻隔,而且有效缩短了时空距离。2019年5月,学院被确定为中国特色高水平高职学院(C档)建设单位,模具设计与制造和光伏工程技术被认定为高水平专业群。2019年,光伏发电技术与应用专业教学团队被评为"首批国家级职业教育教师教学创新团队"。2021年,学院被教育部国际交流司认定为首批中瑞智能制造创新实践基地培育建设单位、教学资源开发中心和认证培训中心,是同时获批三项认定的高职院校。2023年学院获批天津市"具有较高国际化水平的职业学院",获批市级具有国际影响力的职业教育标准、资源和装备各1项,其中学院、标准、资源被推荐进入国家级评选。

(二) 创新性强,多方协同助推中国企业"走出去"

天津轻工职业技术学院与瑞士GF、德国卡尔蔡司等世界知名装备制造企业合作,模具专业群借鉴企业标准开发的专业国际化教学标准得到国内外行业企业认可,服务了世界高端产业,相关专业标准分享到印度、埃及使用。依托中印、中埃合作项目,培养本土技能人才,服务"走出去"企业。2021年2月,策划并举办了有23家中资企业参会的赴埃投资推介会,会后有10家企业表示了赴埃投资的意向,为企业"走出去"搭建平台,服务国际产能合作,深化国际校企合作功能。2022年10月,由天津轻工职业技术学院策划并主办的埃及鲁班工坊教产同行——新能源类中资企业赴埃及投资考察洽谈会在线上召开。交流过程中,埃及泰达特区开发公司介绍了中埃苏伊士经贸合作园区的现状及发展前景,分享了埃及的投资环境和投资政策,参会企业就埃及发展的具体问题和合作模式进行了充分的交流和讨论。学院携手埃及泰达特区开发公司共建埃及鲁班工坊(艾因夏姆斯大学)培训就业基地,开创服务国际产能合作新跨越的使命。多家中资企业先后找到学院,希望"乘船出海"。

天津轻工职业技术学院不断发挥鲁班工坊职业教育品牌优势,依托埃及鲁班工坊建设,开发了《"中文+职业技能"教程(工业篇)》活页式教材、课程标准,开发相关在线课程和典型教学案例库,与鲁班工坊进行有效结合,将中文+职业技能融入埃及鲁班工坊,受到埃及当地政府、学生的欢迎,为埃及当地学生搭建了了解中国技术、中国设备、中国文化的桥梁。2023年12月,上海农林职业技术学院、天津轻工职业技术学院与印度MCM通讯设备有限公司采用线上线下相结合的形式共同举办"职业教育服务海外中资企业"签约仪式,共同签署了《中文+职业技能培训项目合作协议》。

(三) 示范性突出，彰显国际交流合作模式的影响力

天津轻工职业技术学院主持完成高职领域首个鲁班工坊全国教育科学规划教育部重点研究课题，在国内率先提出鲁班工坊建设流程和标准模式，部分成果被鲁班工坊研究与推广中心采纳，正式出版全国高职院校首本鲁班工坊研究专著《鲁班工坊建设的标准化模式研究与实践》，指导了乌干达、肯尼亚、塔吉克斯坦、乌兹别克斯坦等国家的鲁班工坊建设。学院与印度、埃及合作建设鲁班工坊的实践经验及研究成果受到国内业界广泛认可，在全国鲁班工坊建设联盟成立大会等多个重要会议上进行经验分享，被推选为全国鲁班工坊建设联盟副理事长单位。

2011年以来，学院先后主(承)办16次中外高水平论坛，推动了多边职业教育务实合作，得到中外政府、学院、企业代表的高度认可。学院受天津市教育两委委托成立了全国职教领域首个非洲职业教育研究中心，先后联合19家单位出版了《中非职业教育合作研究》《职业教育服务中非产能合作研究》两部专著，其中《中非职业教育合作研究》于2022年在中非职业教育合作与发展论坛上发布。中埃合作项目被列为埃及教育与技术教育部发布的TE2.0改革方案"卓越基地"试点项目。

2022年8月，在首届世界职业院校技能大赛碳中和可再生能源工程技术赛项中，中埃两国组成联队，依托实训装备联合备赛，取得赛项金牌。

天津轻工职业技术学院受邀成为金砖国家职业教育联盟及中非职业教育联合会共同发起单位，牵头成立了中印职教联盟；承担中国教育国际交流协会"未来非洲——中非职业教育合作计划项目"课题组秘书处工作，组织有关院校和机构开展未来非洲课题研究；成为中国轻工国际产能合作企业联盟副理事长单位；2022年被指定为即将成立的世界职业技术教育发展联盟执行秘书处单位。学院国际化实践经验、做法及成效被国内新华社、《人民日报》等主流媒体和国外权威媒体多次报道。

【成果完成单位】

成果第一完成单位天津轻工职业技术学院携手乔治费歇尔精密机床(上海)有限公司、中非泰达投资股份有限公司联合申报的"多平台构建 教产同行 双向赋能——职业教育国际交流合作模式创新的探索与实践"荣获2022年天津市职业教育教学成果奖特等奖。

铸魂育人协同聚力
办好思政课的国家示范区实践

天津现代职业技术学院　等

该成果以构建"思政课育人共同体"为突破口，促进校校、区校、校地合作，通过创建系列制度，推进大中小学思政课一体化建设；创新"进浸联动"思政课教学方法，提升课堂实效；协同聚力，构建思政课教学共享资源生态；建设思政实践基地，提升学生学习的主动性，有效地推动了各学段思政工作协同创新。

一、成果简介

2011年，天津现代职业技术学院依据天津市教委发布的《关于印发在海河教育园区实施优质教育资源共享试点 提升高端技能型人才培养质量实施方案的通知》(津教委专〔2011〕13号文件)，在天津海河教育园区(以下简称园区)实施优质教育资源共享试点提升高端技能型人才培养质量实施方案，牵头成立思政课联合教研组，率先提出"互联网+思政课资源共建共享"理念，携手园区院校达成共识。2017年，思政课联合教研组升级成立为思政课资源共建共享联盟(思政联盟)。2020年，依据市教育两委文件牵头开展天津市中职思政教师和中高职学校思政课一体化培训与研究中心建设工作，在校内创建5000平方米的思政教育实践基地(红馆)，基于协同，跨区跨校利用各校优质场馆、教学资源，并将政府、企业、社会教育资源引入思政课堂，构建思政课教学共享资源生态。

坚持以思政课"八个相统一"为改革动力，构建"五共三互"协同机制和"14+MN"协同模式(见图1)，运用"互联网+"技术整合教材内容、创新教法模式、提升教师能力、建设实践基地、增值教学评价，创新思政课堂，并与各课堂联动融通，合力党政工团，构建"思政课程主课+课程思政全课+社会实践大课"的"大思政课"育人格局，促进学生知行合一。

"五共三互"协作机制如下。

◆ 共担育人责：思政联盟盟约、学校党政领导干部带头讲授思政课制度、思政课程和课程思政同行同向制度、思政联盟运行机制等。

◆ **共备集体课**：三级备课制度等。
◆ **共走课改路**：教师互聘结对子协议、思政课学分互认协议等。
◆ **共建资源库**：思政课(课程群)资源建设管理办法等。
◆ **共提教师力**：思政课新入职教师(含新转岗教师)岗前培训制度、教师奖惩制度、天津市"中高职思政课"教学研究课题管理办法等。
◆ **教师互聘、学分互认、专题互讲**。

"14+MN"协同模式如下。

1个核心立德树人，抓住4个关键第一：学校第一人(党组织书记)改革引领、学校第一课(思政课)育人铸魂、学校第一院(马院)统筹推动、学校第一队(思政教师队伍)责任落实，**协同跨区域M所学校N名学生受益**。

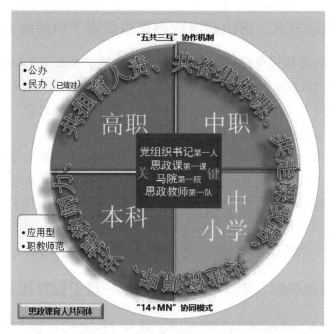

图1 "五共三互"协作机制和"14个MN"协同模式

十载探索，课题组致力回答"培养什么人、怎样培养人、为谁培养人"重大时代命题，有效解决了跨区校办思政课难于协同聚力推动、教法和模式单一难于提升课堂实效、因载体和资源短缺难于开展多元实践、课堂和社会不融通难于构建育人格局等问题。建立九大建设体系、打造师资培养培训体系、资源平台共享赋能支撑，构建"大思政课"育人格局，抓实培训、构筑支撑，聚焦专兼思政教师育德意识和综合素养提升，打造"六要"师资队伍，增强学生中国特色社会主义"四个自信"。

凸显"改革驱动、机制推动，区校协动、师生互动，课堂联动、资源流动，社会感动、好评连动"成果成效，学习践行、抗疫逆行、爱国笃行……学生在成长感悟中明立场、在学习知识中增素养、在专业实践中长技能，创新"进浸联动"思政课教学方法，推进习近平新时代中国特色社会主义思想"三进"；采用"情感情怀"浸入浸润教学和育人过程，以思政课为核心联动社团课堂、实践课堂、网络课堂，创新体现职教特色教学模式，实现学生价值引领、思想引领，技能引领和行动引领。

该教学成果被推广到天津市乃至全国，在中国第七届职业教育峰会、全国首届高职高专院校思政部主任论坛、全国数字马院建设年会等做主旨演讲和典型发言，引起强烈反响；入选天津市"大思政课建设综合改革试验区建设项目(坚持立德树人根本任务 打造实践育人创新标杆)"；接待全国到校学习、访问万人次以上，《人民日报》、新华社等主流媒体进行了深度报道，发挥了引领、辐射和示范作用。

二、成果实践做法

(一) 创建机制模式，解决跨区校办思政课难于协同聚力推动的问题

创设"互联网+思政课资源共建共享"理念，构建"思政课育人共同体""五共三互"协作机制和"14+MN"协同模式；各校党委全面规划"工作格局+队伍建设+思政教育信息化+实施保障"，聚力党政齐抓共管；制定"联盟备课重问题、校际备课重协同、学校备课重质量"三级集体备课等10余项制度。

"两结合"推进大中小学思政课一体化建设。基于区校地共建协议，名师引领、结对互助、联片联研与信息技术深度结合，实现教法模式的推广与有机融合；教研磨课、同课异构、同培同赛与教改结合，实现各学段思政课同频共振；牵头主持天津市60多所大中小学举办骨干培训班，制定教学评价方案，设立课题研究专项资金，编写参考用书，线上线下跨学段集体备课，以思政云直播的形式实现思政课教师听课全覆盖。

(二) 深化课堂革命，解决教法和模式单一难于提升课堂实效的问题

创新"进浸联动"思政课教学方法，进：推进习近平新时代中国特色社会主义思想"三进"；浸：把爱党、爱国情怀浸入、浸润教学和育人全过程，实现价值观念和情感认同，提升思政课的兴趣性、感染力和课堂实效。2018年，主持教育部人文社会科学研究项目"天津海河教育园区高职思政课'进浸联动'教学方法改革与实践"，以及全国人文社会科学课题"新时代职业教育思政课改革创新研究"，并获得二等奖；携手津南区教育局开展"大中小学思政课教师共上一堂课"活动，思政课教师强强组合，教学接力，根据各年龄段学生的特点联袂打造别开生面的思政课；组织多次集体备课会，推动党史教育、抗疫精神、抗美援朝等案例进课堂、进教材、进头脑。开展思政课实践行活动，即实践行之师生互动、实践行之主题教育、实践行之搭平台、实践行之走出去、实践行之创新模式"五步走"；组建学生宣讲团进社区、进机关、进农村，学生由被动学习向主动学习转变，增强思政课的吸引力和感染力。

创新开展"6转化+走讲演"思政课教学模式(见图2)把教材内容模块化为教学内容，

将理论融于故事、案例等，用之讲道理，以道理赢认同，让学生悟道成为自觉，让学生沉浸在爱国情境、家国情怀中；贯通学生情感认同、理论接受、实践内化、价值形成，深化对马克思主义理论的理解。初心学社等社团实践活动是"打卡"红色课，"百年百事微课堂，百生百讲大思政"；党史大课堂是"当红"思政课，连续8年"演"出来的思政课情景剧，是受学生欢迎的"品牌"金课。2015年至今，已经连续8年开展思政课情景剧表演，思政剧本走上表演舞台，并且辐射范围不断扩大，全国职业院校利用此平台进行思政课成果交流与展示。2021年，广州市技师学院原创思政课情景剧《冰血长津湖》在与天津、山东、湖北、江西等地职业院校的同台交流中荣获金奖。天津思政联盟通过多元融合的艺术形式将思政故事呈现于舞台上，将课堂中的思政教育带到艺术舞台上，以景触情、以情晓理、以理明事，真正让同学们身临其中、融入其中、收获其中，取得了很好的思政教育效果。

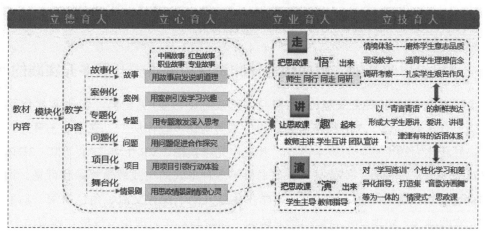

图2 "6转化+走讲演"思政教学模式

天津现代职业技术学院作为天津市中职学校思政课教师培训与研究中心、天津市中高职学校思政课一体化培训与研究中心，于2020年开始组织开展中职思政课情景剧大赛，并创新开展天津市职业院校"故事思政"微课大赛，利用思政课情景剧和故事微课创新赛学结合。开发集在线教学、课堂互动、考试评测于一体的数字化教学管理平台，以自评、互评、师评为基础，通过调研、问卷等方式进行教学质量评价和增值性评价。

提升思政教师素质能力。抓实培训：马院统筹落实岗前专训、信息技术能力提升、互聘互鉴、案例导引、赛课推动等上岗培训、骨干研修和全员轮训，近十年组织各校思政教师、党务工作者、辅导员到市外培训共26场，教师将"学习过程+实践心得+业务成果"培训内容转化为教学资源。筑牢支撑：聚焦集体备课、评课和教研活动，与民办校结对，工匠劳模授课等理论实践和资源支撑，青年教师每年至少参加2项业务竞赛，配齐思政教师并落实高职教师2000元/月·人岗位绩效。注重科研：思政名师、骨干教师带头进行思政课体系建设(见图3)和理论研究，注重与基层教研室合作。选树典型：评选思政团队先锋号96人，思政示范课堂103个。思政联盟牵头校马院党支部坚持"引领+融入+推进"铸魂育人，发挥教师党支部的作用，成为市级党建标杆。

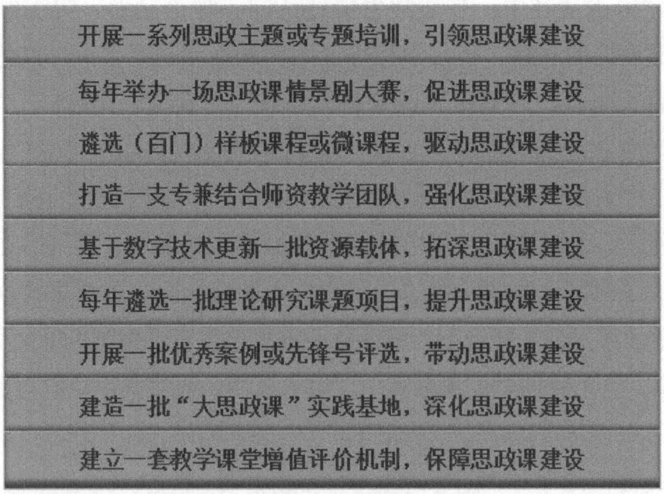

- 开展一系列思政主题或专题培训，引领思政课建设
- 每年举办一场思政课情景剧大赛，促进思政课建设
- 遴选（百门）样板课程或微课程，驱动思政课建设
- 打造一支专兼结合师资教学团队，强化思政课建设
- 基于数字技术更新一批资源载体，拓深思政课建设
- 每年遴选一批理论研究课题项目，提升思政课建设
- 开展一批优秀案例或先锋号评选，带动思政课建设
- 建造一批"大思政课"实践基地，深化思政课建设
- 建立一套教学课堂增值评价机制，保障思政课建设

图3　思政课体系

(三) 建设思政基地，解决因载体和资源短缺难于开展多元实践的问题

全国首建校内思政实践基地(见图4)、思政主题教室(见图5)，优化教材体系，设立"新时代·新思想""沿红路·寻初心""明明德·晓律法""立匠心·育匠人"四大板块并转化为29个模块的教学内容，开发声光电模图、VR互动、AR虚拟、3D体验、抢答对战平台、宣誓台、朗读亭、诚信书屋等多种形式的实践教学资源和可见、可感、可体验现场实践场景(微)课程56个，与学生体验互动、探究交流、角色扮演、动手操作等多元实践融合，实现学生由被动学习转为主动参与，学习理论与积极实践双结合。

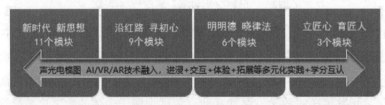

图4　思政联盟牵头校全国首建校内5000平方米的思想政治教育实践基地

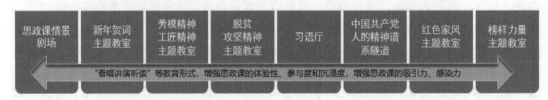

图5　与思政联盟牵头校结对的民办高职首建6000平方米的天津市学校思想政治主题教室

建设"数字马院"，开设线上参观功能和思政教学资源库，实现到红馆进行思政课实践教学的网上预约，以及3D全景网上预览和观看。备课库、课程群、小程序、视频等14 827种数字资源流动供给，与各校场馆资源和社会资源融合，为"素质教育+技术技能教育+美劳教育"增效赋能。

(四) 推进铸魂育人，解决课堂和社会不融通难于构建育人格局的问题

联动实践育人大课堂。挖掘实践育人资源，深化融通专业课堂、实践课堂、网络课堂、社团课堂、环境课堂……以党史、抗疫、扶贫、乡村振兴、大自然在说话等为主题组织"大思政课"活动，参与学生超过20万人次。

合力实践育人大队伍。联合党政工团，聚焦思想引领——红色教育实践、文化浸润——文化传承实践、社会奉献——志愿服务实践，服务学生全面发展。海鸥表业等知名企业纷纷加入思政联盟，双主体育人成效更加显著。

协同实践育人大体系。与教育主管部门、属地共建天津市中高职思政课一体化研究与培训中心，通过课堂教学点对点、结对帮扶手拉手、实践体验面对面、网络互动键对键，有效推动校校、区校、校地协同合作。

三、成果创新点

(一) 办好思政课教学生态与协同机制模式创新

创造性地提出"互联网+思政课资源共建共享"理念、"五共三互"协作机制和"14+MN"协同模式；充分发挥思政课"主渠道"作用，加强园区思政课品牌建设和课程改革，创新教学模式，加大信息化建设力度；不断加强思政师资队伍建设，坚持园区内思政教师集体备课制度，互聘互派，学分互认，搭建思政教学交流与科研平台、改革与协同创新平台、实践与社会服务平台；建设集实践教学、红色教育、师资培训、法律法规、社区服务等功能为一体的思政实训基地。各校书记、校长每学期与马院教师集体备课和联系、交流，举办书记校际互聘为学生主讲思政课，书记、校长参加集体备课并推动思政课改革。2021年，天津海河教育园区思政联盟第七届"思政课情景剧"大赛决赛暨全国职业院校思政课交流展示活动在天津现代职业技术学院报告厅举行，来自天津、北京、山东、广东、湖北、江西、河北等省区市的职业院校专家就思政课改革创新进行了深度交流。5位职业院校一把手联合给园区师生上思政课，体现了党组织对思政课载体创新和打造思政课教育品牌的高度重视，充分履行了思政课建设第一责任人职责，为思政课改革创新做出了示范和表率。

思政专项投入累计约4000万元，引导大学生厚植使命担当，中(职)学生锤炼品德修养，小学生启蒙道德情感。"联盟备课重协同、校际备课重问题、学校备课重质量"三级集体备课，发挥团队合作精神，实现资源共享，提高思政课教学水平，强化思政课理论教育教学质量。思政教师进行实践基地考察与调研，开展备课研讨。

构建思政课程与课程思政同频共振、大中小学思政课一体化，办好思政课的"思政教学生态"。天津海河教育园区思政课资源共建共享联盟、天津市中高职学校思政课一体化培训与研究中心、天津市中职学校思政课教师培训与研究中心、天津市津南区大中

小学思政课一体化区校协同攻坚基地多次联合集体备课,参与集体教研活动,促进思政课大中小一体化,推进习近平新时代中国特色社会主义思想"三进"。在中国第七届职业教育合作峰会、全国首届高职高专院校思政部主任论坛、全国高校数字马院联盟和全国人工智能联盟年会等高端论坛上做典型演讲和主旨发言,成为构建"思政课育人共同体"办好思政课的全国范例。

(二) 思政课教法模式与"大思政课"育人格局创新

创新思政课"进浸联动"教学方法,进:推进习近平新时代中国特色社会主义思想"三进";浸:把爱党、爱国情怀浸入、浸润教学和育人全过程,提升思政课的兴趣性、感染力和课堂实效。把思政课理论内容"演"出来,打造思政实践课品牌——思政课情景剧,思政课情景剧大赛已连续举办八届,参加院校逐年增多,节目质量逐年提升,覆盖与辐射范围日益扩大,各院校节目精彩纷呈,一帧帧历史画卷、一段段真挚旁白,让同学们浸润在党史中,熏陶在爱国深情中,师生均为之动容;深化思政课教学改革与实践,举办天津市职业院校"故事思政"微课大赛,创新赛学结合,让党史学习教育入脑、入心;创新实践教学,在新冠肺炎疫情期间利用网络云端进行思政教学,采用直播学习通等多种互动方式为学生答疑解惑,发布《思政课在线学习情况和学习满意度调查问卷》,提高学生思政课满意度;创新"6转化+走讲演"思政课教学模式,用"行走的课堂"打造"沉浸式教育",形成"师走生不动"教师互聘课堂、"师走生也走"同行移动课堂,拓展课堂大思政育人空间,注重将家国情怀、文化自信、社会责任、科学精神、人文素养等元素融入课程思政建设,打造了抗击疫情社区前线课堂、党史学习教育专题宣讲课堂、一校一馆场馆基地课堂、专业车间课堂、社团活动课堂、媒体网络课堂、走廊板报课堂、冬奥精神课堂、校园文化课堂……实现学生价值引领、思想引领、技能引领和行动引领,形成全员参与、实践多元、资源供给、课程联动的"大思政课"育人格局。出台思政课认定实践学分细则,实现学分互认;"进浸联动"立项并结题教育部高校思政课教学方法改革择优推广计划,成为"理实一体、进浸联动"提升思政课堂实效的全国范本。

(三) 思政实践基地与多元化实践教学体系创新

全国首创支撑思政课教改创新的思政教育实践基地、思政主题教室及其场馆资源。天津海河教育园区思想政治教育实践基地是具有多媒体站、VR互动体验、环幕放映、机器人对话等智能元素的教学基地,创新思政课授课形式,学生、角色、讲述人三重身份转换,通过听、看、唱、诵、演、辩进行沉浸、体验、互动等多元实践,提升思政课吸引力,推进思政课程与课程思政同向同行,真正将针对学生的思想政治教育做到入脑、入心;开通实践学分,创新"习近平新时代中国特色社会主义思想教育+党史学习教育+道德法治教育+工匠精神教育"的思政基地实践教学体系,将思政基地的辐射、示范作用体现在互动功能上,通过多角度、立体化的声光电模图进行全方位展示,把思政教育形象化、现代化；实现思政教学资源共享，创建共享开放机制，整合园区各个高职院校的教育教学资源，搭建数字共享平台，包括在线教学、微课慕课、虚拟场馆、多媒体课件、教学数据等；社会影响不断扩大，获全国各界单位(部分)铭牌，如中国人民大学学生社会实践基地、南开大学马克思主义理论人才实践教学基地、河北工业大学、延安精神研究会、天津市法治宣传教育阵地优秀品牌、天津国资系统思政教育基地、天津海教园南开学校思政教育基地、甘南州中等职业学校合作交流基地、天津津南区新时代文明实践基地等。

四、成果推广与应用效果

(一) 助力学生成长成才

思政联盟校获评教育部全国党建工作样板支部、教育部全国职业院校实习管理50强、教学管理50强，以及全国高等职业院校服务贡献50强、教学资源50强、创新创业示范校50强、天津市高校创新创业教育与就业工作示范校。学生获多个国家级、省部级奖项，其中技能大赛奖项400余项，创新创业竞赛奖项300余项，体美劳、校园文化等竞赛奖项700余项。2014级学生范忠序、罗帅在天津现代职业技术学院教师赵跃武和海鸥表业工程师王彩凤指导下完成的作品《ST3D10·秒盘旋转系列表》，从来自25个国家及地区的500余件作品中脱颖而出，一举摘得"2016·台湾国际发明设计比赛"金奖。该作品实现了三大创新性突破：①针对秒针运行平衡问题的秒盘结构创新；②采用小直径圆形秒盘结构，大幅降低了外观装配工艺与技术上的难度要求，在提高装配质量和效率的同时降低了用工成本；③将思政元素赋予秒盘，传递"精益求精"的精密、精细、精准理念，拓展了表达创新的空间，同时让秒盘嘀嗒的跳动提醒人们珍视时间。

学生综合素质显著提升。2019年，中央电视台报道天津现代职业技术学院优秀毕业生张辉利用全国先进三维扫描技术进行考古勘察。2022年，央视新闻报道天津商务职业学院毕业生刘威获第十四届全国见义勇为模范称号。天津现代职业技术学院无人机应用技术专业优秀毕业生申远担任北京奥运会和平昌奥运会的云台航拍飞手。

思政课教学质量显著提升。思政联盟校思政课堂教学质量平均分为84.12，高于天津市高校平均分82.85；思政课满意度95.06%，高于天津市高校90%。[①]

(二) 相关各界高度认可

成果负责人在中国第七届职业教育合作峰会、全国高校数字马院联盟年会、全国首届高职高专院校思政部主任论坛上做主旨演讲和典型发言，在京津冀职业教育教学协同发展联盟会议上做思政课育人成效现代学徒制案例分享主旨发言；思政联盟牵头校党委书记走

---

① 引自《中国教育报》，2022-01-24。

进新华直播间介绍思政育人成效，15余万人次观看，引起强烈反响。

园区内思政教育实践基地、鲁班工坊体验馆、人防教育馆、全国技能大赛博物馆等已成为大中小学实践育人教学基地、党史主题教育基地、思政教师培训与研究基地、思政课程课程思政研究中心、法治宣传教育阵地、新时代文明实践基地等资源和载体，接待全国各级领导和来访者50万余人次；服务党员和离退休干部，覆盖全市30余个社区；创新品牌"思政课情景剧"惠及京津冀苏甘广等省区市的大中小学生50 000余人；承接学生实践20 000余人次，学分互认500余人；工匠劳模大师等授课讲座25场；承载大中小学思政一体化学堂近800学时。

企业加入思政联盟，促进产教融合育人。天津海鸥表业集团有限公司加入思政联盟，培养中国高端制表匠。思政联盟与天津海鸥表业集团开展国家首批现代学徒制试点，试点中，进口装配线的全部工匠均来自思政联盟学校，世界著名腕表年鉴ARMBAND UHREN德文版对此进行长篇报道，9种语言同时发行，覆盖全球17个国家，提高了中国职业教育的国际影响力。天津市公安局特警总队与天津现代职业技术学院签署战略合作协议，进一步深化警企联创、加强共建合作，共同促进平安天津建设。联盟学校获评教育部职业技术教育中心研究所全国职业院校实习管理50强(2018年)；受全国高职高专校长联席会议委托，上海市教育科学研究院和麦可思研究院共同举办的《2019中国高等职业教育质量年度报告》发布会在北京隆重召开；联盟学校获评2018年高等职业院校教学资源50强。京津冀苏甘粤等省区市的高职院校党委(副)书记率队调研，高度赞誉思政联盟工作成效。思政联盟对口帮扶贵州清镇职教城、新疆和田等，甘南教育局赠送锦旗"助推甘南职教给力"。天津机电工业学校西藏班教育管理案例"身入 心入 情更入"入选教育部民族教育司2020—2021年度全国西藏班新疆班创新案例。

(三) 辐射与示范彰显影响

该成果被《人民日报》《半月谈》《光明日报》等主流媒体深度报道，例如2022年1月9日《人民日报》教育专版《高校思想政治工作成效显著》中报道学生刘旺龙讲解红馆；2021年第21期《半月谈》报道主持校牵头思政联盟实践；2020年5月13日《人民日报》《天津日报》报道，天津成立思政一体化联盟，推动校际跨学段签约共建，开展联合教研；2021年12月1日新华每日电讯报道，小小思政课 思政大舞台，天津现代职业技术学院发挥海河教育园区思想政治教育实践基地的资源优势以及职业院校的专业人才优势，挖掘出了诸多特色课后服务，为中小学校落实"双减"政策助力。

该成果辐射并被推广至全国，全国各界企业、事业单位(包括省部级领导等)组团考察、学习10万余人次，国家教育行政学院学习班、国家西部教师培训基地考察团等300余班次；获批教育部第二批"全国党建工作样板支部"培育创建单位，天津市党建工作示范校、标杆院系、样板支部等均通过验收。

该成果通过理论推广促进教改实践，形成200余篇教改论文成果，立项国家省市级(思政类)课题近150项，出版高职思政课实践教学专著3部，在《天津职业院校联合学报》设思想政治教育专栏定期进行总结、推广。连续多年入选思政联盟"课程思政""思政课程"百门示范课，成立全国高校思政课对分课堂工作室(天津海运职业学院)，提升国际影响力，鲁班工坊锻精神，思政育人铸匠魂。

【成果完成单位】

成果第一完成单位天津现代职业技术学院携手天津中德应用技术大学、天津医学高等专科学校、天津电子信息职业技术学院、天津海运职业学院、天津机电职业技术学院、天津市职业大学、天津轻工职业技术学院、天津市机电工艺技师学院联合申报的"铸魂育人协同聚力办好思政课的国家示范区实践"荣获2022年天津市职业教育教学成果奖特等奖。

助力脱贫攻坚，东西部职业教育"全链条"帮扶模式的探索与实践

天津市职业大学　等

该成果依托对口帮扶云南滇西、新疆和田、河北威县和甘肃职业教育等政府平台、项目，联合天津4所高等职业院校，通过多方联动、通力合作、精准发力，组建了一支由学校领导、职业教育研究人员、专业带头人、教学名师、教学管理人员等组成的帮扶团队，共同实施东西部职业教育帮扶研究与实践，探索出了一种独具特色、行之有效的"全链条"职业教育扶贫模式。该成果全力实施"脱贫攻坚，职教帮扶"，有效促进了东西部职业教育均衡发展，走出了一条职教精准扶贫的特色之路。

一、成果简介

以习近平同志为核心的党中央把脱贫攻坚摆在治国理政的突出位置。党的十九大报告指出，坚决打赢脱贫攻坚战，让贫困人口和贫困地区同全国一道进入全面小康社会是我们党的庄严承诺；农业农村农民问题是关系国计民生的根本性问题，必须始终把解决好"三农"问题作为全党工作的重中之重，实施乡村振兴战略。高质量的职业教育是阻断贫困代际传递见效最快的方式，是西部地区社会稳定和长治久安的基石，是乡村实现产业兴旺、生态宜居、乡风文明、治理有效、生活富裕的重要推动力量。然而，东西部地区职业教育发展水平不均衡，西部地区职业教育存在职业教育缺少系统性规划、办学理念和育人模式落后、师资水平不高、办学资源匮乏等问题，如何发挥东部地区高水平职业学校办学优势，帮助西部地区学校实现高质量发展，促进教育公平，是一项重大课题。

天津是全国新时代职业教育创新发展标杆，天津职业大学是国家首批示范校、"双高计划"学校A档建设单位，在四十余年办学过程中，形成了先进的办学理念，积累了丰富的办学经验，锻造了一支高水平双师队伍，建设了一批优质教学资源。如何将上述优势转化为服务国家战略的具体行动，使其惠及西部地区更多学生、学校，助力西部地区职业教育高质量发展，促进教育公平，同时推动学校自身特色彰显和品牌打造，是本成果产生的主要背景。

依托天津市教科规划等多项省部级课题，基于区域协调发展理论、教育公平理论，经过深入的理论研究、缜密的系统设计和长期的实践探索，形成了"规划引领、平台支撑、模式复制、就业援助"东西部职业教育"全链条"帮扶模式。**一是为西部相关地区制定职业教育发展规划**，注重融入东西部帮扶举措，在充分调研职业教育和产业发展现状的基础上，科学地做好顶层设计，为中西部地区制定中长期职业教育发展规划，发挥规划的引领作用，有效推动了西部地区现代职教体系构建和职业教育高质量发展；**二是搭建东西部职业教育合作交流平台**，建分校、建基地、建联盟，为校区、校际、校企搭建沟通与交流的平台，使人才培养、师资培训、资源共享有了平台支撑，帮扶项目得以顺利落地，学校在西部地区建设多个职业教育师资培训基地，组团派出教师深入新疆和田、云南红河等地区开展师资培训，助力师资水平提升。**三是将天津职业大学的人才培养理念、模式、机制、标准复制到受援院校**，并结合当地产业和职业教育发展特点，探索实施模式复制本土化的实践方法，形成受援院校本土化方案，防止借鉴东部建设经验出现"水土不服"的现象，促进受援地区更新教育观念、提升教育质量。**四是发挥学校的校企合作优势**，将西部地区毕业生推荐到东部地区就业，既解决了西部地区学生就业难的问题，又解决了东部地区技能型人才短缺问题，实现东西部优势互补。

"全链条"帮扶模式的构建与实施，有效促进了东西部职业教育均衡发展，成效显著。由于成绩突出，相关单位和个人被党中央、国务院授予全国脱贫攻坚先进集体、全国脱贫攻坚先进个人等荣誉称号，学校获评服务贡献50强。

二、成果实践做法

该成果坚持问题导向，通过系统化分析、结构化分解、项目化推进，有效解决了东西部职业教育发展不均衡问题。

(一) 系统性规划，主要解决西部地区职业教育缺乏顶层设计的问题

西部地区职业教育缺少系统性规划，各类办学主体缺少协同，进而阻碍了区域现代职教体系构建和职业教育高质量发展。以区域职业教育发展规划作为区域协同的顶层设计，将职业教育发展规划与区域发展特点和战略需求相结合，受和田地区行政公署委托，项目组研制了《和田职教园区规划方案》，结合和田地区经济社会和职业教育发展现状，明确了"十四五"期间和田地区职业教育发展目标、发展思路和发展举措，在机制体制、管理体系、技术技能人才培养高地、现代职教体系、高水平专业群、技术技能创新服务平台、校企命运共同体、师资队伍水平、服务发展能力及智慧园区建设等10个方面制定改革发展任务，发挥规划的引领作用，有效推动了西部地区现代职教体系构建和职业教育高质量发展。同时，项目组受天津市教育委员会委托研制了《天津市职业教育改革与发展"十四五"规划》《天津市本科层次职业教育发展规划》，受雄安新区管委会委托研制了

《雄安新区职业教育强基提质培优引领行动计划》，并在研制天津市、雄安新区等地区职业教育规划的过程中，将东西部职业教育帮扶作为重要内容纳入规划体系，大大强化了东西部职业教育帮扶的系统性。

(二) 整体性推进，主要解决西部地区人才培养质量不高的问题

西部地区职业教育人才培养质量不高，其主要原因是教育教学理念、模式、机制相对滞后，师资水平不高，优质教育教学资源匮乏等，主要采取了以下措施。

一是在受援地区建分校、派遣教师指导专业建设和教育教学。河北省威县是京津冀产业转移的承接地区之一，也曾是国家扶贫开发重点县，全县只有一个职教中心，年平均培养中职毕业生500余人，远远不能满足周边市区乃至河北省广大的生源市场和人才层次的需求，亟须建立中高职衔接的现代职业教育体系。基于此，天津职业大学与天津市教委、河北省教育厅、教育部多方协调与沟通，打破跨省区市招生、异地学生补贴发放等政策壁垒，成立了天津职业大学威县分校，以促进就业为导向，以区域产业发展需求旺盛的学前教育、汽车运用与维修等专业为试点，探索并实施了全国首个跨省区市的五年一贯制人才培养模式，合作开发人才培养方案、课程标准、教学资源等，依托分校建设带动威县职业教育发展。将东部地区先进的办学理念和模式复制到西部地区，探索实施模式复制本土化的实践方法，形成受援院校本土化方案，防止借鉴东部建设经验时出现"水土不服"的现象，促进西部地区职业院校内涵建设，提高本土人才培养能力。天津职业大学在对口帮扶新疆和田职业技术学院建设的过程中，在专业建设、师资支持及资源共享等诸多方面进行了全方位援助，探索出区域系统援建、品牌整体输出、专业结对共建、师资轮岗培训等有效模式，并结合当地产业和职业教育发展特点进行本土化改造，为和田"量身定制"了一所具有"天职基因"的全新职业学院，促进和田职业技术学院更新教育观念、提升教育质量。

二是建设西部职业教育师资培训基地，充分发挥学校全国职业教育师资培养培训基地的作用，加大西部职教师资培训力度，提升教师教育教学水平。建立"西部职业教育师资培训基地"，依托武威职教集团平台，面向甘肃等西部职业院校开展师资培训；在重庆牵头建设天津职业大学西南培训中心；组团派出教师深入新疆和田、云南红河、甘肃武威、河北威县等地区，全校教师作为大后方开展线上、线下师资培训。

三是整合学校3个国家级专业教学资源库等优质教育教学资源，强化信息化平台建设，与西部地区的学校共享优质教育资源。持续面向西部地区开展职业教育师资培训，推广天津职业院校优质专业教学资源库，共享全国职业院校技能大赛优质资源成果转化平台、信息化教学平台和教学能力比赛成果。

四是增加西部地区招生计划，让西部地区的学生直接受益。在组团实施对西部地区的帮扶时，通过扩大天津高职院校面向西部地区的招生计划，为西部地区的学生提供更多的学习和成长机会，让西部地区的学生直接受益。为了确保教育质量，学校通过项目化、

整体性推进，显著提高了西部地区人才培养质量，为学生提供了更多的就业机会和发展空间，促进了区域人才流动和社会经济发展。

(三) 打通"最后一公里"，主要解决西部地区学生获得感不强的问题

西部地区经济发展相对滞后，就业环境欠佳，部分中高职毕业生"毕业即失业"，他们没有享受到职业教育改革发展带来的红利，获得感不强，也给社会的安全、稳定带来隐患。针对这一问题，项目组坚持以就业为导向，充分发挥学校的校企合作优势，搭建中西部劳动力输转"大平台"，积极与天津市人力资源和社会保障局重点扶持缺工企业联系，为中西部中职院校"两后生""定制"实习岗位，协助受援地区和院校大力推进定向培养、订单培养和定岗培养，对输转的学生开展岗前培训、技能培训、技能鉴定取证，以及在自愿基础上的学历教育，提升综合素质，积极推荐西部地区毕业生到东部地区就业，既解决了学生就业难的问题，又解决了东部地区技能型人才短缺问题，实现东西部地区优势互补，打通"最后一公里"，显著提升了毕业生就业质量，真正实现了"技能成就精彩人生"。

通过构建并实施"全链条"的帮扶模式，有效促进了东西部地区职业教育的均衡发展，并取得了显著的成效。项目组共研制了4个区域职业教育规划；实施了对口支援，涉及22所职业院校，覆盖了10个省(区、市)，累计培训了中西部地区的师资21 000余人次，受益学生达61 000余人。以学校为主导的对口支援项目，如和田职业技术学院，在短短四年间已发展成为当地职业教育的领军机构；结对帮扶的武威职业学院等3所院校，入选甘肃省"双高计划"立项单位。此外，为威县培养了首批69名高职学生，有效支持了威县在脱贫"摘帽"后对本土化高层次技术技能人才的需求。

三、成果创新点

(一) 模式创新

基于区域协调发展理论、教育公平理论及反贫困理论，项目组构建了高职院校职业教育帮扶的理论模型，旨在提升教育质量、促进教育公平，并精准阻断贫困代际传递。项目组将扶贫、扶技、扶智相结合，强调帮扶的整体性、协同性，并创新了"规划引领、平台支撑、模式复制、就业援助"的东西部职业教育"全链条"帮扶模式。首先，根据西部地区产业发展和职业教育的实际情况与发展需求，制定了具有针对性和可操作性的职业教育发展规划。其次，项目实施过程中，将东部地区先进的职业教育理念和经验复制到西部地区，推动西部地区职业教育的改革和创新。依托师资交流、培训等，将东部地区的先进经验和做法传授给西部地区的教育工作者，帮助他们更新观念、拓宽思路。再次，项目组通过建立分校、联盟、培训基地等职业教育合作平台，为双方提供交流、合作的机会和渠

道,共同开展人才培养、师资培训、科研合作等活动。最后,项目组注重培养学生的就业能力和创业能力,积极与企业合作,为学生提供实习实训机会。通过制定规划为西部地区职业教育高质量发展绘制蓝图,通过模式复制转变观念,通过搭建平台使帮扶行动得以落地,通过就业援助打通毕业生实现人生价值的"最后一公里",4个环节涵盖顶层规划、师资水平提升、人才培养、学生就业全过程,由顶端到末端环环相扣,体现了帮扶的系统性、整体性和层次性,大大提升了帮扶的实效性。

(二) 机制创新

一是校校协同机制创新。学校联合天津交通职业学院、天津轻工职业技术学院、天津商务职业学院等兄弟院校,充分发挥天津职教标杆的整体优势,在帮扶区域、帮扶领域、帮扶内容等方面统筹协调、分工协作、优势互补,采取"院包系""打包式""组团式"等帮扶方式,整合优势资源,变"分散帮扶"为"整体推进"。汇聚"政行企区校"多方资源,通过"目标—保障—路径—实施"进行科学的顶层设计,使各方主动参与援建项目的组织、实施等过程中,形成内部选派援疆干部直接参与发展建设,外部系统指导建立学校内部管理体系、师资培训体系、专业建设体系、实训体系的闭环运行援建体系,依托天津市教委、天津援建和田前方指挥部、合作企业、职教集团等平台资源,系统谋划,强化帮扶的整体性和协同性。

二是校内联动机制创新。建立了学校、职能部门、二级学院三级实时联动机制,确保帮扶工作的高效协同。由党委书记和校长共同担任双组长,负责全面领导和监督,确保帮扶工作获得充分重视,并提供坚强的组织保障。校领导亲自牵头,职教所出思路、出规划,将职业教育研究成果融入帮扶具体项目中,确保帮扶工作具有明确的方向与目标,并能有效应对西部地区职业教育所面临的挑战。合作方出方案、出模式、出标准,继续教育中心建平台、出资源,二级学院担项目、包落实,从而强化帮扶工作的系统性。通过这样的三级实时联动机制,进一步加强了帮扶工作的系统性。各个环节紧密衔接、互相配合,共同推动西部地区职业教育的高质量发展。

(三) 举措创新

一是通过构建规划体系促进东西部地区职业教育融合发展。系统构建东西部融通的现代职业教育规划体系,根据受援地区经济社会发展特点和阶段,为受援地区制定区域职业教育发展规划。项目组结合和田地区经济社会和职业教育发展现状,研制了《和田职教园区规划方案》,发挥了规划的引领作用,有效推动了西部地区现代职教体系构建和职业教育高质量发展。同时将东西部职业教育协作纳入东部地区职业教育规划中,项目组在研制《天津市职业教育改革与发展"十四五"规划》《天津市本科层次职业教育发展规划》《雄安新区职业教育强基提质培优引领行动计划》等规划的过程中,将东西部地区职业教育帮扶作为重要内容纳入规划体系,探索出东西部地区职业教育发展同规划、同部署、同实施的新路径，有效促进了东西部地区职业教育融合发展。

二是异地建立分校。 天津职业大学与河北省威县共建天津职业大学威县分校，多方协调、沟通，突破跨省招生录取、异地学生补助等政策壁垒，创造性地实施跨省单独招生，与威县职教中心探索并实施全国首个跨省五年一贯制联合培养模式，带动受援地区职业教育高质量发展，培养本土化、留得住的高素质技术技能人才。天津交通职业学院与青龙满族自治县职业技术教育中心合作建立天津交通职业学院青龙分校，指导分校教师建设汽车专业教育教学资源库、在线精品课程和校企共建产教融合实训基地等项目；以电商实战为载体，组建跨专业校企联合专家项目团队，开展农产品直播助农项目，入选乡村振兴电商人才培养示范基地暨村村播工程示范校。

三是创建中西部劳动力输转"大平台"。 充分发挥合作企业的作用，为中西部中职院校"两后生""定制"实习就业岗位，在此过程中，学校提议的外地区在津就业学生积分落户建议得到天津市政府采纳，并出台了户籍管理制度，366名输转学生留津就业，解决了西部地区学生就业和东部地区企业缺工难题。

四、成果推广与应用效果

(一) 规划引领，助力东西融通的现代职教体系构建

受天津援和前方指挥部及和田地区教育局委托，天津职业大学负责研制《和田职教园区规划方案》，该方案聚焦和田地区社会稳定和长治久安总目标，着眼于打赢脱贫攻坚战，构建了具有和田特点的现代职教体系，为和田地区职业教育高质量发展绘制了蓝图。《和田职教园区规划方案》由和田行署作为规划文件正式发布，列入当年重点建设项目，目前和田职教园区二期项目正在建设中。天津职业大学研制的《天津市职业教育改革与发展"十四五"规划》《天津市本科层次职业教育发展规划》，被天津市教委作为规划文件直接采用，正在按规划实施对西部地区职业教育的帮扶；《雄安新区职业教育强基提质培优引领行动计划》为雄安新区管委会制定职业教育规划文件提供了重要参考，项目组依托搭建的津雄职业教育发展联盟，向雄安新区职业院校、职业培训机构解读了《雄安新区职业教育强基提质培优引领行动计划》，为雄安新区职业院校发展指明了方向。

(二) 鱼渔并授，受援院校自身发展能力显著提升

项目组坚持问题导向，在东西部地区职业教育帮扶过程中，从"有啥给啥"转变为"缺啥补啥"，从"授人以鱼"转变为"授人以渔"，从"理论分享"到"成果共享"，从"自主行动"到"系统推动"，从"分散帮扶"到"聚力帮扶"，从"挂职职教"到"整体输出"，做到了由外部"输血"向内部"造血"的转变。自2013年起，天津职业大学派出49名挂职干部、200余人次专业教师到西部地区开展专业建设帮扶、师资培训等

项目，为西部地区累计培训师资21 000余人次；接收新疆、重庆等西部地区8省区市的管理干部及骨干教师860余人来津挂职、定制化培训等，大大强化了受援院校的自我造血功能。2021年11月，天津职业大学、天津轻工职业技术学院与和田职业技术学院续签了对口帮扶合作协议，发挥"双高计划"项目建设的改革成果和资源优势，聚焦共同发展，选优派强、创新提质，高质量推进新一轮对口帮扶工作，打造东西部地区职业院校合作发展标杆。援建的和田职业学院，在短短4年时间内，从一片荒芜发展到教学楼、宿舍楼、食堂、体育场一应俱全，学院占地面积1141亩、建筑面积21.2万平方米，固定资产总值4亿元，校内实训室47个，拥有13个专业，在校生规模近万人，已成长为具有"天职基因"的高水平高职院校，在校生规模超万人；结对帮扶的武威职业学院、甘肃农业职业学院、甘肃工业职业学院等，入选甘肃省"双高计划"建设院校。自2014年起，天津交通职业学院帮扶西藏昌都职业技术学校汽车检测与维修技术专业建设，两校共建学生思想政治教育基地。

(三) 培优赋能，受援地区人才培养质量显著提升

组织576名红河州、怒江州"两后生"到津学习，通过扩招、定向培养、劳动力输转等方式，先后为新疆、云南、甘肃、西藏等省区市培养培训了一大批高素质技术技能人才，帮助西部地区学生到东部享受高质量职业教育；援建实训室57个，援建石屏县职业高级中学"组培实验室"生产性实训基地，培育脱毒草莓等4种农作物并将其推广到农业生产中；对红河州职业院校汽车检测与维修等5个专业进行专业建设帮扶，为23所职业院校、300余名中职校长、管理干部、骨干教师举办专题培训，为在津挂职"影子校长"的6所职业院校校长提供交流学习项目；与云南红河州民族师范学校等7所职业学校开展师资交流活动，共享优质教学资源，办学条件明显改善。实施职业教育帮扶以来，受援院校人才培养质量显著提升，石屏县职业高级中学培养的很多毕业生已经成为当地种植、服务等产业的技术能手或管理骨干，"组培实验室"生产性实训基地被云南省教育厅授予云南省勤工俭学生产实践示范基地称号。和田职业技术学院学生获全国各类大赛获奖14项，自治区各类技能竞赛获奖5项，首届毕业生就业率达100%，位列全国高职院校2021届就业百强榜第一。

(四) 成人达己，打造职业教育高质量发展的标杆

学校在服务国家战略的过程中，既帮助了别人，也成就了自己，教师政治意识、业务能力显著提升，以服务促发展、以服务显特色、以服务铸品牌已经成为全体"天职人"的共识。天津职业大学荣获党中央、国务院授予的"全国脱贫攻坚先进集体"及"服务贡献50强"等荣誉称号。成果入选全国脱贫攻坚典型案例2个，在世界职教大会分论坛、教育部相关会议等全国性平台上做典型发言11次，27所职业院校到校学访交流，发表论文21篇，其中核心论文10篇(CSSCI 3 篇)。近五年，来自全国各地的27所职业院校到天津职业

大学访学、交流。新华网、人民网、《天津日报》等主流媒体多次宣传、报道，在社会上引起强烈反响。通过职教帮扶，天津职业教育标杆的作用日益彰显，入选"双高计划"院校的比例位居全国第二。

【成果完成单位】

成果第一完成单位天津市职业大学携手天津交通职业学院、天津轻工职业技术学院联合申报的"助力脱贫攻坚，东西部职业教育'全链条'帮扶模式的探索与实践"荣获2022年天津市职业教育教学成果奖特等奖。

智能轨道交通背景下的"一核三横八纵"育人机制的研究与实践

天津铁道职业技术学院　等

该成果基于其独特属性及行业需求,以产业教育融合、校企合作的深层架构运行为关键,创新性地构建了以产教融合培养机制为核心的"一核三横八纵"育人机制,形成了融入行业进程、融合供求要素、融通赋能载体育人机制,有效解决了轨道交通企业在转型升级过程中面临的人才短缺问题,开辟了新的教育路径。该成果在人才培养模式上有创新,有效提升了人才培养适应性,并通过多种途径在其他院校及国家进行推广,显示出极高的应用与推广价值。

一、成果简介

天津铁道职业技术学院作为办学70余年京津两地唯一的轨道交通高职院校,始终坚持跟着火车跑,围着铁路转,随着铁路变。2013年,原铁道部被撤销,拉开了铁路改革的大幕,铁路深化用工改革,全国各大铁路局提前1～1.5年到学院招聘高职毕业生并签署三方就业协议,学院率先与北京铁路局等企业实施"2+1"定向培养模式,解决了轨道交通快速发展背景下的企业人才紧缺问题。伴随着我国高铁的快速发展和"一带一路"建设的推进,迫切需要加快建设具有国际影响力的智能高铁并持续领跑世界,国家发展和改革委员会在"十二五""十三五"规划中都提到发展智慧铁路。随着无人驾驶、机器人检修等智能设备的广泛应用,轨道交通迈入了智能时代,低技术含量岗位逐步消失、岗位技术迭代升级、劳动组织变化产生新的融合岗位等,为满足智能轨道交通用人的迫切需要,学院依托天津市提升办学水平建设项目和相关课题,与国铁集团等企业进行深化产教融合路径的探索与实践。

根据全国教育工作会议精神,依据国家发布的《中长期铁路网规划(2016—2030年)》及《京津冀交通一体化发展白皮书(2014—2020年)》要求,天津铁道职业技术学院(简称"津铁院")研判智能轨道产业发展走向,分析智能轨道新岗位,无人驾驶、"刷脸"进站、机器人检测等智能化新设备,从业人员提档升级新要求,以及人力资源高阶化、技术技能高水平等现实需要，依托《高等职业教育创新发展行动计划(2015—2018)》，2018年3月形成了以培养智能轨道工匠为目标，以产教融合培养机制为改革核心的横向融通、纵向贯通的"一核三横八纵"育人机制(见图1)。

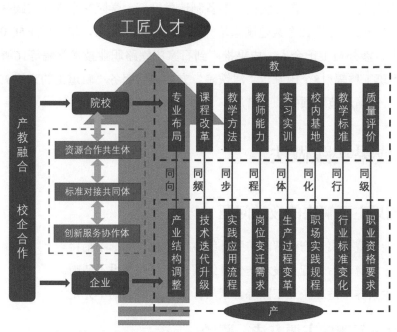

图1　基于智能轨道交通背景的"一核三横八纵"育人机制

基于轨道交通智能化转型发展、岗位能力素养标准提升、人才培养结构与方式转变三大教学相关问题，天津铁道职业技术学院依据建构主义理论、产业集群理论、OBE理论等方法论，从自身出发，梳理行业磁吸效能强、产教融通效果好、服务覆盖面积大等本质化与本源性特色，依托充足的高质量发展潜力、优良的产教融合生态、厚实的整体提升底板等基础性条件，创新"一核三横八纵"育人机制并持续供给高质量技术技能人才。

成果突破原有培养局限，坚持**产教融合、校企合作的人才培养核心地位**；搭建资源合作共生体、标准对接共同体、创新服务协作体**三大横向产教融合新载体**；实践专业布局与产业结构调整同向、课程改革与技术迭代升级同频、教学方法与实践应用流程同步、教师能力与岗位变迁需求同程、实习实训与生产过程变革同体、校内基地与职场实践规范程同化、教学标准与行业标准变化同行、质量评价与职业资格要求同级**八个纵向实施节点**，在"产"与"教"之间精准架构多层次对接通道，动态调整，保障人才供给侧与产业需求侧匹配，有效解决了轨道交通企业转型升级用人紧缺、短缺问题，实现学生高质量、高满意度就业与可持续发展，为轨道交通类高职院校增强人才培养适应性提供可复制、可推广的"津铁院"方案。

历经4~5年的实践，天津铁道职业技术学院与行业转型磁吸共振，同企业工匠需求亦步亦趋，赋能产业的佳绩得到社会高度认同、业内充分认可、境外享有盛誉，形成了融入行业进程、融合供求要素、融通赋能载体的育人机制新路径。成果集中反映在多项标志性成果上：成为教育部《构建"333"就业格局 服务交通强国建设》百强案例；《天津日报》及搜狐网、北方网进行深度报道，成为《职业技术教育》杂志刊发的国内唯一"高铁4S店+高铁车站"工匠培育实例；作为特色学徒制推广案例被中国职业教育网报道；等等。成果从铁路运营类专业向城轨类、装备制造类推广，学院26个专业实践基地，面向30个省区市和"一带一路"10个共建国家培养毕业生近15 000名，培训职工50 000余人次、留学生228人、涉外员工千余人。成果推广到石家庄铁路职业技术学院等16所高职院校，并通过3个鲁班工坊辐射8个国家，"津铁院"方案成为服务"轨道上的京津冀"、中国高铁"走出去"全国示范引领的一张名片。

二、成果实践做法

(一) 成果主要解决的教学问题

一是专业设置偏离于产业智能转型升级主线，教学标准不衔接。
二是人才培育滞后于行业技术迭代升级需求，课程体系不清晰。
三是学生素养不适应企业工匠综合素质标准，发展后劲不充足。

(二) 解决问题的主要方法、路径

1. 聚力路径，夯实"一核"产教融合基石

畅通与中国中车、中铁、中土及轨道集团等龙头企业的实体化合作通道，重建157家企业加盟的校企合作理事会，创建"3个联盟+2个产业学院"产教融合新形态，以津铁院《关于深化产教融合的实施意见》等制度夯实产教融合、校企合作基石，锁定产业转型升级立足点，让"产"和"教"在资源、信息等多方面充分融合，实现校企"优势互补、人员互派、资源共用、利益共享、风险共担"的目标，为对标行业标准、共建共享资源、跟进技术创新进程和工匠培养提供基础保障。

2. 链接通道，打造"三横"校企合作载体

构建标准对接共同体、资源合作共生体、创新服务协作体，以对标行业标准推进人才培养模式改革，以整合行业资源夯实学生成长成才的必要基础，以跟进行业创新进程为学生发展提供可持续动能。

标准对接共同体：以行业标准为导向共同进行课程标准、职业员工培训标准、职业技能竞赛标准、国际化专业教学标准、培训包开发建设标准、人才共育标准等制定与实施。

资源合作共生体：借助行业资源，推进学生企业实习与就业、校企员工互派、实训场地共建、教学资源共享、技术研发与服务、产业动态与人才动态分析等共建共享。

创新服务协作体：共同参与学生双创活动，现代学徒制人才培养模式试点、研发中心建设、企业员工培训及鲁班工坊等国际合作项目的协同创新。

3. 跟进变化，再造"八纵"工匠培养路径

(1) **专业布局与产业结构变化同向**。根据智能轨道交通对一体化技术技能人才的需求，依托校企理事会搭建的就业对接平台实时发布的产业发展动态和人才需求预测，做实做细产业分析。对接轨道交通行业在建造、装备、运营三大领域中工程施工、移动装备、客运服务等10个岗位群行业标准新要求，应对工电供维修一体化、机辆整备一体化、勘察设计一体化等复合性、融合性劳动组织模式新变化，按照专业链对接产业链的原则，重构智能轨道交通工程技术、智能轨道交通车辆技术等5大专业群，撤销不能满足需求的4个专业，新增智能建造、铁路桥隧等6个新专业，引领并推动传统专业的数字化转型升级，满足智能轨道交通转型升级对人才培养规格的新要求。

(2) **课程迭代改革与技术升级同频**。应对轨道交通智能化转型升级、多元融合等新变化，依据全国职业院校技能大赛、全国轨道交通行业大赛的要求，结合行业安全、质量、敬业等职业特质，突出思政教育、职业素养和信息技术培养，重构特色文化与信息技术"两贯穿"，平台课程—方向课程—融合课程—拓展课程"四递进"课程体系(见图2)。平台课程包括思政、体美劳、国际元素、创新创业等9个模块，注重夯实基础；方向课程包括专业集群中的各专业模块课程，注重一岗精通；融合课程包括专业集群的各专业融合部分、职业技能等级证书融入部分，注重多岗融通；拓展课程包括铁路"四新"内容、职业特征训练、生产管理等课程，注重跨岗能力。课程采用基于生产过程的项目化、模块化改造，配套建设教学资源、开发新形态立体化活页教材，实施"40%固定项目+40%改造项目+20%开放项目"的创新能力训练，培养企业急需的具有铁路基因、信息技术、创新精神的"一岗精多岗通"高铁工匠。

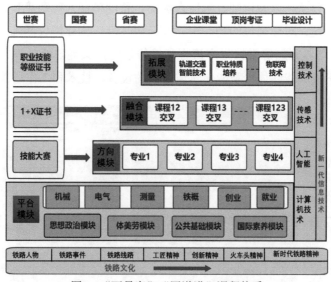

图2 "两贯穿""四递进"课程体系

(3) **教学方法与实际工作要求同步**。以实际工作要求为教学改革参照体系，构建"实景认知—基础训练—虚拟仿真—设备操作—岗位实习"螺旋式技术技能提升教学方法。采用"走进企业—深入企业—融入企业"三段式校企共育人才培养模式,与国铁集团实施"两期合一、双证定岗"特色学徒制模式,共同制定"2+0.5+0.5"培养方案,将岗位实习期与就业见习期时间合一,能力要求与取证等级要求合并,同时要求学生考取岗位资格证书和职业技能等级证书,实现人才培养和企业用人需求的精准对接,使学生在校学习期间就达到企业的上岗标准,率先在全路实现入职即定岗的模式探索。

(4) 教师能力提升与现场需求同程。 以岗位需求为参照体系,实施模块化课程改革与课程思政一体化设计、教学资源库与思政案例库一体化建设,提升教师思想引领能力;以掌握新技术、新设备为路径,通过与企业师傅结对子、企业实践锻炼、参与企业职业技能标准制定,把典型工作任务、企业生产实际案例引入课堂,提升教师工程实践能力;以资源建设为抓手,利用翻转课堂、线上线下混合教学的设计与实施,提升师生信息素养;以高铁司机第一人李东晓大师为引领,依托协同创新中心等开发专创融通项目,研制教学装备,促进成果转化,提升教师技术研发能力,促进教师能力与岗位需求同程提升。

(5) 实习实训与生产实际同体。 以智能轨道交通高素质高铁工匠培育为导向,面向数字化、网络化、智能化生产服务一线,按照生产实际流程,校企共同构建"实习实训环境实景、实习实训内容实例、实习实训设备实物、实习实训考核实题"的"四实"虚实融合体系,企业全程参与实习实训基地建设、实习实训课程设计,从分解的知识点、技能点入手,指导学生的全过程,实现了实际岗位需求设置与实际工作岗位相匹配的目标。

(6) 校内基地与职场实际同化。 联合中国中车、中国中铁等世界500强企业,依据岗位标准和实训基地建设标准,共同提炼智能化的技能点和一体化作业融合点,对原有"六基地两场一线"综合实训基地(见图3)进行升级改造。在国内唯一的"高铁4S店"和"高铁车站"增设智能售票、人脸识别、机器人检修、智能机器人检票等智能化设备,设置常见故障处理训练系统。对标岗位的初、中、高三级标准,构建岗位基础、核心、融合和拓展4个实训模块,培养既熟练掌握生产流程和检修技能,又能熟练处理常见故障的高铁工匠,让学生足不出校就能够体验智能化轨道交通的设备、技术和工作场景。

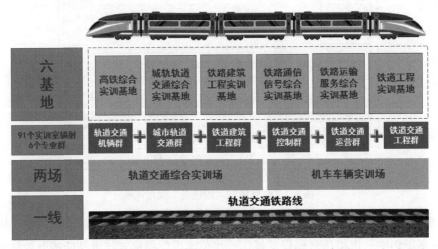

图3 学院"六基地两场一线"综合实训基地示意图

(7) 教学标准与行业标准同行。依托校企"人才共育"平台新颁布的行业标准和岗位规范,利用学院参与国家、行业指导委员会专业教学标准制定的优势,遵循国家专业教学标准,分析、整理行业标准和教学标准的错位环节,重构"六进"学历教学指导文件和优化"四融"职工培训指导文件,增强了教学标准对行业标准的适应性与融合性,保证了人才培养质量与企业员工转型培训的要求。教学标准体系如表1所示。

表1 教学标准体系

学历教育		职工培训	
国内	国外(中文、英文、法文)	国内	国外(中文、英文)
人才培养方案	国际化专业教学标准	培训方案	培训方案
课程标准	课程标准	岗位培训标准	岗位培训标准
教学设计标准	教学设计标准	培训课程标准	培训课程标准
实训教学标准	实训指导标准	质量评价标准	铁路特有工种规范
岗位实习标准	师资培训标准	师资培养标准	中国高铁规范
课堂评价标准			

(8) 育人评价与行业要求同级。对标企业用人新要求,引入行业企业、第三方公司等主体对高素质、创新型、复合型人才的要求,并将其融入整个人才培养过程中,通过学生成长画像协助教师精准掌握学生发展情况,进行教育教学改革;从职业技能、职业态度、职业意识、职业道德4个层面提炼24个核心职业素养点(见表2)并分解其核心内涵,通过思政课程、课堂思政、实践活动、大赛训练4类实施载体,培养学生"择一事、精一技、终一生"的职业精神。

表2 核心职业素养24点

层面	核心职业素养
职业技能	职业技术、职业知识、职业能力、创新能力、工匠精神、科学精神
职业态度	爱国情怀、理想信念、安全意识、奉献意识、崇尚劳动、责任意识
职业意识	大局意识、团队意识、协作意识、竞争意识、主动意识、学习意识
职业道德	爱岗敬业、吃苦耐劳、服务意识、诚实守信、法律意识、自律自爱

三、成果创新点

1. 协同发展、供求对接、架构通道——为增强人才培养在产业转型升级背景下的适应性提供了新模板

针对智能轨道交通在产业结构、技术领域、岗位融合、岗位标准、生产流程、职场实景、行业标准、职业能力8个方面的新变化,学院以产教融合、校企合作深层架构运行

为抓手，将磁吸效能聚焦于资源共享、标准共建、赋能共进三大载体的实体化运行，在调整专业布局、重构课程体系、改造教学方法、提升教师能力、更新实习实训、升级校内基地、完善标准体系、构建质量评价8个实施节点上进行对接，营造产与教深层融合的真实生态环境，精准架构产与教融通逻辑，打通需求与供给匹配路径，基本达到了专业布局对接行业需求、课程体系紧跟技术迭代、学生素质培育衔接工匠标准的目标。"一核三横八纵"育人机制实现了校企共发展、学生高质量，为轨道交通类高职院校提供了可复制、可推广的"津铁院"方案。学院呈现"出口畅、进口旺"良好态势，赢得了"好就业进铁院"的社会口碑，学院撰写的《构建"333"就业格局 服务交通强国建设》入选100个全国普通高校毕业生就业创业工作典型案例，被腾讯网、央广网、科学网等媒体广泛转载，产生了广泛的影响力。

2. 特色学徒、率先试点、全路推广——为帮助职业院校进一步推行中国特色学徒制提供了新模式

天津铁道职业技术学院与北京铁路局集团公司自2013年起试点"企业标准联合招生—2年校企协同培养—1年企业定向培养"的"订单+定向"培养模式，缩短了就业见习期，解决了企业反馈的毕业生见习时间长、转岗能力弱等问题。针对企业转型升级用人新需求，校企深度合作，共同开展以就业准入证书为切入点推进"入职即定岗"的研究与实践，按照企业要求招生后，前两年通过校企共上一门课、走进企业认知等方式，完成学生基本素质教育和基本职业能力培养；最后一年学生与国铁集团签订就业协议，按照校企拟定的工种和《铁路特有工种技能培训规范》教学方案，采用"师带徒"形式，学生以"准员工"身份进入实际岗位，将学徒期和就业见习期相结合，考取相关工种的岗前资格性培训证书和职业技能等级认定证书，实现入职就定岗。"两期合一、双证定岗"特色学徒制模式由铁道类专业推广到城轨类、装备制造类专业，在全路18个铁路局与20所同类院校合作推广，中国职业教育网报道了以"一核三横八纵"育人机制为本源的全国职业教育专业建设案例《基于校企协同育人平台的现代学徒制研究与实践》。

3. 国内唯一、还原现场、真岗育人——为实现现有实训基地智能化升级改造提供了新路径

学院联合国铁集团、中国中车、中国中铁、天津轨道交通集团等龙头企业，按照"整体设计、分步实施、源于现实、虚实融合、学做一体"的建设思路，提供学历教育、职工培训、技术研发、科学普及、国际交流五大功能，让学生足不出校就能体验真实的设备、技术和工作场景。校企提炼智能化技术应用场景、训练技能点、岗位融合点，对原有的"六基地两场一线"实训基地进行升级改造，共建与动车组、高铁站、检修段设施与场景一致的国内唯一的"高铁4S店"+"高铁车站"，实现从智能售票、安检、人脸识别、自动扶梯、机器人查验身份到智能检修等全流程智能设备使用与故障处理，培养具有智能设备维护保养综合能力和职业素养的高铁工匠。《天津铁道职业技术学院学生自主设计建设实训基地》《加强实训基地建设 培养高端技能人才》《高铁综合实训基地建设初见成效》等多篇文章发表于《职业技术教育》《天津日报》及北方网、搜狐网等期刊、媒体上，使"津铁院"实训基地名片闻名全路。

四、成果推广与应用效果

(一) 人才培养质量凸显

该成果应用到校内32个专业，14 000多名学生受益，每年录取分数线位居天津高职前列，第一志愿报到率超过98%，近1/3学生超当地一本线，助力天津铁道职业技术学院提高社会认可度，在招生中表现出强大的吸引力。培养的学生得到用人单位高度认可，用人单位对毕业生整体素质与专业水平评价满意率达99%，每年有65%以上的大二年级学生与国铁集团、轨道集团等大型国企签订就业协议，北京铁路局集团公司每年招收毕业生数量位居同类院校前列，以2020届为例，就业于500强企业的毕业生数量居全国第9名，起薪值位列全国第20名，居天津市首位；2021届毕业生就业去向落实率位居天津市56所高校第一名，就业创业案例入选教育部百强。该成果实践期内，学生获全国职业院校技能大赛、中国"互联网+"大学生创新创业大赛等国家级奖项42项、省部级奖项116项，8名毕业生获"全路技术能手"等称号，在同类院校中名列前茅。

(二) 专业内涵持续提升

对接轨道交通业发展的培养模式改革、课程体系构建、实训基地建设、双师队伍培养、评价机制运行等持续发力，获批天津市高水平学校和专业群立项单位、市级以上重点专业16个，国家级生产性实训基地2个、协同创新中心1个、双师型教师培训基地1个。立项国家级虚拟仿真实训基地培育项目、国家级高技能人才培训基地、国家专业教学资源库项目；获全国黄炎培杰出校长和杰出教师奖项、天津市教师教学创新团队和天津市海河名师团队6个；教师获得全国职业院校技能大赛教学能力比赛二、三等奖，第二届全国高校思想政治理论课教学展示活动二等奖；获评"十三五"规划教材5本，获首届全国教材建设二等奖1项。

(三) 社会影响大幅增强

学院获批多项国家级培训资质，是国家高技能人才培训基地、国家职业技能大赛轨道车辆技术项目集训基地、中国铁总高速铁路技术培训基地等。获批全部28个轨道交通关键岗位职业技能等级认定资质，年均培训量10 000余人次，成为国铁集团发展离不开的"职工成长摇篮"。为中国铁路"走出去"标志性线路——亚吉铁路、中泰铁路、雅万高铁等，培训员工1955人，为商务部首选涉外员工培训基地。作为中国职业技术教育学会理事单位、中国-东盟高职院校特色合作项目单位，牵头组建京津冀轨道交通联盟、京津冀智慧教育创新产教联盟、鲁班工坊产教发展联盟，聚集105家高端企业开展深度产教融合，其中联合开发的高铁制动系统实训装置成为泰国职业院校技能大赛指定设备，并成功入选全国职业院校校长联席会职业高等院校技术研发与应用成果优秀案例20强。

(四) 推广示范成果丰硕

该成果推广到石家庄铁路职业技术学院、郑州铁路职业技术学院、哈尔滨铁道职业技术学院等16所轨道交通类职业院校，受益师生超过9万人。量身定制高铁、普铁、城轨和土建4类国际化专业教学标准，输出到泰国、吉布提、尼日利亚鲁班工坊，其中4个专业教学标准得到落地国教育部门认证，累计培养留学生228人，生源地遍及泰国、埃塞俄比亚、老挝等10个国家。发表相关论文12篇，立项天津市教育规划课题、教改课题等8项，主要参与人编写《鲁班工坊核心要义》《引领与示范》等专著4部。商务部、四川省教育厅等15家部委，陕西铁路工程职业技术学院、吉林铁道职业技术学院等52家职业院校，吉布提教育部、泰国铁路局、埃塞铁路公司等国外部委、院校、公司等来访、调研30余次；学院领导及教师在大型国内会议上做主旨发言13次，新华社、《天津日报》与电视台等14家主流媒体，以及搜狐、人民铁道网、央广网等15家网站进行了人才培养、国际交流、校企合作等报道200余次。

"智能轨道交通背景下的'一核三横八纵'育人机制的研究与实践"成果聚焦产教融合路径研究，以立德树人为出发点，以深化人才培养模式创新为突破口，有效破解了人才培养适应性不足的问题。下一步还需要在高质量理论研究、促进学生全面发展、深化教学质量评价、数字化赋能教育教学等方面持续用力、不断提升，在智能化轨道交通育人机制、培养模式、标准建设等方面发挥示范引领作用。

【成果完成单位】

成果第一完成单位天津铁道职业技术学院携手中国铁路北京局集团有限公司天津机务段、中铁电气化勘测设计研究院有限公司联合申报的"智能轨道交通背景下的'一核三横八纵'育人机制的研究与实践"荣获2022年天津市职业教育教学成果奖特等奖。

老字号振兴背景下电子商务项目化实战教学体系研究与实践

天津交通职业学院　等

该成果紧扣电子商务项目化实战教学体系的可持续性发展，针对实战型人才培养的难点，构建了"政行企校'1+N'学徒企业联盟制"，创建了一体化进阶课程体系、学徒培养基地，并实施了人才培养的"活化"方案，依托天津制造业基础和老字号品牌，首创并构建了"岗课评三维空间"的人才评价模型，开发了"进阶式课岗交替学习"的新模式，形成了保障实战教学项目"优质"的新机制。成果推动了区域专业教学改革，有效提升了人才培养质量，助力老字号发展，获得了业界的高度认可。

一、成果简介

该成果起始于2014年国家示范校骨干高职院校中的专业实践教学基地项目，持续深化2014年国家级教学成果"高职院校专兼结合的'1+N'教师协同授课模式的创建与应用"的校企合作机制理论研究，在2016年天津市提升办学能力专业项目中建设了"运行'校企双主体'电商现代学徒制育人体系"子项目，创新性地提出与构建"政行企校'1+N'学徒企业联盟制"协同育人机制，于2017年入选教育部第二批学徒制试点项目。实践中，依托天津深厚的制造业基础及百余个老字号品牌，根据《天津市振兴老字号工作方案》，在市商务局指导下，与老美华等一批"中华老字号"企业及天津区域行业领军企业深入合作，开展学徒制项目，汲取"业精夺魁"等老字号企业精神，结合电商行业技术迭代快的特征，从校企协同育人机制、课程体系开发与实施、人才培养质量标准等层面探索老字号振兴使命下的产教融合着陆点，以高素质的电子商务实战型人才培养助力"互联网+老字号"行动计划的实施，最终形成了电子商务项目化实战教学体系研究与实践成果。

该成果针对电商专业人才培养实战性项目的质量保证和可持续发展的难点，构建了以支持中华老字号为代表的传统产业企业转型发展项目为载体的"政行企校'1+N'学徒企业联盟制"，蓄积了一批蕴含优秀企业品牌文化的优质实战教学项目；针对电商行业技术、商业模式迭代周期缩短与人才培养周期不变的矛盾，创建了以"岗课碎片化交融"

为"单元"的一体化进阶课程体系、学徒培养基地，实施了人才培养的"活化"方案与教学；针对校企评价电商专业实战型人才的双重标准，研发了"可视化课评"与"晋级式岗评"相融的实战型人才培养质量评价标准，实现了校企在岗课协同上的一致性评价。

该成果以习近平总书记对职业教育工作的重要指示为指导，以贯彻职教法为遵循，以培养更多高素质技术技能人才、能工巧匠、大国工匠为目标，以"可见的学习"理论和SOLO分类理论为依据，首创提出并构建了"职业课程学习深度、企业岗位胜任度、认知思维发展关联度"的三维人才培养质量评价模型，研制了一套可示范、可推广的质量标准文件与方案。

该成果总结的商贸类专业培养高素质实战型人才的经验和优秀毕业生代表白鹏武等成长案例，被《人民日报》、新华网、《天津日报》、《中国教育报》、《中国青年报》等二十余家主流媒体报道。同时，该成果在学院跨境电子商务和现代物流管理等商贸类专业、对口支援的河北省青龙县与雄安新区职业教育中心、"1+X"证书种子教师研修国培项目中得到应用与推广，收到了十余所中高职院校的应用反馈。其中，以现代学徒制培养模式为核心的产业学院建设被列入学院双高计划项目——现代物流管理专业群建设；以学院跨境电子商务专业应用实践为样本的"天津跨境电子商务现代学徒孵化体系研究"和"高职院校跨境电子商务专业运营方向课程实施模块化教学的研究与实践"，荣获天津市高等职业技术教育研究会第三届高等职业教育科学研究和教学优秀成果奖。项目化实战教材的成果报告《校企合作开发电子商务专业工作任务式活页教材的实践研究》入选2022年天津市高等职教研究会"基于产教城融合的技能天津建设研究"重大课题，并被相关著作引用。

二、成果实践做法

该成果主要解决优质实战教学项目的来源和可持续性发展问题，数字经济背景下实战型人才培养方案的快速迭代方法与策略问题，以及实战型人才培养质量评价标准及实施路径问题。

(一) 搭建"政行企校'1+N'学徒企业联盟制"，蓄积优质教学项目

由天津市商务局搭建推介平台，天津服装商会、电商协会等牵头，学院和1个孵化器、N个协会成员参与形成"政行企校'1+N'学徒企业联盟制"协同育人机制(见图1)，商会、学校、企业、学生之间签署协议，固化各方责权利；由协会推荐企业，孵化器评估电商业务项目风险，专业教学指导委员会评价品牌发展质量、岗位群及课程模块覆盖面，优选出具备"数据化运营"等三大类岗位课程模块的"老字号"典型教学任务和实战项目入库，项目导师团队开发项目教学方案和学习资源后，经审批启动教学。

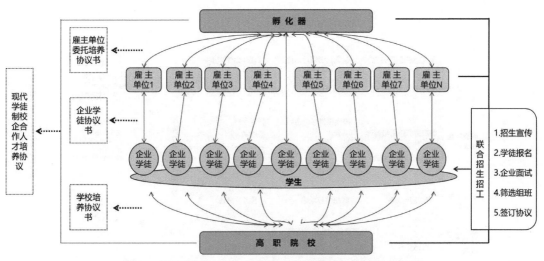

图1 "政行企校'1+N'学徒企业联盟制"协同育人机制

(二) 创建以"岗课碎片化交融"为"单元"的进阶课程体系，实施人才"活化"培养

1. 建立职业能力标准体系

基于人才需求专项调研、专业教学标准及行企岗位培训标准，按照新手、熟手、能手到高手的职业能力发展规律，确定智能客服等3类岗位群培养方向，设置见习、专员、储备主管、主管或店长4级岗位标准，锚定客服专员、网店运营专员、美工编辑、新媒体运营专员、储备客服主管、储备运营主管、储备设计主管、储备视觉设计师和客服主管/经理9个学徒目标岗位，开发了12个学习领域、440个职业能力及27条职业素养的职业能力标准体系。

2. 开发专业进阶课程体系

以目标岗位和职业能力标准为基础，形成4个课程模块，即包括公共基础课程的通识性课程模块、初步认知职业轮廓与岗位方向的职业取向认知课程模块、覆盖3个岗位群的学徒岗位课程模块，以及技能选修课程模块。根据学习任务特征的差异，将学徒岗位课程分为职业关联性、职业功能性、知识系统化3类，职业关联性课程帮助学生对3类岗位方向的工作系统、工作流程、组织间关系(人员间、部门间、技术与劳动组织间)建立整体性认识；职业功能性课程帮助学生掌握与常规岗位任务、复杂岗位任务和非常规任务相对应的功能性知识；知识系统化课程旨在帮助学生建立学科知识与工作系统的全面联系，使学生能够完成不可预见的工作任务。从职业取向认知与选择到知识系统化，3类岗位课程学习深度递增，对应第一学年见习岗、第二学年专员岗、第三学年储备主管岗到毕业后的职业发展，逐步帮助学生建立职业认同感与职业责任感，建立从工作系统整体认知、学科知识与工作系统的功能性联结到全面联结的进阶课程体系(见图2)。

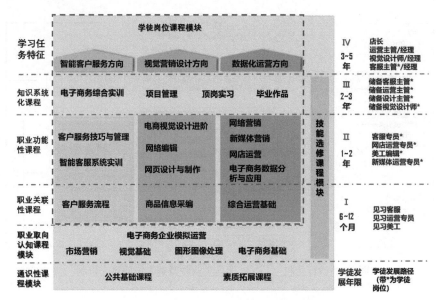

图2　电子商务专业进阶课程体系图

3. 实施人才培养的"活化"方案

在教育部颁发的《关于职业院校专业人才培养方案制订与实施工作的指导意见》框架下，设计了适合0.5～4课时教学安排的通识性、职业取向认知、学徒岗位及技能选修课程模块，由业务型、教学型、研究型和学徒管理型组成的校企学徒导师团队配套开发岗位实践篇、理论知识篇和岗位研学篇三段式教材，设置学习指南、工作案例、操作指南、职业技能认证、任务实施、理论知识、职业素养、任务考核等功能活页；调研项目企业人才需求后，将"业精夺魁"等老字号文化植入"职业素养页"，依托校内学徒基地、项目企业电商部进行"课岗"交替学习，实施人才培养的"活化"方案，服务于学生的深度学习与职业成长。

(三) 研发"岗课协同"的人才培养质量评价标准，实现校企的"同向"评价

1. 基于岗课标准面的"三教"驱动力

岗课标准是"岗课评三维空间"运转的基础，"三教"改革是实现岗课碎片化教学并赋予空间培养功能的驱动力。在岗位课程标准中将行业讲师的示范案例微课、理论学习、岗位实践进行碎片化组织，在校内生产性实训基地进行0.5～4课时的交替，工学交替的教学组织单元颗粒度变小，交替速率得以提升。"客户服务流程"岗位课程标准示例见表1。

"学"以教材、教法为驱动。课前云课堂的示范案例微课帮助学生理解、记忆观察到的内容，课中以小组形式布置任务，如采用"拼图法"，以拼图形式拼个人探究学习之晶，呈小组学习之果，实现合作学习。以配套三段式教材的功能活页为载体，实现学生的深度学习。

"工"以校企导师团队为驱动。校内生产性实训基地设立校企学徒导师工作室，开

展学徒项目研发、实践教学研讨，对接校外企业实践基地功能设立企业的市场分部、设计分部、运营分部，校企学徒导师任部门负责人或项目负责人，每周召开工作例会，根据学徒项目进展和学徒岗位能力发展情况，为学徒量身定制每周的工作计划并实施项目跟踪指导，打造出一支实战伴侣型、专家服务型和技术创新型导师团队，有效支撑工学交替及校内外实训基地功能衔接。

表1 "客户服务流程"岗位课程标准示例

序号	学习项目	对接典型工作任务及职业能力要求	知识、能力、职业素养要求	教学活动设计			学习资源
				教学组织活动	实施形式	课时	
1	课时岗前准备 (16课时)	DX2 22-02 39-06-04 访问电商平台店铺后台 (6课时)	知识：电子商务客户服务概念(重点)、客户服务分类(重点)、客户服务发展特征、客服应掌握的电商专业术语(重点、难点)、网店客服工作的重要意义(重点、难点)、电商行业发展现状。能力：了解店铺发展历程，登录店铺后台，使用"商家中心"的功能菜单，在店铺后台查看店铺经营状态与服务质量指标值(重点、难点)。职业素养：访问店铺后台、培养岗位实践精神，小组合作研讨训练任务，通过学习客服业务基础服务考核数据和综合体验数据，理解客服岗位的重要意义，具有岗位责任感与自豪感。牢固树立起客户服务理念、岗位质量观及"商无止步，德技并修"的职业追求，养成解决实际业务问题的职业习惯及数据化思维	1.访问店铺后台，开展调研、分析，讨论客服岗位工作内容与职责、客服的基本概念、客服岗位的工作特点、客服岗位工作对于店铺的重要意义。	布置工作手册活页夹教材岗位学习任务	0.5	QCKF1-1客服定义、QCKF1-2客服分类、QCKF1-3客服作用、KFWK1.1、QYKFKJ1.1-01、ZXSC1.1-01、ZXSC1.1-02、ZXSC1.1-03、学习手册
					自主学习网络培训课程	1	
					客服岗位跟岗调研	2	
				2.调研不同信用级别的店铺，对客服的响应时间、专业度及服务态度进行分析、比较。	集中讨论、学习、交流，导师(校)集中讲授	2	
				3.以学徒项目小组为单位制作店铺手册，业务时间跟岗调研，用一个月的时间完成店铺手册。	学徒制项目小组完成跟岗调研任务，完成活页夹学习笔记与任务记录	0.5	
				4.一个月后进行店铺手册学习交流，分享店铺手册制作心得，进行不同店铺学习项目的交流与分享	学徒项目月例会时间(不计入教学计划)，不同店铺学习项目交流与分享，校企导师评价	—	

注：淘宝教育青橙计划教学视频缩写QCKF；课程教学团队微课制作缩写KFWK；企业客服岗位培训课件/视频缩写QYKFKJ/QYKFSP；自主学习素材缩写ZXSC。

2. 基于岗评、课评标准面打造提升双拉力

"岗课评三维空间"评价模型中，岗位课程评价与岗位评价互为支撑，合力提升学生空间定位，岗位评价=岗位课程评价+晋级评价/胜任力评价。

以智能客服岗位群为例，岗位课程评价要素包括职业态度与情感、专业知识、操作技能、思维结构与岗位经历；岗位评价要素包括岗位课程考核、岗位工作量与岗位绩效，以

实现岗位胜任力为目标。岗位课程评价方式有纸质试卷评价(半开放)、样本评价(软件模拟考核/岗位任务单项考核)、学习成果报告评价(开放)、任务过程性评价方式与工作绩效评价5种方式。样本评价为典型任务评价，如"网店运营推广"X初级证书三项工作任务(客户问题处理、交易促成、客户关系维护)和高级证书一项工作任务(客户画像)。学习成果报告评价，如制作"***企业电商客户服务店铺手册"或"岗位实践总结报告"，任务过程性评价方式指活页夹学习手册中的实践记录、理论学习讨论、专题汇报记录、学习反思等过程性评价。

三、成果创新点

(一) 首创提出并构建了实战型人才"岗课评三维空间"评价模型

成果团队在针对企业电商业务类型、相关岗位人才需求和配置、准入条件等进行调研的基础上，坚持立德树人根本任务，遵循能力的发展性、岗位的递进性、岗课的融合性、内容的适应性、评价的可行性原则，依据"可见的学习"理论和SOLO分类理论，基于学徒目标岗位的12个学习领域、440个职业能力及27项职业素养指标，构建了学徒培养质量评价的模型(见图3)，即由覆盖3个电商岗位群的岗位轴、四级进阶岗位对应的课程轴、4个可视化思维结构发展水平的评价轴形成"交融式"岗位课程标准面、"可视化"课程评价标准面和"晋级式"岗位评价标准面，3条轴的垂足代表企业岗位胜任度、职业课程学习深度、认知思维发展关联度。基于此模型，设计与实施了一套培养质量标准及方案，实现了以课程评价与岗位评价的梯次匹配引导学生认知由单点走向复合，岗位素养与能力由达标逐步晋级的培养目标。

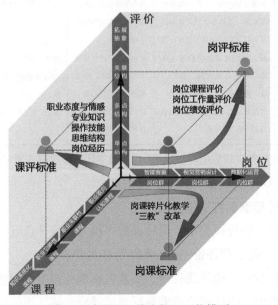

图3 "岗课评三维空间"评价模型

基于"岗课评三维空间"评价模型，随着岗位晋级课程进阶，岗位课程评价方式中依托岗位实践的评价比例逐渐加大，评价标准逐级递增。职业态度与情感发展从初步具备到获得客户、同事的赞誉直至发挥团队带头作用；专业知识发展从掌握陈述性与程序性知识到归纳知识(如归纳商品知识、客服常见问题)、总结方法，并进行分享学习，直至能够独立编制业务流程制度，实现知识系统化；操作技能发展从建立工作与知识的链接，到知识内化为技巧体现的技能熟练度、方法能力、分析与解决工作问题的能力，直至对工作全局的协调沟通能力及解决突发事件的能力；思维结构从开放性问题、开放性成果报告中体现的可视化思维结构发展水平，即问题解答、成果报告或学习手册中体现职业态度与情感、程序与方法知识、操作技能、生态环保、经济核算等素材指向结论或报告成果的一致性，观测非常规业务下有创见性地解决问题的能力，拓展抽象的认知水平是岗位课程教学的终极目标，也是储备主管级岗位胜任力的关键指标；岗位经历确定学生上岗标准，岗位晋级是从初级岗位到高级岗位质的飞跃的发展性评价。

(二) 构建了"进阶式课岗交替学习"的新模式

在数字商务技术迭代的背景下，以老字号企业典型项目为载体，依据工作任务中知识形态的差异，首创了从工作系统整体认知、学科知识与工作系统的功能性联结到全面联结的进阶课程体系，开发了"进阶式课岗交替学习"的新模式。依托校内外功能衔接的实训基地，校企导师团队共同开发岗位课程标准及三段式活页教材，将行业示范案例微课、新技术培训讲座、理论学习与学徒定制化岗位实践进行0.5～4课时的工学交替碎片化组织，形成了人才培养的"活化"方案与教学条件。

项目制的校企学徒导师团队依据项目班专业人才培养方案，主持开展贯穿整个培养周期的项目化实战教学。从双向遴选学徒、新学徒评测、项目匹配到学习方式指导，从开展学徒项目研发与实践教学研讨、编制学期教学实施方案到每周为学徒量身定制工作计划和跟踪指导，从学徒日工作交流会、周学习汇报会、阶段性技术培训到学期/学年考核和晋级评价，从学校教室、实训室、项目工作室到企业学徒基地，进阶式的课程交替学习模式和教学组织方式既提升了课堂教学对数字经济发展的适应性，也有效提升了工学交替学习的效率，实现了专业学习与岗位工作的"零对接"，学生从专业"小白"到专业"熟手"的蜕变。

(三) 形成了保障实战教学项目"优质"的新机制

老字号企业的数字化商务尚未成熟，先由孵化器对用人单位的组织架构、运营能力等电商业务风险指标进行评估，由达到五级(80分以上)的企业提供教学项目，再由学院与企业联盟组建的专业教学指导委员会对其覆盖的岗位群及课程模块进行评估，全部覆盖方能列入教学典型项目。同时，该企业与学生签署《企业学徒协议书》，未达标企业可委托孵化器签署《企业学徒协议书》，由孵化器孵化电商业务部门、电商项目及学徒，不仅保证了实战性教学项目的优质和持续优化,也助推了老字号企业的升级发展。

立足于服务老字号企业的数字化转型发展,推进专业全面升级,依托"政行企校'1+N'学徒企业联盟制"主动提供新技术新模式培训讲座、企业电商业务支持和学徒培养开放日服务,行业协会定期召开推动活动,企业受益于共享商业项目推广渠道和学徒培养红利踊跃加入项目,从根本上保证了优质实战教学项目的可持续。

通过孵化器化零为整实施培养,N家联盟企业灵活录用学徒的模式,解决企业互联网品牌运作后备人才短缺的问题;分摊共建校内培养基地的成本;来自N家企业的学徒导师稀缺资源在校内生产性电商培养基地汇聚,擅长不同专业领域、不同商业平台和老字号业务的企业导师长期驻校,与学校专业教师组成了稳定且不断优化的企业文化品牌宣传、模块课程建设、活页教材开发、岗位业务指导团队;入驻学校的老字号企业项目部和企业电商部为学徒提供了实战项目与品牌展室,让校企合作走上了互联网经济与实体经济融合发展的共赢之路。

四、成果推广与应用效果

(一) 高素质、高认知水平的电子商务实战型人才成为区域企业的用人首选

电子商务实战型人才连年供不应求,三届毕业生累计为"老美华"等老字号企业输送网店储备店长共计15人,每年为行企输送高素质电商人才180余人,毕业生100%达标专员级岗位,35%达标储备店长岗位,毕业一年留岗率为95%。天津服装商会会长评价学生:"这里的二年级学徒的岗位能力与公司入职一年的员工水平相当。"150余人次获得省级以上奖项,技能过硬的实战型电商人才成为企业的用人首选,在"天津市电子商务人才培养推动会"上作为高职院校唯一建设案例被广泛宣传与推广。

(二) "进阶式课岗交替学习"教学方案引领区域专业教学改革的方向

网店运营推广"1+X"证书连续两年以86.67%和100%的通过率位列全市第一,获得评价组织颁发的"书证融通奖"。学徒导师团队构建的"岗课碎片化工学交替培养模式"成为承担"1+X"证书种子教师研修国培项目的重要内容,为来自天津市18所中高职院校的32名教师及雄安新区职教中心的12名教师进行学徒培养模式、进阶课程体系及评价标准培训,成果被天津市第一商业学校等十余所中高职院校借鉴、应用。

(三) "政行企校1+N学徒企业联盟制"助力老字号发展并获得业界高度认可

天津市商务局牵头市电商协会和服装商会,每年组织电商业务Top30企业入校召开双选会。新冠肺炎疫情期间,市商务局组织企业抗疫复工复产的线上培训,将学院与老字号

"果仁张"的运营案例进行分享,为683名企业员工提供电商业务培训;为"老美华"等企业提供52人次共计392课时的电商运营专项培训,提供数据分析诊断报告8份、运营策划案8份。师生团队为企业提供店铺客服、视觉设计、运营及直播业务服务,年均GMV3000万元。校内生产性实践基地开设"中华老字号品牌文化室",开发了"鸵鸟墨水品牌文化VR展示作品",年均接待参观、交流活动200余人次。形成的服务中华老字号转型升级经验被《天津日报》《中国教育报》《中国青年报》《人民日报》等主流媒体宣传报道三十余次。

(四) 跨境电商专门人才培养领域应用与推广成效显著

电子商务专业的"活化"人才培养方案的开发思路和方法,在跨境电商专门人才培养领域进行复制、推广,所开发的具有"岗课一体化"特征的跨境电子商务专业课程体系,人才培养效果显著。2017级、2018级跨境电商学徒班共计110名同学考取了阿里巴巴跨境电商人才初级认证证书,已为协会会员企业输送了62名顶岗学徒。2017级学生于2019年4月参加第八届POCIB全国外贸从业能力大赛(由中国国际贸易学会/全国外经贸行业指导委员会举办),获得团体二等奖,共7名同学获得个人奖项,其中1人获得个人一等奖,1人获得个人2等奖,5人获得个人三等奖;2018级学生于2019年11月参加第九届POCIB全国外贸从业能力大赛,获得团体二等奖,其中9名同学获得个人三等奖。2018级跨境电商学徒班两名泰国留学生于2019年5月参加由中国国际贸易学会举办的全国2019"一带一路"国家留学生跨境电商创新创业比赛,分别获得个人一等奖、个人二等奖,并获得团体二等奖。

2018级跨境电商共20名学徒于二年级在岗学徒期间,承担天津易客满国际物流有限公司"黑五"国际物流服务项目,该项目主要针对美国亚马逊、日亚、英亚、德亚等大型跨境电商进口平台,对平台订单提供归类技术服务,一个月内累计为企业完成15 000余条归类技术服务,共8名学徒获得由企业颁发的优秀学员证书。

(五) 县域电商专门人才培养领域应用与推广显现社会效益

研究成果的产教融合孵化模式、"优质"岗课教学项目及"活化"岗课教学方案的开发方法在县域电商专门人才培养领域的应用,已显现成效。相关课题成果如"关于发展县域产教融合型产业园并建立电子商务生态系统的建议",得到了县政府及商务主管部门的肯定,逐渐建立起较完整的电商物流产业链,一步步开展规划与实施工作。教学成果应用在农村电商人才培养领域,修订优化县职教中心《2019级电子商务专业学生培养方案》,制定了"农村电子商务基础"等3门专业课程标准,建设了产教融合实训基地,培养了3名专业骨干教师,职教中心电商专业团队的教学能力、实践能力得到了显著提升。

此外,以现代学徒制培养模式为核心的产业学院建设列入了学院"双高"计划项目——现代物流管理专业群建设,本成果支撑了专业群中现代学徒制人才培养模式建设;随着成果理论与实践研究的开展,形成了"天津跨境电子商务现代学徒孵化体系研究""高职院校跨境电子商务专业运营方向课程实施模块化教学的研究与实践"等教育科学课题成果,其中项目化实战教材的成果报告"校企合作开发电子商务专业工作任务式活页教材的实践研究"入选2022年天津市高等职教研究会"基于产教城融合的技能天津建设研究"重大课题,部分内容被相关著作引用。当前,随着学院牵头的"天津东疆综合保税区数字经济产教联合体"项目的推进,教学成果将进一步得到深化,并将进一步得到应用与推广。

【成果完成单位】

成果第一完成单位天津交通职业学院携手天津市服装商会/天津市飞尼克斯实业发展有限公司、天津众维孵化器有限公司、阿里巴巴(中国)教育科技有限公司、天津市电子商务协会联合申报的"老字号振兴背景下电子商务项目化实战教学体系研究与实践"荣获2022年天津市职业教育教学成果奖特等奖。

工程实践创新项目(EPIP)教学模式的探索与实践

天津渤海职业技术学院

该成果系统设计了工程实践创新项目(EPIP)的内涵与要义,创造性地建立了具有中国特色的职业教育教学模式;首创了"首体羽翼"的鹰式学习法,开发了"轮转制"顶岗实习模式,并构建了"四层两段一贯穿"课程体系;制定工程化专业技术解读方案,形成EPIP视域下的人才培养方案。此外,本成果还探索了新时代高校思想政治教育的应用路径,有效提升了技术技能人才的综合职业能力和创新能力。成果在EPIP实践应用方面实现了历史性突破,并在EPIP国际教育联盟的推广下,在多个国家的教育领域得到了积极的推广与实践,取得了显著的应用成效。

一、成果简介

(一) 成果背景

2010年,天津市被确定为全国职业教育改革创新示范区,天津职教人借鉴国内外的先进经验,紧密结合我国关于加强素质教育、强化工程实践能力和造就创造性人才的要求,率先提出了"提高综合素质,增强工程实践能力,培养创新精神和创新能力"的培养目标。同年,教育部高职高专自动化技术类教学指导委员会启动工程实践创新项目教程的编写工作。

2016年3月,全球首家鲁班工坊在泰国落成,EPIP作为其核心教育理念与世界分享。2018年3月,天津市人民政府办公厅转发《市教委关于推进我市职业院校在海外设立"鲁班工坊"试点方案的通知》(津政办函〔2018〕16号),明确提出要提升已有鲁班工坊建设水平,充分发挥中泰两国EPIP教学研究中心的作用。2019年12月,EPIP全面纳入天津市"鲁班工坊"建设项目和资金管理办法。2020年,天津市教委发布的《天津市教育现代化"十四五"规划(征求意见稿)》中正式提出"推广工程实践创新项目(EPIP)教学模式应用"的任务要求。2021年,"推广EPIP教学模式"被写入教育部、天津市共建国家职业教育创新发展标杆的协议。

(二) 成果历程

2014年6月27日，全国职业院校技能大赛同期项目第三届"启诚·能力源"工程实践创新国际挑战赛中，天津渤海职业技术学院代表队设计制作的"液体洗涤剂生产线"荣获团体一等奖。2016年3月，全球首家鲁班工坊在泰国落成，EPIP作为其核心教育理念与世界分享。同年5月，建成2000平方米的EPIP体验中心。2017年3月，海外首家工程实践创新项目教学研究机构——EPIP教学研究中心在泰国揭牌。2017年5月，EPIP国际教育联盟在天津成立。

工程实践创新项目(EPIP)是工程(engineering)、实践(practice)、创新(innovation)、项目(project)4个关键元素的有机组合。EPIP是结合技术技能人才培养的中国实际创立的一种教学模式，是以实际工程为背景和基础，以工程实践为导向和贯穿，以能力培养为目标和归依，强化实践创新，强化项目统领的技术技能人才培养的教学模式。它是中国职业教育理论发展成果的具体化，也是中国职业教育实践改革经验的系统化。

该成果针对中国职业教育在产教融合、工学结合方面存在知行不合、效果不彰、表面化倾向，新时代中国特色职业教育教学模式的国际认同缺失，中国职教模式与国际职教模式的深度交流不畅等问题进行了探索，系统地设计了EPIP的内涵与要义；首创EPIP视域下的"首体羽翼"的鹰式学习法，开发了EPIP视域下"轮转制"顶岗实习模式，打造"相互平行、融合交叉，纵向衔接、横向融通"的"四层两段一贯穿"课程体系；制定了工程化的岗位认知、专业认知、专业核心技术解读方案，提炼、归纳、总结并形成本专业EPIP视域下的人才培养方案，形成EPIP视域下的教案范例集；探索EPIP视域下的顶岗实习改革和人才培养模式改革，探索了EPIP在新时代高校思政教育中的应用路径，牵头成立了"EPIP国际教育联盟"，并将上述EPIP应用成果推广至国内外多家成员单位，实现了EPIP实践应用维度的历史性突破。

二、成果实践做法

(一) EPIP 专业群建设实施路径

EPIP 基于工程对产业变化的敏锐性，适应新常态下经济社会发展，对人才培养提出的新要求，对授课教师的工程能力、教学内容的工程案例、教学过程的工程属性、教学现场的工程环境提出了新的要求，这也是产教融合、协同育人机制落实到操作层面的一种工具，是创新人才培养模式、构建教学标准体系的一把"新钥匙"。

天津职业院校以EPIP创新应用为主线，以真实的工程项目为主导，设计整个专业教学的各个环节，以项目驱动、真实任务作为主线，构建课程体系、教学内容和教学方法，以期全面提升学生的综合职业能力水平和创新能力水平。应用EPIP先后开发了13个国际化专业教学标准,参与出版了《高职高专国际化专业教学标准》。开发的国际化专业教学标准立足于职业能力标准的国际对接,针对跨国企业对技术技能人才的需求,着力开发反映国际发展趋势的专业课程,突出国际互认特色。正是由于高质量的专业建设,目前已经有10个鲁班工坊的合作专业标准获得合作国家政府部门的认证。

(二) EPIP教学标准化体系构建

制定了EPIP在学习中的应用法则——将"工程化"作为确定学习目标的导向,将"项目式"作为完成学习任务的依托,将"实践性"作为衡量学习效果的标准,将"创新型"作为提升学习水平的动力,有机融合"鹰"之"首"(工程化)、"体"(项目式)、"羽"(实践性)、"翼"(创新型),放飞EPIP学习之"鹰"(见图1)。

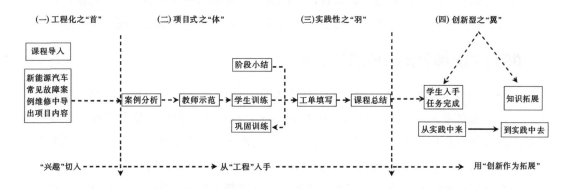

图1　EPIP项目教学培养过程

工程化之"首":课程中包含的教学信息要以工程为基础,源自工程、瞄准工程、服务工程,确保教学资源、教学目标完全来源于真实情境、真实问题。EPIP工程是真实世界,是现实生活,确保"知技素"点可无缝对接真实问题、真实需求,摒弃"旧、虚、远",引导学生寻找每一个教学环节、每一个"知技素"点在真实情境中的投射点。

项目式之"体":在教学生"知技素"的过程中,注重关键能力的培养,注重全过程教学。基于项目式整体教学培养学生的关键能力,如认知能力、合作能力、创新能力、职业能力等,是支撑学生快速发展和成长的核心,也是学生全面可持续发展的要求。用"项目式之'体'"承载、串联、整合多个教学环节,指导学生完成一个个完整的项目而不是互不相联的多个项目碎片,确保教学环节的完整性、可融合性,避免教学环节的"孤立化""割裂化"。

实践性之"羽":实践性作为EPIP视域下教学实践的"经络",应如同"鹰之羽"从横、纵、深3个维度覆盖、贯穿、渗透于"鹰"之本体。坚持"知行合一",秉持理实一体理念完成课程设计和实施,以工程实践为导向,用真实任务驱动教学,不断寻找动脑和动手的结合点,使技术技能训练贯穿教学实施过程始终。

创新型之"翼":创新是一个过程,也是一个结果。教学过程中,很多课程在虚拟情境、仿真环境下具体学习，但要让学生知道这个情景、载体的代替是什么，要不停地"回象"到现实，"回象"到真实，要在"回象"的过程中思考、尝试、适应真实的工程实践空间，提高学生的创新能力，激发学生的创新乐趣。

(三) EPIP 赛项装备的开发与应用

服务产业结构调整，设计并开发了"自动化生产线安装与调试"教学装备；服务技术革新的新需要，设计了"数控机床安装、调试与维护"教学装备；服务传统技艺与现代工艺融合，设计并开发了"鲁班锁现代技能大赛"；服务行业升级改造，设计并开发了"机器人应用技术"教学装备。经过应用，一些教学装备得到所在地区国际竞赛的认可，连续举办了五届IEEE电脑鼠国际邀请赛，开发了基于EPIP教学模式的各类教学资源，泰国鲁班工坊的自动化生产线安装与调试设备，已经成为东盟国家的职业教育技能比赛的指定设备。开发的物联网技术应用赛项、迷宫机器人赛项入选首届世界职业院校技能大赛。

(四) EPIP 师资团队的培养培训

以EPIP创新应用为主线，有机融合校企双元、国际多元、教学融合、教育整合等要素，打造和锤炼教师队伍，探索培养EPIP视域下"双师型"教师队伍的途径。以工程实践能力的提升带动专业教学能力提升为目标，针对新教师和在职教师开展专门的培养与培训，形成有效提升教师专业能力的机制，培养了大批具有国际视野和相互学习交流的能力、校企协同和组织实施能力、工程实践能力和环境营造能力，专业知识与实践技能好、专业技术与信息化教学能力强、教学组织与写作方式活、职业道德与文化素养高的教师。

举办EPIP师资培训班，培训泰国大城技术学院等4所泰国院校的53名教师。泰国教师应用EPIP教学模式建立相关实训实践方案，并组织课堂教学，在泰国的期刊发表论文1篇，翻译《EPIP教学模式》专著一部。

三、成果创新点

(一) 创设了中国特色职业教育教学模式

EPIP即工程实践创新项目教学模式，是一种适合技术技能人才培养的教学模式，源自中国职业教育实践，兼具继承性、民族性的立场主张，主体性、原创性的理论观点，系统性、专业性的实践特色，形成了中国职业教育的话语体系。

(二) 系统构建了"点线面体魂"标准化教学运行体系

从教学资料(以教材为标的)、教学实施(以教案为标的)、教学评价(以大赛标准为标的)、培养体系(以课程体系、人才培养方案等为标的)等方面对教学运行过程进行了细分。

引燃"课程'点'",开发了"首"(工程化)、"体"(项目式)、"羽"(实践性)、"翼"(创新型)之"鹰"式课程教学模式。

串联"实习'线'",开发了EPIP视域下"轮转制"顶岗实习模式,借助实习教学完成对前期修习课程的有机"串联"。

铺展"培养'面'",拓展EPIP思想在课程体系改革中的应用,打造"相互平行、融合交叉"的"四层两段一贯穿"课程体系。

树立"专业'体'",打造工程化的岗位认知、专业认知、专业核心技术解读方案,提炼、归纳、总结并形成本专业EPIP视域下的人才培养方案。

提炼"职教'魂'",基于前述工作,深度挖掘班墨文化的精神内涵,结合中华传统文化,创建鲁班工坊,归纳并形成基于EPIP的中国职教话语。

(三) 系统提出了EPIP的实践应用层级

EPIP教学模式作为鲁班工坊专业教育的重要教学理念,伴随着20家鲁班工坊在亚、非、欧三大洲的19个国家和地区落地,致力于服务当地经济社会发展。EPIP应用于赛项设计开发,开发了迷宫机器人竞赛、鲁班锁现代技术大赛、工业分析与检验竞赛、物联网竞赛。EPIP应用于教学装备研制,校企共同开发了鲁班锁现代技术教学装备,化工专业工程实践创新项目教学平台。EPIP应用于教材资源建设,完成了精细化工典型设备操作与调控国家级精品资源共享课、水环境监测与治理国家资源库建设。

(四) 探索了EPIP在新时代高校思政教育中的应用路径

1. 秉持"知行合一"之"一宗",以"致良知"境界作为高校思政教育工作的终极目标

首先,确保思政教学中涉及的每一个知识点、每一个关键词,都能在引导学生践行社会主义核心价值观的实践中找到对应的落脚点,为学生厘清每次学习的"标的点";其次,在方法论层面对教学过程中如何引导学生"由知到行"予以高度关注,确保教学内容不仅满足于"指明方向",更要为学生的思政实践"铺路搭桥";最后,在思政教学中增加实践考核权重,将"行"之效果作为对"知"之程度进行评价的"金标准",通过过程性考核等方式融入"第二课堂学分"等侧重实践的考核内容,确保学生在"知深悟透"的基础上"行笃致远"。

2. 凝聚"真实、完整"之"两核",以"出'真知'、育'完人'"作为高校思政教育工作的努力方向

善于发掘教学资源和现实生活在时间、空间等维度上的相同点、共通点,有效地解决学生从思想到行动的"投射"问题。教学实践中,通过梳理并运用真实、完整的教学资源,凝练其中普适性好、亲和力强、现实感足的精神符号,与时俱进地同现实生活进行有机融合,进而升华为青年学生的行动指南。

3. 融合"实谛、名谛、合谛"之"三谛",以"知其原、知其代、知其衍"作为高校思政教育工作的衡量标准

一是"实谛"维度,"知其原"即通晓史实、通晓时事,是高校思政教育工作第一维度的评价标准;二是"名谛"维度,"知其代"即把握规律、形成共识,是第二维度的评价标准;三是"合谛"维度,"知其衍"即知行合一、笃行致远,是第三维度的评价标准。

4. 把握"工程化、项目式、实践性、创新型"之"四元",以"改造学习"作为高校思政教育工作的根本路径

一是"工程化"是思政教育工作的"底层"规律,可理解为思政教育工作的现实化、生活化、社会化,其中的"工程"是"中国特色社会主义现代化建设伟大工程"范畴之内的所有真实世界及现实生活。二是"项目式"契合习近平总书记提出的"因事而化"要求,其中的"事"主要指代我们党在历史和现实中曾经"办成的大事"和"解决的难题",进而"化"出了一些深刻的道理。在EPIP的思维体系中,想要透彻、系统地搞懂这些道理,则可以将这些"事"以一个个"项目"的形式呈现在我们的思政教育工作中。三是"实践性"契合习近平总书记提出的"因时而进"要求,我们当前面临的最广义的"时"就是习近平总书记在"7·26"重要讲话中做出的两个"牢牢把握"的判断,这就要求高校思政教育工作必须针对最广义的"时"这一客观实际来开展。四是"创新型"契合习近平总书记提出的"因势而新"要求,不仅包含创新学术话语体系、创新社会实践形式、开发新媒体新技术等技术层面的具体要求,还包含"新"风尚、"新"业绩、"新"成果,是新时代背景下践行社会主义核心价值观的"新"表现形式。

5. 贯通"达观、宏观、中观、微观、纳观"之"五观",多层级发力为高校思政教育工作提供重要保障

高校思政教育工作的达观层面,"坚持以马克思主义为指导、全面贯彻党的教育方针",这既是教育思想层面的底线性要求,也是教育策略层面的导向性要求;宏观层面,主要聚焦思政教育工作"知行合一"目标如何长期化达成,亦即教育如何长效、持久地塑造学生的世界观、人生观、价值观,关系到"百年树人"大计;中观层面,重点在于打造"课程思政"体系,即将思政教育工作融合到专业教育之中,落实好习近平总书记"其他各门课都要守好一段渠、种好责任田,使各类课程与思想政治理论课同向同行,形成协同效应"的具体要求;微观层面,着力于优质思政课程的建设工作,确保思政课程兼具前述"工程化"之包罗万象、"项目式"之入情入理、"实践性"之身临其境、"创新型"之与时俱进等特点,为不断提升思政教育工作效能提供坚实保障;纳观层面,则要求全员发力不断挖掘思政教育工作潜力,将教学、学生等其他工作领域中的"每一项细小的工作、每一个细碎的环节、每一处细微的环境"与思政教育工作融合起来,为学生打造"全时空"的思政教育氛围。

四、成果推广与应用效果

通过8年的开发、实践、推广与应用，该成果突破了原有的发展模式，全面提高了职业教育的国际合作水平，提升了技术技能人才的培养质量。多年来，EPIP应用于鲁班工坊建设，已建成20个鲁班工坊，助力当地技术技能人才培养11 000多人次；EPIP应用于国际专业教学，全面提升职业院校办学质量，开发省部级以上国际化专业教学标准17个，其中4个通过泰国职业教育委员会认证，学院成为中国高水平职业院校专业建设单位；EPIP应用于国赛装备开发，国家级竞赛的成功举办促其得到国际技能竞赛认可；EPIP应用于国际师资培训，打造优质高能教学创新团队，参与完成专著3部，相关论文、课题50余项，编写双语教材10余部；EPIP应用于教学资源建设，建成EPIP体验中心，提高技术技能人才培养品质，学生多次在国内外技能大赛中获奖。EPIP应用于教育理论研究，成立"EPIP国际教育联盟"，在泰国成立EPIP教学研究中心，增强中国职业教育的国际影响。2015年7月，时任国务院副总理刘延东观看EPIP教学成果，并给予充分肯定。

(一) 技术技能人才培养质量显著提升

多年来，应用EPIP培养技术技能人才30 000余人，通过泰国鲁班工坊培养培训东盟国家技术技能人才8500余人。学生就业率达95%以上，学生参加全国职业院校技能大赛获一等奖20余次，省部级技能大赛获奖200余人次。马来西亚和印尼学生到鲁班工坊学习，回国参加本国自动化生产线技能大赛获得一等奖。泰国学生在鲁班工坊学习后，21人次获得各级各类技能大赛奖牌，如2016年获得东盟技能大赛"工业自动化系统"竞赛奖牌，2018年获得泰国劳动技能大赛工业自动化专业赛项金牌冠军奖，2019年荣获泰国首届"职业教育宝石王杯"大赛金牌冠军奖。

(二) 服务国家战略，助力鲁班工坊海外行

EPIP教学模式是鲁班工坊专业教育的重要教学理念，伴随着20家鲁班工坊在亚、非、欧三大洲的19个国家和地区落地，致力于服务当地经济社会发展。2016年以来，采用EPIP教学模式培养的鲁班工坊学生，多次在其所在国技能大赛中斩获各类奖项。

在EPIP教学模式的指导下，鲁班工坊的教学成果正在越来越深入地服务于所在国的经济发展。天津市鲁班工坊研究与推广中心调查显示，87.5%的鲁班工坊教师认为能够熟练地将EPIP应用到教学中，其中非常肯定能熟练应用的达45.83%；87.5%的鲁班工坊教师认为EPIP的教学效果很好或较好，其中认为效果很好的达66.67%；88.4%的鲁班工坊学生对鲁班工坊项目的教学方式感到满意，其中感到十分满意的达52.17%。

从2018年中非合作论坛北京峰会到2021年上海合作组织成员国元首理事会，从2018年在葡萄牙见证鲁班工坊协议签署到2019年与埃及总统塞西会谈，习近平主席先后13次在重大外交场合就"鲁班工坊"做出重要论述，鲁班工坊已经成为促进合作国能力建设、改善

民生福祉，服务"一带一路"的重大国家行动。

(三) 获得政府大力支持和认可

2018年3月，天津市人民政府办公厅转发《市教委关于推进我市职业院校在海外设立"鲁班工坊"试点方案的通知》(津政办函〔2018〕16号)，其中明确提出，要提升已有"鲁班工坊"建设水平，充分发挥中泰两国EPIP教学研究中心的作用。

2019年12月，EPIP全面纳入天津市"鲁班工坊"建设项目和资金管理办法。特别指出，要充分发挥"EPIP教学研究中心"的作用，将"五业联动"的有效做法引入境外合作学校，提升其为当地企业特别是对"走出去"中国企业的服务能力。

2020年，天津市教委发布的《天津市教育现代化"十四五"规划(征求意见稿)》正式提出"推广工程实践创新项目(EPIP)教学模式应用"的任务要求。

2021年，推广EPIP教学模式，已经被写入教育部、天津市共建国家职业教育创新发展标杆的协议。

2022年，EPIP教学模式被教育部写入《中国职业教育白皮书》，其中指出："继续鼓励有条件的职业学校在海外建设'鲁班工坊'，继续推动中国本土化、视野国际化的工程实践创新项目(EPIP)应用，发挥已建立的泰国、葡萄牙、埃塞俄比亚等国EPIP教学研究中心作用，给更多境外合作伙伴带去先进的教学模式、优质的教学装备。"

(四) 推广与应用成效显著，国内外影响力不断提升

围绕EPIP研究与推广，先后举办中国—东盟职业院校高峰论坛、中国·泰国职业院校校长论坛、EPIP国际教育联盟高峰论坛、"鲁班工坊"与产教融合国际论坛等多场国际论坛。中国—东盟职业院校高峰论坛上，来自中国、泰国、新加坡的80多名专家学者分享EPIP教学经验；鲁班工坊产教融合国际论坛上，来自欧洲、非洲、亚洲的15个国家的200余位专家、学者分享EPIP应用成果及经验。

成立EPIP国际教育联盟，联盟确定"服务构建人类命运共同体，服务中外人文交流，服务'一带一路'建设，服务职业教育改革发展和职业教育现代化，服务高素质技能人才培养"宗旨，借助国际智力资源、教育资源、企业资源开展跨国界、跨专业的教育科技交流，推动EPIP教学模式的国际应用、推广、创新和发展。目前已有中国、泰国、巴基斯坦等国家的50余家院校企业，美国麻省理工学院戴维教授、法国图卢兹大学丹尼尔教授等世界各地近百位著名教育学者、行业企业专家、工程技术人员和数十个团体加入联盟。在联盟倡导下，分别在泰国、印度、葡萄牙等国的相关院校成立了EPIP教学研究中心，促进了EPIP教学模式在中国及世界范围内的应用和推广，推动了全球技术技能人才培养的长足发展。

【成果完成单位】

成果第一完成单位天津渤海职业技术学院申报的"工程实践创新项目(EPIP)教学模式的探索与实践"荣获2022年天津市职业教育教学成果奖特等奖。

振兴"三农"背景下新疆中职班"数字商贸"人才培养模式探索与实践

天津市民族中等职业技术学校　等

该成果针对很多新疆学生普通话水平不高、文化基础薄弱、知识技能欠缺的现状,依托天津市教育科学规划课题,形成系统人才培养策略,经过8年在新疆班的推广、应用与实践,已应用到本校各专业,带动学校5个专业建设。学校积极服务国家发展战略,努力为新疆培养技术技能人才,成果推广到新疆图木舒克职业技术学校等全国中职学校,效果显著,为服务乡村振兴和职业学校发展提供了可借鉴的天津范式,起到辐射与示范作用。

一、成果简介

为满足国家乡村振兴战略要求,助力新疆发展,天津市民族中等职业技术学校从2014年起,开展新疆中职班教学改革课题研究,创新形成契合新疆地区产业需求的新疆中职班学生培养策略,依托天津产业、行业、企业、职业和专业"五业联动"思路模式,深化产教融合,进行创新实践,以为党育人、为国育才为目标,形成新疆中职班数字商贸人才培养模式,发挥辐射与示范作用,为振兴"三农"培养大批专业技术技能人才。

(一) 党建引领的"三线五级"育人网络为数字商贸人才培养筑牢基础

党建引领,思想育人。构建党团线[党总支—党支部—团委(学生会)—团支部—学生],通过"一校三课"("一校"即青年党校,"三课"即思政课、中华优秀传统文化课和民族团结进步教育课)加强学生的理想信念教育,激发学生爱党爱国情怀,坚定文化自信,铸牢中华民族共同体意识,24名学生递交了入党申请书。

立足课堂,教书育人。构建教学线[教学副校长—教务处—教研组长(专业组长)—教师—学生],充分发挥课堂的主渠道作用,加强课程思政建设,"育能"与"育人"相统一,思政课程与课程思政同向同行,协同育人。其中"公共关系基础"学科被天津市教育委员会立项为课程思政重点培育项目。

拓展空间,活动育人。构建德育线[德育副校长—德育处(新疆部)—一年级主任—班主任—学生]组织学生参加志愿服务活动，在活动中提升品德修养，充分发挥红色基地的作用，让学生走进社会大课堂。注重"校企协同、德技并修"，校企共同育人。树立生活处处皆课堂理念，发挥隐性课程的作用，全体教职工构成育人共同体。

(二) "三维导师"师资团队为数字商贸人才培养保驾护航

深化产教融合，促进校企合作。组建"三维导师"(即协会和研究院导师、有丰富实战经验的企业专业师资、学校教师)团队，成立专业教学指导委员会，制定人才培养方案、师生考核体系；教师进行专业实战，考取职业技能证书，形成了稳定的电商"三维导师"团队。"三维导师"团队成员优势互补，既有理论功底，又有实战经验，在教学过程中注重指导学生进行实战训练，使学生在实际操作中掌握知识技能，为毕业后从事数字商贸类工作奠定了坚实基础。

(三) "三环六级"培养模式为数字商贸人才培养保量提质

构建"三环六级"(一环：导，即教育引导；二环：学、做、训、融，即学做训一体，产教融合；三环：营，即运营)人才培养模式，以"岗课赛证"综合培养体系为依托，推行"四维深度产教融合"特色教学模式，创建以创业为主要内容的实践平台，学生转变为准员工，承担网店客服、网店美工等工作任务，做公众号、淘宝补单、视频脚本编辑、短视频编辑及直播带货等，抖音粉丝数量过万，还在直播平台做主播，月薪过万元。

新疆中职班人才质量显著提升。经过中职三年的学习，新疆学生的普通话水平达到二级乙等以上，交往交际能力和实战能力显著增强，许多学生能够开设并运营淘宝店铺，参与电子商务实践，获得了丰富的实际操作经验。毕业生就业面广，有的被每日优鲜、阿里巴巴等优质电商企业录用；有的回疆工作，成为电子商务企业的数字商贸行家里手；有的自主创业，将家乡的大枣、核桃等农产品销往全国各地以及中亚地区；有些毕业生创业粉丝过万，家庭生活得到改善，带动了乡村经济发展；还有的毕业生成为教师、会计、文员等。学校毕业生已经成为建设新疆的后备力量，为新疆繁荣稳定和建设发展做出了积极贡献。

二、成果实践做法

(一) 教学问题

(1) "三全"育人不到位。教师过多重视知识传授，思想教育不深入，停留在表面；教职工育人职责欠落实。

(2) 教师创新实践能力不足。教师知识陈旧，缺乏企业实战经验，制定的人才培养方案及课程标准多是纸上谈兵，实践实训指导能力不强。

(3) 人才培养精准度不高、学生就业创业能力不强。人才培养与企业需求不吻合、有差距。

(二) 解决方案

1. 培养策略

(1) 德技并修策略。

坚持德技并修，"育能"与"育人"并举。学校把思想引领放在首位，教育引"导"贯穿教育教学、实训运营全过程，以班会课、团课、青年党校、艺术展演、研学等各项活动为载体，加强正面引导。

(2) 目标导向策略。

以专业培养目标为导向，以课程为载体，以课堂为主渠道，落实课程思政，培养高素质电子商务专业人才。

(3) 教学实践支撑策略。

以"四维深度产教融合"(一维：根据电商企业岗位更新课堂教学内容，"岗课"融通；二维：引入"1+X"证书内容，"课证"融通；三维：参加电子商务技能竞赛，以赛促学，"赛课"融通；四维：企业运营实战教学，"校企"融通)教学模式落实"三环六级"电子商务专业人才培养模式，学生在顶岗实习期间胜任网店美工、主播等岗位，激发学习动力。

(4) 以工作过程为导向的策略。

以工作过程为导向，采用项目驱动和兴趣引导的教学方式，强化教学过程的互动和体验，校企共同育人；设置企业环境，引入企业机制，实现从学生到新员工，再到合格员工的转变。

2. 具体做法

(1) 健全"三全育人"机制，落实立德树人根本任务。

一是坚持立德树人，将思想政治教育、民族团结进步教育、职业道德教育、工匠精神、劳模精神等融入课程思政，贯穿教育教学全过程。营造团结育人氛围，促进各民族交往、交流、交融。针对很多学生普通话水平偏低、文化基础薄弱的现状，将普通话训练融入教学中。推行各民族学生混班教学、混合住宿、共同就餐，生生间、师生间"结对子"，开展普通话演讲比赛、讲故事、"我说新疆美"、"党旗在我心中、国旗在我心中"等主题教育活动，每月举办生日会，每年春节、中秋节等中华民族的传统节日，学校领导、老师都与学生一起过节，像一家人一样。学校开设歌舞、乐器、烙画、球类等18个社团，营造互嵌式学习生活环境，在广泛交往、全面交流、深度交融中，既增进了各民族团结友爱又促进了新疆学生普通话水平提升，保证了教学质量。

二是构建党建引领的"三线五级"育人网络，落实全员、全过程、全方位育人。以党建带团建，发挥青年党校和思政课、民族团结教育课、中华优秀传统文化课和课程思政的作用，从思想上育人。普通课堂与实践课堂融通，拓展课程思政内容；普通课堂与企业、社会大课堂紧密对接，形成育人合力，发挥隐性课程潜在的正面教育、引导与示范效应，从校长到教师，再到服务人员，形成教育合力。

(2) 组建"三维导师"师资团队，提升"双师型"教师创新实践能力。

"三维导师"共同教研，制定符合行业需求、适合学生学情的人才培养方案、课程标准，共同承担教学任务，相互配合。坚持产教融合、校企合作。以做中教、做中学的方式，使学生掌握网络信息收集与处理、网络营销与推广等专业技术技能，从模拟运营到实际运营，实现学生可以独立承担电商运营工作，包括网络营销、客服管理、网络推广等。创新"一组三学一进"研学练学习成长提升模式（"一组"即"三维导师"组合；"三学"即教师跟学生一起学、到企业实践学、参加国家级骨干教师培训学；"一进"即企业项目进课堂），提升了教师能力。

(3) 以"岗课赛证"为依托，推行"四维深度产教融合"教学模式(见图1)。

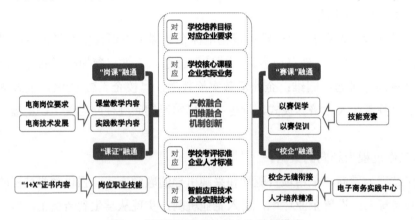

图1 "四维深度产教融合"教学模式

"育能"与"育人"并举，以"四维深度产教融合"教学模式落实"三环六级"数字商贸人才培养模式。第一维度：根据电商企业岗位要求及不断进步的电商技术持续更新课堂教学内容，完善理实一体化教学中的实践教学内容，实现"岗课"融通；第二维度：在教学过程中引入"1+X"证书内容，学生学完课程即具备考取相应证书的能力，以"课证"融通的形式，训练学生岗位职业技能；第三维度：指导学生参加多项技能竞赛，以赛促学，以赛促训，实现"赛课"融通；第四维度：使用真实电商平台进行实战教学，与中联集团合作建立校企共赢的"恬尚"电子商务实践中心，进行实战训练，实现电商技能人才与企业需求之间的无缝衔接，提升人才培养精准度。学生在顶岗实习期间完全有能力胜任网店美工、网店客服、网络营销、新媒体制作、主播等岗位。同时，在实习、创业过程中发现不足，及时弥补，激发学习动力，再学习、再提高，提升了就业竞争力，为创业奠定了坚实基础。

3. 评价结果

以学生学习效果作为评价依据，采取学生问卷调查、企业评价、教师评价的方式对新疆中职班数字商贸人才培养模式的具体做法和育人效果进行三方评价。学生认为，该模式有效激发了学生的创造力、创新力，学习目标明确，有兴趣、有动力，促进了学生之间的交往、交流、交融，增强了团队意识，促进了民族团结；教师认为，该模式不仅对学生有益，促进学生成才，对教师也是极大的提升，教师将书本知识与企业实际相结合，实践能力更强，也让教师更加了解企业的用人导向；企业认为，产教融合、校企合作的人才培养模式有利于培养社会、企业需要的实用型人才，学生毕业就能上岗工作。

三、成果创新点

(一) 党建引领的"三线五级"育人网络，创新了"三全育人"工作机制

针对"三全"育人落实不到位的问题，学校构建了"三线五级"育人网络，创新了"三全育人"工作机制，实现了党建引领，各部门通力合作，全员、全过程、全方位育人的目标。具体如下。

党团线架构：党总支—党支部—团委(学生会)—团支部—学生。

内容：通过"一校三课"("青年党校""思政课""中华优秀传统文化课"和"民族团结进步教育课")进行理想信念教育，激发学生爱党爱国情怀，24名学生递交了入党申请书。

教学线架构：教学副校长—教务处—教研组长(专业组长)—教师—学生。

内容：发挥课堂主渠道的作用，推进课程思政建设，形成"门门课程有思政，人人课堂讲育人"的课堂生态。

德育线架构：德育副校长—德育处(新疆部)—年级主任—班主任—学生。

内容：利用红色基地和社会大课堂进行德育活动，注重"校企协同、德技并修"，营造"人人事事皆育人、校园处处皆思政"的育人氛围。

学校在育人过程中，充分体现了"大思政"理念，将爱党爱国教育、中华优秀传统文化教育、民族团结进步教育、铸牢中华民族共同体意识往实里抓、往细里做，做到有形、有感、有效。通过抓好课程建设和课堂教学、开展各类活动、红色基地研学、企业实践等，营造你中有我、我中有你的"互嵌式"环境，以课堂教学为主渠道，思政课程与课程思政同向同行，显性课程与隐性课程共同发力，将思政小课堂与社会大课堂紧密结合，引导学生在课堂上学习、在实践中体会、在生活中感悟，促进各民族像石榴籽一样紧紧抱在一起，互相学习、共同进步，感党恩、听党话、跟党走，做堪当民族复兴大任的时代新人。

(二) "三维导师"师资团队，提升"双师型"教师创新实践能力

为了适应现代职业教育的需求，保证电子商务专业人才培养质量，学校组建了"三维

导师"师资团队，提升了"双师型"教师的创新实践能力。具体如下。

团队构成：由协会和研究院导师、有丰富实战经验的企业专业师资、学校教师组成，成立了专业教学指导委员会，制定人才培养方案和师生考核体系。

培训模式：创新"一组三学一进"研、学、训学习成长提升模式，"一组"即"三维导师"组合，"三学"即教师跟学生一起学、到企业实践学、参加国家级骨干教师培训学，"一进"即企业项目进课堂。专业教学指导委员会为教师专业发展提供智力和经验支撑，"三维导师"师资团队为教师提供学习机会，"一组三学一进"为教师创造全方位指导、学习、训练、实战的条件，教师身边始终有"老师"指导、有"同学"鼓励、有"对手"竞争，时刻保持积极向上的学习状态，助力教师成长。鼓励教师考取"1+X"证书，一方面激励教师学习，另一方面给学生做出榜样，从而保证了"双师型"教师质量，提升了"双师型"教师创新实践能力。

成果：通过以上措施，提升了教师的项目实战经验，使理论知识在实践中得以转化，形成了稳定的电子商务"三维导师"团队。

(三) "四维深度产教融合"特色教学，创新新疆中职班数字商贸人才培养模式

学校坚持德技并修，把思想引领放在首位。始终把教育引"导"贯穿教育教学、实训运营全过程；"学""做""训""融"强调产教融合、项目教学，体现了做中学、做中教、重实践的学习过程，将理论与实践紧密结合，通过企业项目实战运营，提升学生的综合能力。学生以员工身份，利用电商运营平台完成电子商务相关工作的相应过程，引入企业激励机制。以"岗课赛证"融通为依托，通过"四维深度产教融合"特色教学模式，创新了新疆中职班数字商贸人才培养模式。具体如下。

第一维度：根据电商企业岗位要求及不断进步的电商技术更新课堂教学内容，制作活页教材，实现"岗课"融通。

第二维度：引入"1+X"证书内容，学生学完课程即具备考取相应证书的能力，实现"课证"融通。

第三维度：指导学生参加技能竞赛，以赛促学、以赛促训，实现"赛课"融通。

第四维度：使用真实电商平台进行实战教学，校企共赢，进行实战训练，实现"校企"融通。

构建了"三环六级"电子商务专业校企双元育人的人才培养模式。

第一环：导(教育引导)。

第二环：学、做、训、融(学做训一体，产教融合)。

第三环：营(运营)。

六级：导(引导教导)、学(学习)、做(操作)、训(实训、集训)、融(产教融合)、营(独立运营)。

实践平台：基于职业教育的类型特点，校企合作创建了以创业为主要内容的实践平台。学生以员工身份，在师傅的指导下，利用电商运营平台完成电子商务相关工作。教师以"做中教"的教学方式，让学生边做边学。

具体应用：通过博星卓越网上商城系统，学生根据自身兴趣分小组开设模拟网上店铺，体验从店铺注册到商品上架、运营推广、客服管理、仓储管理、订单处理及发货、售后处理等电子商务实践的全过程。

成果：学生实战能力显著增强，能够胜任网店美工、网店客服、网络营销、新媒体制作、主播等岗位。在实习、创业过程中，学生逐步具备独立运营能力，学习积极性显著提高，学习目标明确，对电子商务专业课程的学习兴趣更浓，为创业奠定了坚实基础。

通过以上创新举措，天津市民族中等职业技术学校的数字商贸人才培养模式不仅提升了学生的综合能力，也为职业教育的发展提供了宝贵经验和范式。

四、成果推广与应用效果

(一) 新疆中职班人才质量显著提升

新疆学生经过中职三年的学习，普通话均达到二级乙等以上水平，交往交际能力显著提升，实战能力显著增强。学生通过博星卓越网上商城系统根据自身兴趣分小组开设模拟网上店铺，体验了从店铺注册到商品上架、运营推广、商品优化、客服管理、仓储管理、订单处理及发货、售后处理等电子商务实践的全过程。在实践过程中对"如何设计和装修店铺才能吸引买家""如何有效地开展促销活动""如何调整经营方向""如何应对售后问题"等店铺运营过程中遇到的实际问题进行有效的思考和解决，使学生的电子商务实践能力得到强化，为今后真正运营店铺积累了操作经验。在实践过程中，认识到了从事相关职业应该具有的精神、能力和自觉性，初步培养了电子商务从业人员的职业精神。学生在模拟店铺的运营过程中体会开店的艰辛，为今后真正培养店铺做好了思想准备。

开设淘宝店铺。学校本着"以赛促学"的原则，每个学期末根据本学期的课程安排组织创新设计大赛。通过大赛展示了学生学习效果，提升了学生的项目实战能力。学生根据自身特点选择店长、美工、客服、文案等适合自己的岗位并组成小组，运营店铺，在开店过程中完成店铺的建立、运营预算、美工、客服、数据分析等全部环节，开设的店铺有"WHITE FOX物语淘宝店""优仕运动""天子潮男服装铺""爱萌帽子小铺""新起点三势堂茶具"，涉及多个产品类目，并且都维持了一段时间的正常运转，积累了浏览量、访客数、购买人数和支付宝成交金额等真实数据。实践活动紧密结合行业热门技术，采用"实战式"方法，帮助学生成为符合企业需求的实战型网店运营人才。

学生技能大赛屡创佳绩。刘梦雨、曹子雨同学在i博导视觉营销大赛中获优秀奖，王多娜老师获优秀指导教师称号；吴英、王多娜老师指导的赵紫涵、张宇涵获得第三届"海河工匠杯"技能大赛—第四届全国电子信息服务业职业技能竞赛天津选拔赛互联网营销师赛项学生组比赛二等奖；王多娜、吴英老师指导的满梦萱、李泓萱、穆栋梁获得第三届"海河工匠杯"技能大赛—第四届全国电子信息服务业职业技能竞赛天津选拔赛互联网营销师赛项学生组比赛二等奖；在天津市职业院校(学生)技能大赛电子商务技能赛项(中职组)比赛中，参赛团队获得市级一等奖；部分学生在天津市职业院校(学生)技能大赛社交电商技能赛项(中职组)比赛中，分别获得市级一、二等奖；在全国职业院校技能大赛中，参赛团队获三等奖。优异的成绩在学校师生中引起强烈反响，鼓舞了师生士气，激励了师生追求卓越的奋斗精神，在全市职业院校中赢得广泛赞誉。

学生的会计、外贸单证员、电子商务师等相关证书取证率达98%；部分学生在企业举办的电商项目展示中获企业奖学金；连续在"京津冀宁"电子商务比赛、天津市职业院校技能大赛中获一等奖，在全国职业院校技能大赛中获二、三等奖；参加天津市春季高考的新疆学生100%升入本科或高职院校。

天津、新疆两地企业争相录用我校毕业生。毕业生有的被每日优鲜、阿里巴巴等优质电商企业录用；有的回疆工作，成为电子商务企业的数字商贸行家里手；有的自主创业，将家乡的大枣、核桃等农产品销往全国各地以及中亚地区；有些毕业生创业粉丝过万，家庭生活得到改善，带动了乡村经济发展；还有的毕业生成为教师、会计、文员等。我校毕业生已经成为建设新疆的后备力量，为新疆的稳定和建设发展做出了积极贡献。部分毕业生就业创业去向见表1。

表1 部分毕业生就业创业去向

姓名	毕业时间	就业创业去向	主要工作内容
代梦洁	2021年	阿里巴巴公司	电子商务运营
赵梦凡	2021年	在家乡自主创业开办电子商务网店	网上销售农产品
陈诺	2021年	新疆伊宁市恒九文化传媒有限公司	设计副总监
王增兵	2021年	新疆远航食品有限公司	直播运营经理
伊尔潘·麦麦提	2017年	新疆尼勒克县科蒙乡喀什村村民委员会	文员
古丽努尔·努尔阿卜拉	2017年	喀什疏附县布拉克苏乡中心小学	支教
		乌鲁木齐职业大学	继续学习电子商务专业
内斯坦穆·吾布力卡斯木	2017年	喀什拓日新能源岳普湖光伏电站	工程师

(二) 教师教学成果显著

教师立项或完成市级以上课题8项，在核心期刊发表论文16篇，出版教材3本，编撰校本教材2本，其中1本被评为国家规划教材，打造精品课程8门，在全国电商大赛、全国商贸类教学大赛、天津市教师电子商务技能大赛等重要赛项中获一、二等奖；取得了"1+X"电子商务数据分析、"1+X"网店运营推广等职业技能等级证书，形成优秀教师团队。

(三) 辐射与示范作用

教学成果不仅带动学校其他专业建设,还为服务乡村振兴和职业学校发展提供了可借鉴的天津范式,推广到新疆图木舒克职业技术学校等全国中职学校,效果显著。新疆图木舒克职业技术学校师生在全疆电子商务技能大赛中,从疆内倒数位置跃升至前三名,教师获奖丰硕。河南省民族中等专业学校、连云港中等专业学校等数十所学校同仁到学校参观、访学。

教育部民族教育司司长毛力提来校考察时说:"走进你们学校与其他学校感觉不一样,学生们脸上都露着笑容。"国家民委教育司副司长张强说:"你们是民族职业教育的楷模。"新疆教育工委副书记韩军说:"感谢你们为新疆培养优质人才。"教育部职成司原司长刘来全说:"你们这个学校很有特色,你们在为国家做事,功在当代,利在千秋。"中华职教社刘志芳部长说:"学校小中见大。"天津市教委历任主任、新疆学生家长考察团、新疆维吾尔自治区宣讲团专家、新疆维吾尔自治区驻天津工作组领导等多次来学校考察,对学校各项工作均给予高度评价。

毕业生经常给老师发信息,感谢学校老师的培养教育,表示学到了真技术,掌握了真本领,提高了竞争力,家庭生活水平得到提高,对建设家乡发挥了作用。

学校教师到新疆家访时,全家人对学校表达感谢之意;学生所在村的村干部特意到学生家里看望老师们,表达感激之情。

学校连续五次受到国务院表彰,被授予"全国民族团结进步模范集体"荣誉称号;两次受到教育部表彰,两次被评为"天津市民族团结进步创建示范单位";还被评为天津市教育系统思想政治工作先进单位、天津市师德建设先进单位、天津市教科研先进单位、天津市五四红旗团委、北辰区"三八红旗集体"等。

《人民日报》、《中国教育报》、中国教育电视台、《中国青年报》、天津电视台等26家媒体报道了学校办学情况(见图2)。

图2 部分媒体报道

自2011年办班以来，学校累计为新疆培养高素质技能人才近千名，为稳疆、建疆、兴疆做出积极贡献。

【成果完成单位】

成果第一完成单位天津市民族中等职业技术学校携手新疆生产建设兵团第三师图木舒克职业技术学校、中联集团教育科技有限公司联合申报的"振兴'三农'背景下新疆中职班'数字商贸'人才培养模式探索与实践"荣获2022年天津市职业教育教学成果奖特等奖。

课·赛·训融合：
新时代中职学校协同育人模式创新与实践

天津市仪表无线电工业学校　等

该成果第一完成单位天津市仪表无线电工业学校是首批国家中等职业教育改革发展示范校，学校先后获评全国职业教育先进单位、国家技能人才培育突出贡献单位、世界技能大赛突出贡献单位、全国黄炎培职业教育优秀学校、天津市职业教育先进单位等荣誉。该成果聚焦育人平台、育人路径、育人队伍三大关键环节，通过优化课程体系、打造"赛育"模式、拓展培训渠道、强化队伍建设等措施，创新构建了"五课融合、赛训联动"的中职学校协同育人体系、以赛促训的"赛育"模式、"3344"教师分类分层培养体系、"五育并举"的评价体系。

一、成果简介

2017年，中共中央、国务院发布《关于加强和改进新形势下高校思想政治工作的意见》(教党〔2017〕62号)，提出高校要坚持"全员育人、全过程育人、全方位育人"的要求(以下简称"三全育人")。2018年，教育部启动"三全育人"综合改革试点工作。通过调查研究发现，近年来，中职学校在工作开展过程中存在"全员协同不够、全过程贯通不够、全方位覆盖不够"等问题。天津市仪表无线电工业学校聚焦立德树人根本任务，联合天津职业技术师范大学附属高级技术学校、广东唯康教育科技股份有限公司，结合电子信息的行业特色、海教园区的地域特色、现代学徒制的培养特色，开展了新时代中职学校协同育人模式创新与实践，共同开展校企合作机制体制创新改革，参与学校专业规划、实习实训，促进企业需求融入人才培养计划，有效推动新时代中职学校协同育人模式成果转化、具体实施和辐射推广，努力打造新时代中职教育创新发展标杆。

该成果是依托全国职业教育科学研究规划项目《中职思政课育人模式探究》(编号：2020QZJ053)、天津市学校思想政治工作专项《新时代中等职业院校加强学生劳动教育的研究》(编号：TJDYYJZXKT2021-14)、天津市高等职业技术教育研究会科研项目《"立德树人"在中职学校教学及专业建设中的融入研究》(编号：XHXB2019B125)、天津市职业教育与成人教育学会研究项目《中职院校学生综合素质测评研究》(编号：XHXB2019B123)等项目的理论研究、推广与应用，结合学校实际，经过4年多的研究探索、应用实践而形成的系列成果。

二、成果实践做法

2018—2022年，天津市仪表无线电工业学校"中等职业学校协同育人培养模式创新与实践"课题组在总结、梳理已有经验的基础上，聚焦育人平台、育人路径、育人队伍三大关键环节，通过优化课程体系、打造"赛育"模式、拓展培训渠道、强化队伍建设等措施，创新构建了"五课融合、赛训联动"的协同育人体系。采取"理论+实践、线上+线下、校内+校外"组合的方式落地实施，打通从"赛"到"育"的人才培养通道；围绕德智体美劳全面发展，制定"五育并举"的评价体系，让学生在多元、开放的大教育环境中健康成长。

(一) "大思政"顶层设计，各部门协调推进

四年来，学校聚力"三全育人"，全面提升铸魂育人实效，把立德树人融入思想道德教育、文化知识教育、社会实践教育各环节，聚焦教学、科研和实践环节，构筑了核心价值引领、课堂内外联动、师生互促共进的一体化特色育人模式，全力培养德智体美劳全面发展的社会主义建设者和接班人。

党委统一领导，注重顶层设计和整体规划，为协同育人把准方向。建立校党委、职能部门、专业系部协同育人机制，将家庭、学校、企业和社会育人有机融合。2020年7月，学校制定《"三全育人"综合改革实施方案》(以下简称《方案》)，促进"三全育人"体系健全定型。《方案》以"十二大育人体系"为具体抓手，明确其目标、内涵、路径及效果评价，确保协同育人工作扎实推进。

(二) 聚焦育人平台载体，建立常态化运行机制

将第一和第二课堂作为育人主渠道、主阵地，以"第一课堂系统化、第二课堂活动化"为指导，整合各方教育资源，优化思政课程体系，实施课程思政建设，协同推进各门类课程同向同行，构建思政课程、文化基础课、专业课程、通识课程、综合实践活动"五课融合"的大思政教育课程体系(见图1)，形成协同育人的常态运行机制。

学校积极创新探索实践，优化完善课程标准，严格组织实施，推进思政课程与课程思政融合育人；建设数字化教学资源平台，线上线下融合促进学生个性发展；总体规划综合实践教育活动，使理论学习与教育实践有机衔接、有效互动，实现"知行合一"。建立学校、家庭、企业协同育人常态化交流合作机制，促成各方力量对学校教育的认同与配合。以学校、家庭、企业"三位一体，一二课堂联动"的育人网络为平台，通过"课程+活动、线上+线下、校内+校外"组合的形式落地实施。

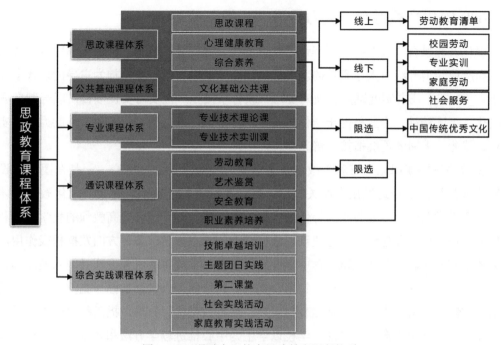

图1 "五课融合"的大思政教育课程体系

(三) 构建"赛育"模式,打通人才培养通道

"以赛促教、以赛促学、以赛促创"的理念深入人心,技能竞赛已然成为促进职业院校人才培养范式深刻变革的重要推手。近年来,学校通过打造双师型师资队伍和高水平创新团队,开展各专业培养方案的能力化修订、课程与教学的实践化改革和校内外赛事体系的创新化构建,建立"企校共育、师徒传承、团队协作"赛育模式,综合提升中职学校核心竞争力,让学生切实感受到技能"有学头"、就业"有奔头"、发展"有盼头"、生活"有甜头",不断推动实现建设高质量的中等职业学校和培养高素质技术技能人才的发展目标。

学校成立"企校融合联盟会",选拔优秀学生组建竞赛梯队,整合竞赛要素,打通从"赛"到"育"的人才培养通道,开启竞赛育人的新探索。一是赛制融通立目标。出台《天津市仪表无线电工业学校技能竞赛管理制度》,确定培养目标与实施规范,所有学生都纳入"赛育"体系,将技能大赛变成教学常态性工作。二是赛课融通定内容。专业课程对应比赛项目,让竞赛内容与课程标准相互渗透。三是赛团融通创平台。学校设有信息网络布线、3D打印、数控加工等20多个技能类二课堂,开展多层次、多形式的竞赛活动,扩大参赛学生范围,韦国发、张洪豪、刘磊等世赛国赛获奖选手均出自技能类二课堂。四是赛训融通强技能。先将竞赛环境、技术标准等引入实训室建设,再对接竞赛内容,将训练融入日常教学。五是赛节融通育文化。学校每年举办技能节,通过开展技能世界、技能比拼等活动,坚定学生技能成长的信心。六是赛证融通做评价。将竞赛要求融入"1+X"证书考核、职业技能等级认定等评价环节。

(四) 深化产教融合，大力推进"三教"改革

深化产教融合，校企共建"赛训联动、德技并修"育人机制。依据天津区域经济发展现状和产业转型升级对人才素养的新要求，校企开展以传承工匠精神为主导的现代学徒制试点、"1+X"证书制度试点、顶岗实习、联合承接生产性实习实训项目，联合制定融企业文化、工匠精神、专业技能于一体的人才培养方案，开展数字资源建设，助力学生实现毕业、就业、上岗的无缝衔接。培养"现代工匠"，服务地方发展。

多措并举持续深化"三教"改革，实现育人与育才的深度融合。一是在团队建设中"赋能教师"。学校通过出台相关制度，启动校级教学创新团队建设，优化教师整体结构，发挥教学名师、专业带头人等优秀教师的传、帮、带作用，提高教师的教学水平和研究能力，在开展专业建设、课程建设、教材建设、教育教学改革等方面发挥积极作用，提高人才培养质量。二是在规范管理中"升级"教材。学校将教材建设项目纳入教改项目统一管理，完善教材的审核、选用、使用、更新、评价监管机制，加强与企业合作，共同开发活页式教材等新形态教材。加强教材研究，规范教材选用管理，提高教材的选用质量。三是在教学实践中"激活"教法，学校以学生为中心推进教学方法和教学模式改革，建立"教学质量评价表"，开展项目教学、情境教学、模块化教学，推动现代信息技术与教育教学深度融合；通过组织开展教学能力比赛，不断加强教师师德践行能力、专业教学能力、综合育人能力和自主发展能力的培养。

三、成果创新点

2016年12月，习近平总书记在全国高校思想政治工作会议中提出"要坚持把立德树人作为中心环节，把思想政治工作贯穿教育教学全过程，实现全程育人、全方位育人"。在次年发布的《关于加强和改进新形势下高校思想政治工作的意见》中，"坚持全员全过程全方位育人"成为加强和改进高校思想政治工作的基本原则之一。2018年，教育部启动"三全育人"综合改革试点工作。这一系列举措使得"三全育人"在全国正式作为加强和改进学校思想政治工作的指导理念、重要原则而付诸实践。"三全育人"体现了职业教育立德树人的内在要求，顺应了技术技能人才培养的发展趋势，契合了中等职业院校思想政治工作的发展规律。

2019年《国家职业教育改革实施方案》发布，职业院校迎来良好发展契机。动力与压力同在，机遇与挑战并存。面临大发展与大改革，院校治理能力和水平提升、"双师型"教师队伍建设、学生综合素质提升、新的育人模式探索、校企合作产教融合深度和广度拓展、教育评价体系改革等，都是中职学校面临的重大课题。实施"三全育人"综合改革，全面推进"十二大育人"任务，育人举措品牌化、项目化，形成了家庭、学校、企业、社会代际辐射效应，有利于学校办学特色、育人理念和举措的广泛传播，促进中职学校的内涵建设和长远发展。

(一) 理念创新：树立了中职学校教育教学"大思政"理念

天津海河教育园区是建设国家现代职业教育改革示范区的标杆。本成果扎根于市情、区情、校情土壤，结合时代发展之新要求，探索了"五课融合、赛训联动"协同育人模式与特色实践，树立了中职学校教育教学工作"大思政"理念。一是专业赋能，深挖专业特点，通过针对性学习与训练，培养学生精湛的职业技能及职业精神；二是过程赋力，培养学生的核心竞争力、团队合作力和工作执行力，提高课程思政的感染力、影响力和引领力；三是课程赋责，思政课程和公共基础课程承担"立德树人""全人教育"育人职责，引导学生明德立志、成才成人。此外，构建"五育并举"的学生综合素质评价体系，以评促教、以评促学、以评促优，满足学生自我实现的成长需求。学校自2017年开始实施评价改革，遵循育人规律，建立专业系、任课(指导)教师、班主任、学生多维度综合评价体系。

(二) 路径创新：融合了"十二大领域"一体化育人优势

"五课融合、赛训联动"协同育人体系健全定型，涵盖课程、实践、文化、劳动、心理、管理、服务、网络、科研、组织、社区、资助等十二大育人领域(见图2)，实现协同协作、同向同行、互联互通的一体化育人格局。一是品学兼修，画好课程育人"同心圆"；二是知行统一，夯实实践育人"铺路石"；三是传承发展，建构文化育人"浸润场"；四是多方联动，实现劳动育人"模块化"；五是四级防控，升级心理育人"防火墙"；六是多措并举，打好管理育人"组合拳"；七是以人为本，建设服务育人"加油站"；八是智慧校园，开启网络育人"加速器"；九是诚信创新，形成科研育人"聚能环"；十是对标争先，打造组织育人"指南针"；十一是整合资源，打造社区育人的"一站式"服务；十二是帮扶并行，搭建资助育人"彩虹桥"。

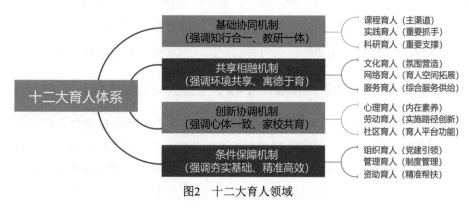

图2　十二大育人领域

(三) 举措创新：建立了具有工学特色的品牌项目

为切实推动"三全育人"综合改革落地见效，天津市仪表无线电工业学校加大调研力度，校领导带领相关部门一起理思路、找举措，最终明确了以"竞赛提高班""思政课程资源建设""全面推动课程思政建设""信仰公开课·打造匠文化""制定劳动教育清单""心理工作站·完善四级预警防控体系""启动学生公寓6T建设"等十大品牌项目(见图3)为抓手，各有侧重又同向同行，整体推进"三全育人"工作质量的提升，打造学校"三全育人"综合改革特色品牌，形成了一套具有工学特色的"三全育人"联动机制。

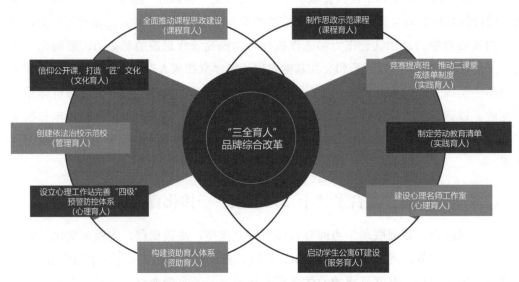

图3 "三全育人"综合改革品牌项目

以学校"三全育人"综合改革精品项目——思政课程资源建设为例，学校积极创新探索实践，深入推进思政课改革创新先行试点工作，推动模块化教学模式，共完成思政课程数字化教学资源20个。2021年，学校3位思政教师作品入选中职学校思政示范课堂。与此同时，稳步推进天津市中职学校间的思政课程群互学认定、思政课教师互聘、多维度素质评价等工作，推动思政课程的教育资源共建共享，将思政课改革创新落到实处。为充分发挥劳动育人功能，学校因地制宜，深入研究，扎实认真推进"劳动教育清单"品牌项目。以3年制学生为例，制定劳动教育任务清单，融入学科教学，丰富德育活动，依托实践基地，传承劳动精神，传播劳动思想，传习劳动技能，推动劳动教育向纵深发展。

(四) 机制创新：形成了家庭、学校、企业、社会代际辐射效应

纵向递进、久久为功的长效机制。家庭、学校、企业、社会协同育人机制是一种全面、高效、有益的育人模式，旨在实现教育资源的共享、教育目标的一致和教育过程的协作，为学生提供全面而有效的成长环境，实现学生全面发展，提高教育质量，构建和谐的教育生态。在国家加强职业教育和现代学徒制培育的大背景下，追踪"十四五"规划和中职毕业生发展前景，学校坚持教育者先受教育，挖掘多主体、多层次的共育价值。家庭注重"德育示范"，学校注重"德才兼修"，企业注重"赛训合一"，优秀校友注重"榜样引领"。通过家校联动、培训宣讲、基地建设、跨校帮扶和社会实践，实现了家庭、学校、企业、社会"四位一体"的交流和借鉴，增强了服务天津的社会辐射力。

四、成果推广与应用效果

(一) 推动学校人才培养质量不断提升

立德树人成效显著。通过项目实施,学生综合素质不断提升。截至2022年9月,累计共有15 754名学生从教学成果中受益。四年来,学生获得国家级技能竞赛奖项8项,市级技能竞赛奖项112项;国家奖学金获得者16人,劳动出版"技能雏鹰"奖学金获得者3人;获得市级以上荣誉120项;通过党课培训结业98人,团课培训956人;在册志愿者240人,共青团员占比87%。这些荣誉充分表明学校育人成效显著。2018—2022年学生选手相关获奖情况见表1和表2。

表1　2018—2022年学生选手竞赛获奖情况(摘选)

序号	年份	级别	赛项名称	获奖等级	选手姓名
1	2022	国家级	全国职业院校技能大赛中职组网络布线赛项	三等奖	李宏宇、董瑞
2	2021	国家级	第五届中华职业教育创新创业大赛全国总决赛中职组	第二名	李江鑫等5人
3	2021	国家级	全国职业院校技能大赛中职组网络布线赛项	三等奖	李宏宇、董瑞
4	2020	国家级	第一届全国技能大赛物联网技术	优胜奖	刘磊
5	2019	国家级	全国职业院校技能大赛中职组电气安装与维修	三等奖	李帅奇、张孟昊
6	2018	国家级	全国职业院校技能大赛中职组网络布线	二等奖	勾鹏永、张鹏、李硕
7	2021	市级	天津市第五届黄炎培职业教育创新创业大赛	一等奖	李江鑫等5人
8	2021	市级	天津市职业院校技能大赛暨2022年全国职业院校技能大赛选拔赛电气安装与维修赛项	一等奖	孙庆友
9	2021	市级	第二届"海河工匠杯"技能大赛电子技术(世赛选拔)赛项	第一名	王佳乐
10	2021	市级	第二届"海河工匠杯"技能大赛信息网络布线(世赛选拔)赛项	第一名	李宏宇
11	2020	市级	首届"海河工匠杯"技能大赛—中华人民共和国第一届职业技能大赛天津市选拔赛信息网络布线赛项	第一名	昊志军
12	2020	市级	首届"海河工匠杯"技能大赛—中华人民共和国第一届职业技能大赛天津市选拔赛物联网技术赛项	第一名	刘磊

续表

序号	年份	级别	赛项名称	获奖等级	选手姓名
13	2019	市级	天津市中等职业学校技能大赛人工智能技术与应用赛项	一等奖	张明辉、孙佳婵、刘守信
14	2019	市级	天津市第三届黄炎培职业教育创新创业大赛	一等奖	张润圆等5人
15	2018	市级	天津市中等职业学校技能大赛网络布线赛项	一等奖	周帅、姬晓宇、李硕

表2 2018—2022年学生非技能类获奖情况(摘选)

序号	年份	级别	比赛名称	获奖等级	选手姓名或作品
1	2022	市级	天津市学校美育实践课堂(个人项目)	二等奖	袁瑞
2	2022	市级	天津市学校美育实践课堂(个人项目)	二等奖	孟津泰淼
3	2021	市级	天津市学校文艺展演(个人项目)	一等奖	李富洋
4	2021	市级	天津市技工院校学生学党史知识竞赛	一等奖	王金红等
5	2021	市级	天津市技工院校文艺展演活动	一等奖	《天耀中华》
6	2020	市级	天津市"阳光青春"中小学励志演讲比赛	二等奖	团体
7	2020	市级	天津市学校文艺展演(重唱)	二等奖	《菊花台》
8	2019	市级	天津市中等职业学校生态文明公益广告设计大赛	一等奖	高进强等
9	2019	市级	天津市中等职业学校足球比赛	一等奖	—
10	2018	市级	2018年度校园"最美中职生"	优秀奖	聂玮彤
11	2018	市级	天津市中小学羽毛球比赛(中职组)	男子团体二等奖、女子团队二等奖	—
12	2018	市级	天津市学生"学宪法讲宪法"演讲比赛	二等奖	王镜童
13	2018	市级	天津市技工院校文艺展演活动(群舞)	二等奖	石秀桑姆等
14	2018	市级	天津市技工院校合唱比赛	一等奖	《江山》
15	2018	市级	第七届天津市文明风采大赛	二等奖	达瓦桑姆等

(二) 推动师资队伍建设水平不断提升

一是技能竞赛成绩稳步提升。教师荣获世界级技能大赛奖项3项,国家级技能大赛奖项12项,市级技能大赛奖项45项。同时培养了全国技术能手2名,全国青年岗位能手1名,天津市技术能手2名,天津市五一劳动奖章获得者3名。学校高度重视师资队伍建设,坚持"以赛促教、以赛促学、以赛促练"竞赛理念,全面提升职业院校师资队伍培养质量。二是思政研究工作成效显著。局级以上"三全育人"思政课题结题12项,其中国家级1项,市级6项,局级5项;发表思政论文23篇,其中核心期刊11篇。

表3 2018—2022年教师获奖情况(摘选)

序号	年份	级别	赛项名称	获奖等级	选手姓名
1	2019	世界级	第45届世界技能大赛信息网络布线项目	银牌	韦国发
2	2019	世界级	日本FOE光通信交流赛	优胜奖	韦国发
3	2018	世界级	"一带一路"国际技能大赛信息网络布线项目	金牌	韦国发
4	2021	国家级	全国技术能手	—	张洪豪
5	2020	国家级	中华人民共和国第一届职业技能大赛信息网络布线项目	金牌	张洪豪
6	2020	国家级	中华人民共和国第一届职业技能大赛	参赛最佳奖	张洪豪
7	2020	国家级	第二届全国教师职业能力大赛文化艺术与综合类	二等奖	朱靖博
8	2020	国家级	第二届全国教师职业能力大赛信息类	三等奖	王甜
9	2020	国家级	第二届全国教师职业能力大赛交通类	三等奖	曹宁
10	2020	国家级	第二届全国教师职业能力大赛机械类	优胜奖	徐培钧
11	2019	国家级	全国技术能手	—	韦国发
12	2019	国家级	全国青年岗位技术能手	—	韦国发
13	2018	国家级	第45届世界技能大赛信息网络布线全国选拔赛	第一名	韦国发
14	2022	市级	天津市技术能手	—	张林禄
15	2021	市级	天津市技术能手	—	张洪豪
16	2021	市级	天津市五一劳动奖章	—	徐鹏
17	2021	市级	天津市五一劳动奖章	—	杜守印
18	2021	市级	天津市五一劳动奖章	—	张洪豪
19	2021	市级	第三届天津市技工院校教师职业能力大赛机械类	一等奖	张骞
20	2020	市级	2020年"海河工匠杯"技能大赛—天津市人工智能应用技术职业技能竞赛无人机装调检修工	第一名	孙逸凡 李淑媛

(三) 成果丰富并得到广泛推广与应用

一是校内外影响力大。成果向学校专业课程融入渗透，培育出市级思政课教学创新团队1个、校级课程思政教学团队8个、市级思政课程示范课7门、市级课程思政示范课4门，深入推进思政课程与课程思政同向同行。

二是行内知名度高。该成果在国内职业院校得到了广泛的推广，并多次在省内外会议上做主题发言。新加坡ITEES(工艺教育局国际教育)、泰国春武里技术学院、日本秋田县国际交流协会等职教同仁来校参访，深化国际交流，推动项目合作。厦门中等职业教育学校、张家口技师学院等56所兄弟院校、企事业单位来校观摩与交流，对口帮扶新疆和田技工学校等单位，均给予高度评价。

三是国内认可度高。河北省教育厅厅长、长春市副市长等省部级领导来学校参观、考察，深入兄弟院校、各级各类培训班进行宣讲、推广39场，受众1万多人。

四是得到媒体广泛关注。2019年，中国青年网等主流媒体刊登报道了学校"三全育人"综合改革"信仰公开课"精品项目，辐射并带动中职院校"三全育人"综合改革。

【成果完成单位】

成果第一完成单位天津市仪表无线电工业学校携手天津职业技术师范大学附属高级技术学校、广东唯康教育科技股份有限公司联合申报的"课·赛·训融合：新时代中职学校协同育人模式创新与实践"荣获2022年天津市职业教育教学成果奖特等奖。

"多源协同、理实一体、精准润泽、导航发展"综合思政课程建设研究

天津市红星职业中等专业学校

该成果从系统和要素、要素和要素、系统和环境的相互联系、相互作用中整合思政教育资源，构建了综合思想政治教育课程的主干渠、导流渠、滴灌点，着力解决中职学校思政教育资源分散、手段单一的问题。采用系统方法论和工程创新思维，进行了系列教育教学改革与实践。在市内思政课教师培训、国内中职学校骨干校长培训、省(区市)间中职学校交流中广泛推广本课题经验与成果，发挥了示范与辐射作用。

一、成果简介

本成果立足落实习近平总书记在全国教育大会和思想政治理论课教师座谈会等一系列关于思想政治理论课的重要讲话与要求，着力解决中职学校思政教育资源分散、手段单一的问题，坚持立德树人根本任务，通过建设综合思政课程，有效地形成教育合力，整合资源、丰富教育手段，培养全面发展的人才。"多源协同、理实一体、精准润泽、导航发展"综合思政课程建设见图1。

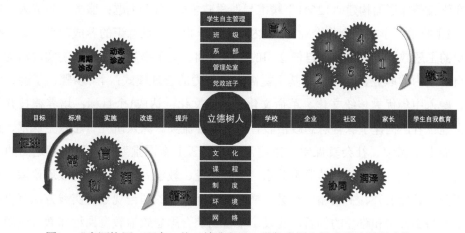

图1 "多源协同、理实一体、精准润泽、导航发展"综合思政课程建设

本成果应用EPIP的视角，从系统和要素、要素和要素、系统和环境的相互联系、相互作用中整合资源。筑牢综合思想政治教育课程灌输的主干渠，巩固综合思想政治教育课程的导流渠，夯实综合思想政治教育课程的滴灌点。将思想政治课程贯穿在课程体系、专业体系、教材体系、管理机制体系之中，在中职课堂教学及日常教育中，将课程教学、实训实习、学校管理、校园文化、志愿服务、职业指导、心理健康教育及优秀传统文化的传承发展"多源"统一，围绕学生发展中"立德铸魂、纠偏补短、扬长励志、塑行强能"的差异性需要实施精准润泽，建立中职学校综合思政课程多源协同的教学体系。增强开展学生思想政治教育课程的真度、深度、广度、厚度、密度、效度、乐度、适度和温度。

本成果经过了多年的研究和实践。2010—2014年，以EPIP的实践观，遵循职业教育规律，坚持能力本位的指导思想，把行业企业的管理制度、核心价值体系和企业精神等企业文化元素，经过改造、创新、融入，实施"12641"精准导航思政模式，构建了综合思想政治教育课程的导流渠。2015—2017年，结合学校开展的系部管理体制改革和教学诊改工作，坚持系统工程的观念，从顶层设计上抓好各子系统的协同和协调，构建党政班子、管理处室、系部、年级、班级"五纵"协同，学校、企业、社区、家长、学生自主教育"五横"配合，文化、课程、制度、网络、环境"五点"支撑的"多源汇聚，纵横交叉，协同保障"的综合思想政治教育课程灌输的主干渠。2018—2019年，围绕"思政主课堂、课程广课堂、企业实课堂、社会真课堂、家庭活课堂、云上新课堂"系统化构建综合思想政治教育课程滴灌点和评价体系。2019年，该研究被列入天津市教学成果奖重点培育项目。

二、成果实践做法

(一) 以系统工程的视角建立"多源协同"的综合思政课程教学体系

在学校整体层面构建"12641"精准导航思政模式，1个主题：服务学生成人、成才、成功；2个阵地：学校和合作企业；6项内容：基于提高自觉意识的养成教育、基于提高自省意识的主题教育、基于提高自信意识的竞赛活动、基于提高自悟意识的实践活动、基于提高自立能力的职业素养教育、基于提高自主能力的管理模式；4个步骤：了解、体会、接受、融入中华优秀传统文化、革命文化、企业文化；达成1个目标：培养德技并修的社会主义建设者，构建了综合思想政治教育课程的导流渠。深入研究"思政主课堂、课程广课堂、企业实课堂、社会真课堂、家庭活课堂、云上新课堂"本身及相互之间的"学、用、所、在、代、原、衍"的逻辑关系、实施路径、教学方法。实现思政理论课、思政实践课"两链螺旋上升、主线循序渐进、横向交叉互嵌"的理论观点与实践方法有机结合。实现了教与学方法和路径的创新，建设了丰富的综合思想政治教育课程和教育资源。按照打造学校、学生个人"两链"原则，目标引领，制度保障，采用阶梯递进的原则进行综合思想政治教育课程诊改机制建设与运行，体现教书育人、管理人员、服务人员、环境育人、过程育人、全员育人的"真实"和"完整"。

(二) 以创新的视角构建"精准润泽"的综合思政课程滴灌点

围绕理论联系实际、现实性、产教融合、跨课程融合、任务难度适度可行、教学过程融合交叉、珠联璧合等7项原则，一体化推进思政必修课程资源建设、课程教学思政资源建设、职业素养与人文素养润泽型思政课程建设、社区及企业实践型思政课程建设、信息技术融合思政课教学方式改革、思政课程任务导向型理实一体化教学方式改革、综合思政课程多元评价改革、多元协同的思政课教师队伍建设、资源共享的思政课硬件保障建设、综合思政课程教学质量保障体系建设，落实中等职业学校思想政治学科核心素养。坚持一切活动皆课程，一切课程皆思政的综合思政课建设理念，围绕"课程广课堂、企业实课堂、社会真课堂、家庭活课堂、云上新课堂"，形成的课程与思政一体设计、一体实施、一体评价、一体保障建设"一轴五线，多点融入，时空联动，综合评价"模式与路径(见图2)。深化文明校园创建工作，抓实"一训三风"建设，大力弘扬时代新风，引领广大师生坚定文化自信，自觉将爱国主义作为自己的坚定信念、精神力量和自觉行动，自觉践行社会主义核心价值观，成为行为文明、道德高尚的人。落实学生"未来工匠评价"评价改革，以负面清单、中职学生公约承诺践诺诚信档案袋等方式规范学生管理。深化"学雷锋"活动品牌建设。深入贯彻落实习近平总书记对深入开展学雷锋活动做出的重要指示精神，深刻把握雷锋精神的时代内涵，持续推进"三级"学雷锋志愿服务劳动队建设，夯实"立足'爱国、爱党、爱社会主义'教育学雷锋、立足岗位学雷锋、立足勤奋学习增长才干学雷锋、立足志愿服务学雷锋、立足助人为乐学雷锋、立足勤俭节约学雷锋、立足立体化学雷锋"7条路径，打造"学雷锋志愿服务队、蓝星应急救援队红星职专小分队、'李希元'班"3个载体，构建"未来工匠之星"综合评价机制，以"七路径三载体一机制"打造学雷锋品牌。

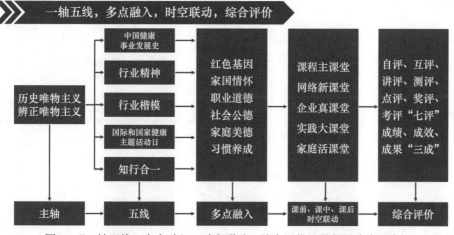

图2 "一轴五线，多点融入，时空联动，综合评价"课程思政建设路径

(三) 以实践化的视角创新"理实一体"的综合思政课程教学方法

充分利用"学习强国"平台、主流媒体、专业课程中的思政资源，从国情、社情、民情和社会主义核心价值观教育4个维度，用数据、感人事、热点事、中外比较等方式，由简及繁、由小及大、由近及远、由表及里地引导学生通过家乡变化、家庭变化理解社会制度的历史性变革和国家取得的历史性成就，润物无声地把家国情怀渗入思政课程。通过案例研究型实践与社会实践相结合，课上与课下、线上与线下、学校与社区、学校与家庭相结合的方式，将从所在到所想、从时事新闻到国内外形势、从身边问题到专业问题等形成的问题与案例链条"代"入综合思政课程。面向全校学生，按照统一主题、分层实施、分类活动、精准指导的方式推进，组建多层次团队承担不同实践任务，使学生知行统一，在实践中寻求真知。针对新媒体信息传播的实时化传播、双向互动性传播、个性化传播、多形式交融性传播、跨界化传播、意见多层次冲突性传播六大特点，教育并引导学生遵守互联网秩序，依法上网、文明上网、理性表达、有序参与，增强辨别是非、抵御网络谣言的能力，共同营造风清气正的网络环境。把握好网上信息引导的时、度、效，弘扬主旋律，传播正能量，提升传播力和引导力，大力培育和践行社会主义核心价值观。

(四) 以项目化的视角创新"导航发展"的综合思政课程评价方法

学校以五年为周期，制定《立德树人工作专项规划》，将规划分解成8个一级目标、8个二级目标、16个三级目标、40个三级目标考核标准，形成了学校立德树人工作目标链。制定《全员育人工作落实情况诊改质控标准》，明确考核评价项目，建立思政教育诊改8字螺旋(见图3)。依据中等职业学校德育大纲、中等职业学校思想政治课程标准等，围绕中职学校思政课程政治认同、职业精神、法治意识、健全人格、公共参与等五大核心素养，制定了《学生发展综合评价标准》，从德、智、体、美、劳五大维度，明确40个项目化评价要素，按照主观评价为引领、量化评价为基础的思路，以"六个课堂"为载体，确

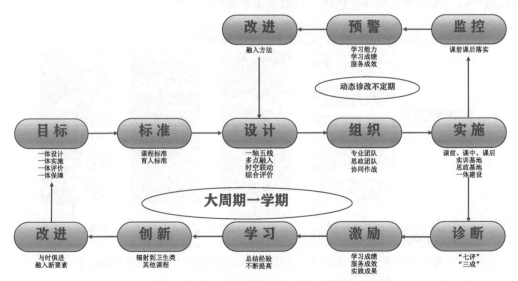

图3 学生层面教学诊断与改进8字螺旋示意图

定119个标准观测点(90个主观评价点和29个可量化评价点),采取正面清单项目和负面清单项目相结合的方式进行学生综合评价。

三、成果创新点

(一) 立足"八个统一"建体系

学校坚持以灌输定向定位,以精准定魂定心,以润泽定点定志,扛起立德树人根本任务的责任担当。坚持正确政治方向,抓牢思想政治课程灌输的主渠道。把握科学实施路径,巩固思想政治课程导航的导流渠。精准确定形式载体,夯实思想政治课程润泽的滴灌点。

学校在"一系一品"建设中坚持以下原则:一是坚持思想性原则。坚持立德树人根本任务,贯彻党的教育方针,把践行社会主义核心价值体系融入教育教学全过程,培养有理想、有本领、有担当的新时代青年。二是坚持特色性原则。从本系部特点出发,坚持"服务发展,就业导向",充分结合专业特点、学科特性、培养途径、学习方式和个性特长,以培养全面发展人才为目标,推进人才培养模式改革,注重学生素质拓展与成长成才客观需求,探索工程实践创新项目在教学实践中的应用。三是坚持实践性原则。紧紧把握当前学校教育教学工作实际和学生思想实际,结合系部教师专业、专长,坚持系部品牌与学校整体发展相结合,系部品牌与学校整体特色相结合,切实提高品牌的针对性、有效性和吸引力、感染力,能够对教育教学工作起到显著的促进、推动作用。四是坚持创新性原则。不断转变教育观念,积极创新教育教学方式、方法和思路,实现"学生有自信,教师有成就,课程创精品,专业创特色"的内涵发展。五是坚持项目性原则。品牌创建活动坚持项目化运作,确保所创建品牌有计划、有组织、有落实、有考核、有保障地开展。六是坚持长效性原则。坚持全面启动、示范引导、分步推进。各系部要精心策划、扎实推进、总结提高,使创建工作及诸环节间具有连续性、完整性,同时要有一定的前瞻性和稳定性,使品牌创建活动能结合形势发展不断丰富、发展和提升。

学校明确了"一系一品"建设"123456"工作路径。坚持1个根本任务:立德树人;落实2个融合:产教融合,国际化要素融合;形成3个层面:系部层面(课程创精品,专业创特色)、教师层面(教师有成就)、学生层面(学生有自信);加强4种教育:社会主义核心价值观教育、工匠精神教育、中华优秀传统文化教育和世界优秀文化教育、安全教育;促进5项建设:教育文化建设、校本课程建设、教师队伍建设、班集体建设、专业社团建设;突出6大结合:以"入学初体验""我爱我班""我爱我校""我的才艺秀""优秀毕业生寄语"等学生喜闻乐见的方式,将工匠精神教育与行为规范养成相结合,学生健康成长与教师专业发展相结合,校本课程开发研究与课程创精品相结合,专业社团建设与技能大赛结合,增强社会服务能力与专业创特色相结合,文明校园的创建与系部文化建设相结合。

(二) 立足EPIP的9个维度建课程

着力提升综合思政课程思想性、科学性、时代性、系统性、指导性，坚持理论联系实际的学风，通过"六个课堂"把课本延伸到实践，把学习空间、时间用足用好，围绕思政主干课程中的理论体系拓展学科课程融合点和社会现实问题融合点，又围绕学科课程和社会现实问题注入思政课程理论灵魂，使学习任务有热度、有方向、有魅力、有收获。

(三) 立足"三因"和"三个规律"改教法

在综合思政课程教学中以理论阐述好"热点"，疏导好"堵点"，围绕国情、社情、民情和社会主义核心价值观教育4个维度，把伟大复兴中国梦凝聚的民族伟力传递给学生，让学生以社会为课堂，以时代为教材，以英雄为楷模，以家庭和社区为舞台，以科学和技能为武器，掌握马列主义的基本原理，掌握马克思主义中国化的最新成果，利用辩证唯物主义和历史唯物主义的世界观与方法论分析并解决真实情境中的问题，通过综合分析明确"是什么""为什么"，明确"做什么""怎么做"。在学习中动脑动手，将学习成果应用于实践，在实践中检验学习成效，做到知行合一。

(四) 立足"六个要"建队伍

学校构建了"四型"思政课教师团队，以思政主干课程教师为专业型团队，以学科教师为融合型团队，以社区宣讲员、学校劳模工作室成员、企业技艺大师等为实践指导型团队，以优秀学生宣讲团为伙伴型团队，共同构成综合思政课程多元师资团队力量，在授课过程中，专业型团队主授，融合型团队、实践指导型团队通过视频、线上现场访谈的形式辅助，伙伴型团队讲述自身、家庭、社区的故事，让学生身边的人说身边的事，特别是在新冠肺炎疫情期间，学生以在抗疫一线参加公共场所消杀、逆行献血等志愿服务为题材拍摄的思政剧起到了良好的教育作用。

(五) 立足学生综合发展做评价

建立思政工作诊改8字螺旋机制。学生服务、教育、管理贵在"常"和"韧"，抓铁有痕、久久为功。学生自我成长贵在"润"和"信"，心中有信仰、眼中有阳光。学校育人工作各层面自觉对照《全员育人工作落实情况诊改质控标准》进行自我监测，发现问题，制定措施，以"韧"促"常"。《学生发展综合评价标准》为学生树立正确的生涯发展观提供远大而基于现实的方向和方法，准企业化的学生在校一日5S管理量化标准则使学生习惯于自己"准工匠"的身份，以"润"立"信"；同时，学生在"信"的基础上制定个人发展规划，并记录个人成长历程，以"信"促"润"。

四、成果的推广与应用效果

(一) 学生的"爱国、爱党、爱社会主义"情怀不断深化

坚持爱国和爱党、爱社会主义高度统一，努力塑造学生金的人格、铁的纪律，形成生机勃勃、灵活多样且具有创造性的综合思政课程，使学生的主体地位得以体现，潜能获得充分发掘，形成"六个课堂"共同育人的效果，"一系一品"建设使得中职学生能够全方位发展。

1. 系部文化建设彰显品牌

(1) 形象识别文化：通过系旗、系徽、系标、代表色等实现人文与美育协同育人。

(2) 精神文化：结合产业行业人才需求，结合专业特色，诠释社会主义核心价值观和"金的人格，铁的纪律"校训在本系部的具体体现，形成系部精神文化。

(3) 行为文化：结合产业行业人才需求，结合专业特色，深化、细化、具体化学校"三全"德育工作体系，丰富"12641"育人模式，加强5S管理考核的针对性、实效性。

(4) 工匠文化：结合产业行业人才需求，结合专业特色，深化、细化、具体化行业楷模人人学、行业标准人人遵、行业规范人人守、行业文化人人知等活动，建设行业文化教育资源库。

(5) 团队文化：加强专业特色社团建设，建立"小创客实验室"，开设创新指导课程，开展小发明、小创造比赛，积极参加创新创业大赛，培养学生的创新创造能力。通过系部"星光墙"等宣传载体宣传系部教师事迹，以及学生参加各级各类竞赛、志愿服务等事迹。

2. 推进教学改革

各系部采取一系一课题的组织形式，围绕技术技能型人才培养要求，围绕培养教师教学科研团队和"学生小工匠"，结合"思政主课堂、课程广课堂、企业实课堂、社会真课堂、家庭活课堂、云上新课堂"建设，加强与持续改进以下几方面工作。

(1) 积极探索人才培养新模式：推进工程实践创新项目在教学实践中的应用，推进专业建设标准与国际专业标准的对接和融合，推进产教融合、校企融合，实现专业建设与企业的深度合作。

(2) 推进精品课程建设：结合教学诊断与改进工作，进一步加强课程标准建设，在特色中寻找特色，在亮点中打造亮点，结合海外鲁班工坊建设和开展职业培训的需要，倾力打造精品课程。

(3) 推进以赛促学、以赛促训：推进教学与技能竞赛的融合，逐步形成以专业学科赛、系赛、校赛三级校内技能训练与竞赛体系，把技能大赛项目课程化，在提升全体学生技能水平的基础上，注重技能拔尖人才的培养，为师生参加市赛、国赛和文明风采活动厚植基础。

(4) 推进普职融通课程建设：深化已有普职融通课程，完成课程资源建设。拓展新课程，探索普职融通课程建设新模式。

(5) 探索"双证书"考核新路径：适应国家职业资格鉴定制度改革要求，坚持"双证书"制度，推进行业证书培训和考核，探索"双证书"考核新路径。

3. 加强教师队伍建设

(1) 以弘扬崇高师德建队伍。结合工匠精神开展教师师德教育，激励教师的成就感，在成就学生的过程中成就自身。

(2) 以课题研究建队伍。各系部采取一系一课题的组织形式，分设不同子课题，研究"一系一品"建设中的关键问题，通过项目化或工程化的载体，在实现"一系一品"建设突破和创新的同时，成就教师生涯发展。

(3) 专家引领建队伍。深化"行业专家工作室"建设，探索建立校内教师"名师工作室""名班主任工作室"。

(4) 搭设平台建队伍。通过专业学科赛、系赛、校赛三级校内技能训练指导教师，以各级项目建设、各级各类教师竞赛为平台，为教师生涯发展助力。

(5) 加强培训建队伍。探索多路径教师培训，不断促进教师教育理念、教育技术、专业技能的提升。

4. 不断提升国际化水平

提高教师国际化素养，选派优秀教学管理干部和骨干教师出国培训，促进教学团队更新专业化知识、培养创新能力及国际化素养的提升，引导全体教师了解与把握新形势下的课程改革及教育国际化的发展趋势，在教学的模式、手段、方法、教学内容与教学评价等各个层面进行创新性的改革。不断扩展国际化的视角，落实《学生综合素养发展标准》，将全球胜任力作为一项重要指标，贯穿在教育教学之中。积极利用数字技术推进国际化教学模式改革，构建智慧课堂。推进国际化评价标准改革，按照"常态化诊改，诊改常态化"的工作思路，积极探索国际化评价标准与教学诊断、改进工作的对接，为鲁班工坊建设项目的运营符合国际通行规则创造条件。坚持国际化要素"融进来"的同时，坚持多角度探索中国元素"走出去"、中国文化"传出去"，向世界展示中国悠久的文化历史，为海外鲁班工坊建设积累经验。在项目建设中以ISO9001、QCO8000等国际质量标准提升设备设施的国际化先进水平。

通过综合思政课程，学生"爱国、爱党、爱社会主义"情怀不断深化，助人为乐、拾金不昧的事迹频出，优秀工匠人才辈出，受到用人单位广泛赞誉。特别是在新冠肺炎疫情期间，学校坚持将思政课上在抗疫一线，学生感人事迹和作品已纳入学校思政课教学案例资源，现代职教网、《天津教育报》等对学校思政讲座及在抗击疫情中师生爱心献血和志愿服务的事迹进行了报道。

(二) 研究成果丰硕，持续推进与推广

成果案例入选天津市职业院校"三全育人"典型学校培育建设阶段性成果。本成果负责人编著的《中等职业学校学生思想政治教育的课程实践——工程实践创新项目视角下的思政教育》作为思政教师培训教学资源在多个培训项目中应用。一个案例被天津中华职教社评为EPIP应用案例成果二等奖。多名思政课教师在全国或市级各类思政课教学竞赛中获奖。2名骨干成员参与编写的天津市《习近平新时代中国特色社会主义思想教学指导方案(中职学段)》已投入教学使用。

(三) 研究成果在市内、国内产生广泛影响

学校成为天津市中职学校思政课程协同创新中心，以本成果成员为骨干的思政教师团队入选天津市思政课教师创新团队，1名教师成为天津市思政名师工作室负责人，本成果负责人入选全国职业学校师德师风建设专家委员会委员、天津市思政课教学指导委员会中职分会副主任委员、天津市职业教育教材专家委员会副主任委员。研究成果在天津市中职学校思政课程建设、教师教研、学生实践中得到广泛应用。学校在市教育两委于2019年11月6日召开的天津市新时代思政课改革创新座谈会上做汇报交流，《天津教育报》刊发学校的汇报《思政课程做到精准润泽导航发展》。把战"疫"作为学生人生的大课堂，撰写27个专题学案、9个专题教师教研方案、2个专题家长学习资料，共计12万余字，于2020年2月至10月连续在现代职教网上刊发，供全国职教同仁参考。将学生层面诊改作为自选项目，通过全国中职学校教学诊改试点复核，在国内发挥了示范与引领作用。

【成果完成单位】

成果第一完成单位天津市红星职业中等专业学校申报的"'多源协同、理实一体、精准润泽、导航发展'综合思政课程建设研究"荣获2022年天津市职业教育教学成果奖特等奖。